# 双塔双索面三跨预应力混凝土斜拉桥——微山湖特大桥施工关键技术

张 涛 等 编著

中国建筑工业出版社

图书在版编目（CIP）数据

双塔双索面三跨预应力混凝土斜拉桥：微山湖特大桥施工关键技术/张涛等编著. —北京：中国建筑工业出版社，2021.11
ISBN 978-7-112-26734-7

Ⅰ.①双… Ⅱ.①张… Ⅲ.①特大桥-斜拉桥-桥梁设计-济宁②特大桥-斜拉桥-桥梁施工-济宁 Ⅳ.①U448.27

中国版本图书馆CIP数据核字（2021）第215270号

本书分为4篇共9章，主要介绍双塔双索面三跨预应力混凝土斜拉桥——微山湖特大桥的基本概况，概念设计，结构设计，施工控制与管理，斜拉索施工方案、方法与技术措施，桥梁施工监控等方面的内容，并以此工程为基础在基于全过程风险控制的岩溶区全护筒桩基溶洞施工技术，公路工程施工企业实务BIM的开发与应用，模块化钢筋骨架成套连接技术研究方面进行了总结与提升。

本书可供桥梁工程设计、施工、科研、管理人员学习参考。

责任编辑：杨　允
责任校对：赵　菲

**双塔双索面三跨预应力混凝土斜拉桥——微山湖特大桥施工关键技术**
张　涛　等　编著
\*
中国建筑工业出版社出版、发行（北京海淀三里河路9号）
各地新华书店、建筑书店经销
唐山龙达图文制作有限公司制版
北京盛通印刷股份有限公司印刷
\*
开本：787毫米×1092毫米　1/16　印张：16　字数：399千字
2021年11月第一版　2021年11月第一次印刷
定价：**88.00**元
ISBN 978-7-112-26734-7
（38097）

# 主要编著人员

张　涛　　万雨帆　　付光辉　　侯亚辉　　杨广军
刘本立　　刘　飞　　崔立恒　　李　阳

# 参与编著人员

寇忠安　　马　兵　　蒋圣宝　　张成明　　曹景磊
连光炜　　周文强　　徐致远　　张为龙　　景　杰
万臻坤　　远美瑾　　范徐超　　赵连启　　杨位相
生兆树　　杨　森　　苏京梁　　于磊涛　　郭志豪

# 前言

    ▶▶▶

    日照（岚山）至菏泽高速公路枣庄至菏泽段跨微山湖特大桥——双塔双索面三跨预应力混凝土斜拉桥由山东省公路桥梁建设有限公司承建，本书依托该桥的规划、设计、施工及实施过程中的关键技术成果编著而成。枣菏高速的修建将极大改善枣庄、济宁和菏泽"三市八区县"沿线群众交通出行条件，实现山东省"县县通高速"的目标，对实施"鲁南经济带"战略规划，带动区域经济社会发展，促进"山东半岛蓝色经济区"建设，助力"新旧动能转换"进程，拓展岚山港港口腹地继而带动经济跨越式发展具有重要意义。微山湖特大桥建成后，将彻底解决微山湖东西两岸交通瓶颈，湖区古镇南阳岛居民数千年来乘船出行的方式也将发生历史性变革。

    微山湖特大桥主桥选用双塔双索面三跨预应力混凝土斜拉桥，该桥型结构形式优美、跨越能力突出，是国际高等级通航孔备选的主要桥型之一。但该桥型存在结构形式复杂、结构体系频繁转换，施工工序复杂，过程不易控制等技术难题，制约着该类桥型大规模推广。该大桥项目成功修建的背后是精细化设计，规范化施工，精准化过程监控，以及施工工艺改良及关键技术难题研发密切配合的结果。

    本书涉及了枣菏高速跨越微山湖京杭运河主航道桥的设计验算、施工工艺及流程、施工过程控制的相关研究成果，对该双塔三跨预应力混凝土斜拉桥的结构受力性能、施工工艺流程及关键技术要点进行了总结和归纳，包括桥梁的结构受力分析验算，施工过程线型及应力控制，结合本项目开展的岩溶区全护筒桩基溶洞施工技术、BIM技术的开发与应用和钢筋骨架成套连接技术等关键技术研究。在保证桥梁施工过程安全的同时，引入信息技术和国内外最新施工工艺，缩短了施工总工期，降低了人员投入，提高了桥梁高新技术的应用，可对该类型桥梁的设计、施工提供较高的参考价值和工程指导意义。同时，也推动了桥梁施工技术的创新与进步。

    本书由 4 篇共 9 章组成：第 1 章介绍了枣菏高速建设意义、工程规模、设计标准及主要技术指标等内容；第 2 章主要介绍了斜拉桥的设计原则、设计理念及总体布置情况；第 3 章主要介绍了桥梁的设计依据、材料属性及斜拉桥在不同工况组合下的静动力性能；第 4 章介绍了桥梁文明施工控制与工程标准化、信息化管理的相关内容；

第 5 章介绍了钻孔灌注桩、承台、塔柱、斜拉索及主梁等的具体施工工艺及流程；第 6 章主要介绍了斜拉桥施工监控的主要工作内容、实施方案质量保证体系与措施等内容；第 7 章介绍了基于全过程风险控制的岩溶区全护筒桩基溶洞施工技术；第 8 章介绍了公路工程施工企业实务 BIM 的开发与应用；第 9 章介绍了模块化钢筋骨架成套连接技术的研究与应用。

本书由张涛担任主编，主要编著人员和参与编著人员提供了大量图片和数据资料，编写过程中得到了山东科技大学道路与桥梁工程系的大力支持，在此一并表示感谢。

由于桥梁设计理念和施工技术的飞速发展，新技术、新方法不断涌现，加之编者水平有限，书中难免存在疏漏和不足之处，恳请读者批评指正。

作者
2021 年 8 月

# 目录

# 第一篇

## 概述篇

# 第1章 桥梁基本概况

## 1.1 大桥建设意义

本项目经过区域公路基础设施较为薄弱，部分道路交通量趋于饱和，混合交通状况严重，道路通行能力和服务水平不断降低等问题日渐突出，特别是东西向高速通道较少，已经不能满足沿线经济社会发展对交通基础设施的需求。枣菏高速建成后，将极大改善枣庄、济宁和菏泽"三市八区县"沿线群众的交通出行条件，实现山东省"县县通高速"的目标，对实施"鲁南经济带"战略规划，带动区域经济社会发展，促进"山东半岛蓝色经济区"建设，助力"新旧动能转换"进程，拓展岚山港港口腹地继而带动经济跨越式发展具有重要意义。大桥建成后，将彻底解决微山湖东西两岸交通瓶颈，湖区古镇南阳岛居民数千年来乘船出行的方式也将发生历史性变革。

枣菏高速控制性工程微山湖特大桥成功引入 BIM 技术，在岩溶桩基施工、场站布置等施工管理过程中发挥着重要功效。当前，山东省正处于新旧动能转换的关键时期，新的发展理念意味着传统的观念模式已不再适应，责任和使命驱使着枣菏高速必须牢固树立"质量第一，效益优先"的发展理念，以新技术、新业态、新模式为核心，以知识、技术、信息、数据等新生产要素为支撑，促进产业智慧化、跨界融合化、品牌高端化，以实际行动助力山东省新旧动能转换。枣菏高速地理位置见图 1.1。

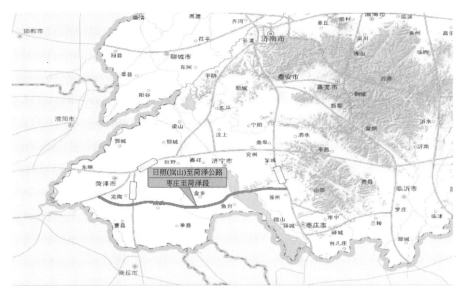

图 1.1 枣菏高速地理位置图

## 1.2　工程范围和规模

微山湖特大桥位于济宁市微山县和鱼台县境内，是日照（岚山）至菏泽公路枣庄至菏泽段跨越微山湖的一座特大桥。微山湖特大桥的起点位于微山县两城镇黄山三村南，终点位于湖西滨湖大道西侧的鱼台县张黄镇梁岗村。

微山湖特大桥起点桩号为 K40＋566.5，分别跨越白马河航道（Ⅲ级航道 K42＋811）、京杭运河主航道（Ⅱ级航道 K45＋685）、京杭运河西航道（Ⅲ级航道 K49＋617），在 K49＋715 位置上跨湖西大堤，终点桩号为 K50＋455.5。主线桥全长 9889m（至桥台耳板尾部），其中 K45＋885～K47＋022 之间桥梁为南阳互通立交范围。微山湖特大桥由东向西的桥跨组成为：东侧接线引桥（60×35m 预制小箱梁）、跨白马河桥（75＋130＋75m 预应力混凝土连续梁）、滩内引桥（63×35＋10×33m 预制小箱梁）、跨京杭运河主航道桥（95＋210＋95m 双塔斜拉桥）、滩内引桥［8×35＋8×33＋（33＋35＋33）＋3×35.5＋（35＋35.5＋35）＋8×35m 现浇连续箱梁（南阳互通主线桥）、70×35m 预制小箱梁］、跨京杭运河西航道桥（75＋130＋75m 预应力混凝土连续梁）、西侧接线引桥（20×35m 预制小箱梁）。桥梁共 57 联，265 孔。

京杭运河主航道桥为双塔三跨预应力混凝土斜拉桥，跨径布置为 95＋210＋95＝400m，双索面布置。主梁全宽 32.5m，采用双边箱断面混凝土主梁。桥塔采用 H 形钢筋混凝土塔。

根据沿线主要控制地物和功能要求，确定桥跨布置见表 1.1。

桥跨布置一览表　　　　　　　　　　　　　　　表 1.1

| 区域位置 | 起讫桩号 | 工程长度(m) | 桥跨布置(m) | 结构形式 |
|---|---|---|---|---|
| 东侧接线引桥 | K40＋566.50～K42＋666.50 | 2100 | 60×35 | 预制小箱梁 |
| 跨白马河桥 | K42＋666.50～K42＋946.50 | 280 | 75＋130＋75 | 预应力混凝土连续梁 |
| 东侧滩内引桥 | K42＋946.50～K45＋481.50 | 2535 | 63×35＋10×33 | 预制小箱梁 |
| 跨京杭运河主航道桥 | K45＋481.50～K45＋881.50 | 400 | 95＋210＋95 | 双塔斜拉桥 |
| 南阳互通主线桥 | K45＋881.50～K47＋18.50 | 1137 | 8×35＋8×33＋（33＋35＋33）＋3×35.5＋（35＋35.5＋35）＋8×35 | 现浇连续箱梁 |
| 西侧滩内引桥 | K47＋18.50～K49＋468.50 | 2450 | 70×35 | 预制小箱梁 |
| 跨京杭运河西航道桥 | K49＋468.50～K49＋748.50 | 280 | 75＋130＋75 | 预应力混凝土连续梁 |
| 西侧接线引桥 | K49＋748.50～K50＋455.70 | 700 | 20×35 | 预制小箱梁 |

## 1.3 设计标准及主要技术指标

### 1.3.1 工程技术标准

采用《公路工程技术标准》JTG B01—2014 规定的高速公路标准建设，设计速度 120km/h，双向四车道，路基宽度 27m，路基设计洪水频率为 1/100；桥涵设计汽车荷载等级为公路 - Ⅰ级，桥梁标准宽度为 29.7m（图 1.2）［其中湖西大堤西侧标准宽度为 26.5m（图 1.3）］，桥涵设计洪水频率为特大桥 1/300，大、中、小桥及涵洞 1/100；微山湖特大桥场地地震动峰值加速度系数为 0.05，基本地震烈度为 6 度；白马河和京杭运河西航道为Ⅲ级航道，京杭运河主航道为Ⅱ级航道。其余技术指标均按照《公路工程技术标准》JTG B01—2014 的规定值要求。

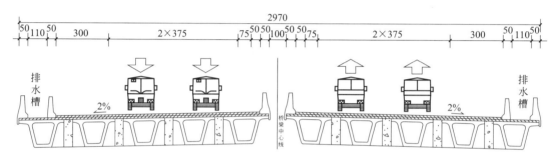

图 1.2 桥梁标准横断面（cm）

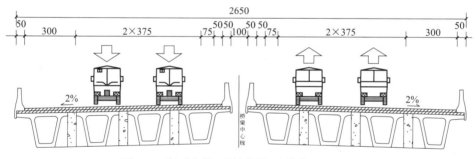

图 1.3 湖西大堤西侧桥梁标准横断面（cm）

### 1.3.2 设计依据

（1）山东省发展和改革委员会《关于日照（岚山）至菏泽公路枣庄至菏泽段项目核准的批复》鲁发改交通〔2016〕1112 号；

（2）山东省交通运输厅 山东省发展和改革委员会《关于日照（岚山）至菏泽公路枣庄至菏泽段（不含京台高速改扩建段）初步设计的批复》鲁交建管〔2016〕134 号；

（3）山东省环境保护厅《关于日照（岚山）至菏泽公路枣庄至菏泽段工程环境影响报告书的批复》鲁环审〔2016〕84 号；

（4）山东省交通运输厅港航局《关于日照（岚山）至菏泽公路枣庄至菏泽段工程跨京杭运河等桥梁项目航道通航条件影响评价报告的审核意见》鲁交港航财基〔2016〕95 号；

（5）水利部淮河水利委员会《关于日照（岚山）至菏泽公路枣庄至菏泽段工程南四湖特大桥工程建设方案的审查意见》淮委许可〔2017〕63 号；

（6）山东省交通运输厅《关于日照（岚山）至菏泽公路枣庄至菏泽段（不含京台高速改扩建段）南四湖特大桥及南阳互通立交施工图设计文件的批复》鲁交建管〔2017〕76 号。

### 1.3.3　设计参考规范

（1）《公路工程技术标准》JTG B01—2014

（2）《公路工程结构可靠度设计统一标准》GB/T 50283—1999

（3）《混凝土结构耐久性设计规范》GB/T 50476—2008

（4）《公路桥涵设计通用规范》JTG D60—2015

（5）《公路钢筋混凝土及预应力混凝土桥涵设计规范》JTG 3362—2018

（6）《公路桥涵地基与基础设计规范》JTG D63—2007

（7）《公路钢结构桥梁设计规范》JTG D64—2015

（8）《公路桥梁抗震设计细则》JTG/T B02-01—2008

（9）《公路工程抗震规范》JTG B02—2013

（10）《公路桥梁抗风设计规范》JTG/T 3360-01—2018

（11）《公路路线设计规范》JTG D20—2017

（12）《公路路基设计规范》JTG D30—2015

（13）《公路沥青路面设计规范》JTG D50—2017

（14）《公路勘测规范》JTG C10—2007

（15）《公路勘测细则》JTG/T C10—2007

（16）《公路工程地质勘察规范》JTG C20—2011

（17）《公路工程水文勘测设计规范》JTG C30—2015

（18）《内河通航标准》GB 50139—2014

（19）《桥梁球型支座》GB/T 17955—2009

（20）《公路桥梁伸缩装置通用技术条件》JT/T 327—2016

（21）《公路工程混凝土结构防腐蚀技术规范》JTG/T B07-01—2006

（22）《公路建设项目环境影响评价规范》JTG B03—2006

（23）《公路环境保护设计规范》JTG B04—2010

（24）《公路排水设计规范》JTG/T D33—2012

（25）《公路土工合成材料应用技术规范》JTG/T D32—2012

（26）《公路圬工桥涵设计规范》JTG D61—2005

（27）《公路交通安全设施设计规范》JTG D81—2017

（28）《公路交通安全设施设计细则》JTG/T D81—2017

（29）《公路工程质量检验评定标准 第一册 土建工程》JTG F80/1—2017

（30）《钢结构设计标准》GB 50017—2017

（31）《公路桥涵施工技术规范》JTG/T F50—2011

（32）《桥梁用结构钢》GB/T 714—2015

（33）《桥梁防雷技术规范》GB/T 31067—2014

（34）《低合金高强度结构钢》GB/T 1591—2018

（35）《碳素结构钢》GB/T 700—2006

（36）《合金结构钢》GB/T 3077—2015

（37）《优质碳素结构钢》GB/T 699—2015

（38）《玻璃纤维增强塑料夹砂管》GB/T 21238—2016

（39）《公路工程基本建设项目设计文件编制办法》交公路发〔2007〕358 号

（40）《公路工程基本建设项目设计文件图表示例》

# 1.4 全桥主要工程数量

## 1.4.1 桥塔主要工程数量表

桥塔主要工程数量表　　　　　　　　　　　　　　　　表 1.2

| 项目 | | 单位 | 桥塔 | | | | | |
|---|---|---|---|---|---|---|---|---|
| | | | 塔柱 | 塔座 | 承台 | 桩基 | 弹性索 | 合计 |
| 混凝土 | C50 | m³ | 7751.80 | 1040.00 | | | | 8791.80 |
| | C40 | m³ | | | | | | |
| | C30 | m³ | | | 4520.00 | | | 4520.00 |
| | C30 水下 | m³ | | | | 12213.60 | | 12213.60 |
| 钢绞线 φ$^s$15.2 | | kg | 137906.80 | | | | | 137906.80 |
| LPES7-109 | | kg | | | | | 1233.90 | 1223.90 |
| 精轧螺纹钢 JL32 | | kg | | | | | | |
| HPB300 | 直径 10 | kg | | | | 100773.60 | | 100773.6 |
| HRB400 | 直径 12 | kg | 35230.70 | | 17872.40 | | | 53103.10 |
| | 直径 16 | kg | 536734.70 | 6748.80 | 25129.20 | | | 568612.70 |
| | 直径 20 | kg | 45341.00 | 17673.20 | | | 131.60 | 63145.80 |
| | 直径 22 | kg | 13108.20 | | | | | 13108.20 |
| | 直径 25 | kg | 12568.00 | | 105416.00 | 43548.00 | | 161532.00 |
| | 直径 28 | kg | 101641.00 | 48321.20 | | | | 149962.20 |
| | 直径 32 | kg | 895674.60 | | 293682.40 | 879014.40 | | 2068371.40 |
| 钢锚梁 | Q345D | kg | 237420.70 | | | | | 237420.70 |
| | M24×150 螺栓 | 套 | 640.00 | | | | | 640.00 |
| | 四氟滑板 | 块 | 384.00 | | | | | 384.00 |
| 钢牛腿 | Q345D | kg | 82861.80 | | | | | 82861.80 |
| | M24×120 螺栓 | 套 | 1536.00 | | | | | 1536.00 |
| | 22×220 剪力钉 | 个 | 5600.00 | | | | | 5600.00 |
| 塔冠 | Q345D | kg | 124998.40 | | | | | 124998.40 |
| | 22×220 剪力钉 | 个 | 4672.00 | | | | | 4672.00 |
| | 角钢 | kg | 539.90 | | | | | 539.90 |

| 项目 | 单位 | 桥塔 | | | | | |
|---|---|---|---|---|---|---|---|
| | | 塔柱 | 塔座 | 承台 | 桩基 | 弹性索 | 合计 |
| 劲性骨架 | kg | 146393.30 | | | | | 146393.30 |
| Q235C | kg | 2284.60 | | | | | 2284.60 |
| Q235B 钢管 | kg | | | | | | |

## 1.4.2　共用墩主要工程数量表

共用墩主要工程数量表　　　　　　　　　　　表 1.3

| 项目 | | 单位 | 共用墩 | | | |
|---|---|---|---|---|---|---|
| | | | 墩柱 | 承台 | 桩基 | 合计 |
| 混凝土 | C50 | m³ | | | | |
| | C40 | m³ | 1111.40 | | | 1111.40 |
| | C30 | m³ | | 743.20 | | 743.20 |
| | C30 水下 | m³ | | | 2203.20 | 2203.20 |
| 钢绞线 φˢ15.2 | | kg | | | | |
| LPES7-109 | | kg | | | | |
| 精轧螺纹钢 JL32 | | kg | | | | |
| HPB300 | 直径 10 | kg | | | 18715.20 | 18715.20 |
| HRB400 | 直径 12 | kg | 2381.80 | 4417.20 | | 6799.00 |
| | 直径 16 | kg | 86347.30 | 7624.60 | | 93971.90 |
| | 直径 20 | kg | | | | |
| | 直径 22 | kg | | | | |
| | 直径 25 | kg | 29877.00 | 18243.80 | 8556.80 | 56677.60 |
| | 直径 28 | kg | 62511.20 | 32650.00 | 121028.80 | 216190.00 |
| | 直径 32 | kg | | | | |

## 1.4.3　上部结构及桥面系主要工程数量表

上部结构主要工程数量表（一）　　　　　　　　表 1.4

| 项目 | | 单位 | 上部构造 | | | | | |
|---|---|---|---|---|---|---|---|---|
| | | | 箱梁 | 斜拉索 | 桥面铺装 | 伸缩缝 | 支座 | 上部合计 |
| 混凝土 | C55 | m³ | 11728.90 | | | | | 11728.90 |
| | C40 | m³ | | | | | | |
| | C30 铁砂混凝土 | m³ | 260.00 | | | | | 260.00 |
| 沥青混凝土 | | m³ | | | 1000.00 | | | 1000.00 |
| 柔性防水层 | | m² | | | 11680.00 | | | 11680.00 |
| 钢绞线 φˢ15.2 | | kg | 499743.70 | | | | | 499743.70 |
| 精轧螺纹钢 JL32 | | kg | 59673.90 | | | | | 59673.90 |

| 项目 | | 单位 | 上部构造 | | | | | |
|---|---|---|---|---|---|---|---|---|
| | | | 箱梁 | 斜拉索 | 桥面铺装 | 伸缩缝 | 支座 | 上部合计 |
| 斜拉索 | 平行钢丝 | kg | | 480393.80 | | | | 480393.80 |
| | 减振圈 | 套 | | 224.00 | | | | 224.00 |
| | 阻尼器 | 套 | | 96.00 | | | | 96.00 |
| | 防护罩 | 套 | | 224.00 | | | | 224.00 |
| HPB300 | 直径10 | kg | 26795.00 | | | | | 26795.00 |
| | 直径20 | kg | 379.40 | | | | 454.40 | 833.80 |
| HRB400 | 直径12 | kg | 135974.00 | | | | | 135974.00 |
| | 直径16 | kg | 955842.20 | | | | | 955842.20 |
| | 直径20 | kg | 1453731.10 | 921.20 | | | | 1454652.30 |
| | 直径25 | kg | 21486.80 | | | | | 21486.80 |
| | 直径28 | kg | 287078.00 | | | | | 287078.00 |
| Q235B | $\delta=12mm$ | kg | 22356.90 | | | | | 22356.90 |
| | $\delta=40mm$ | kg | | | | | 2872.80 | 2872.80 |
| Q345D | $\delta=20mm$ | kg | 1482.40 | | | | | 1482.40 |
| | $\delta=30mm$ | kg | 2543.40 | | | | | 2543.40 |
| | $\delta=40mm$ | kg | 5035.30 | | | | | 5035.30 |
| | $\delta=60mm$ | kg | | 14921.30 | | | | 14921.30 |
| | $\delta=80mm$ | kg | | 6367.90 | | | | 6367.90 |
| 合拢用劲性骨架 | | kg | 8313.50 | | | | | 8313.50 |
| 波纹管 | C-75 | m | 1347.50 | | | | | 1347.50 |
| | F-72 | m | 5170.80 | | | | | 5170.80 |
| | C-90 | m | 13279.50 | | | | | 13279.50 |
| | C-100 | m | 2654.40 | | | | | 2654.40 |

**上部结构主要工程数量表（二）**　　　　表 1.5

| 项目 | | 单位 | 上部构造 | | | | | |
|---|---|---|---|---|---|---|---|---|
| | | | 箱梁 | 斜拉索 | 桥面铺装 | 伸缩缝 | 支座 | 上部合计 |
| 连接器 | 15-15 | 套 | 116 | | | | | 116 |
| | 15-17 | 套 | 116 | | | | | 116 |
| 固定端 | 15-4 | 套 | 572 | | | | | 572 |
| 张拉端锚具 | 15-4 | 套 | 572 | | | | | 572 |
| | 15-15 | 套 | 56 | | | | | 56 |
| | 15-17 | 套 | 524 | | | | | 524 |
| | 15-19 | 套 | 256 | | | | | 256 |
| 精轧螺纹钢锚 | 连接器 | 套 | 684 | | | | | 684 |
| | 螺母锚具 | 套 | 728 | | | | | 728 |

续表

| 项目 | | 单位 | 上部构造 | | | | | |
|---|---|---|---|---|---|---|---|---|
| | | | 箱梁 | 斜拉索 | 桥面铺装 | 伸缩缝 | 支座 | 上部合计 |
| 拉索锚具 | LPES7-163 | 套 | | 48 | | | | 48 |
| | LPES7-187 | 套 | | 48 | | | | 48 |
| | LPES7-199 | 套 | | 80 | | | | 80 |
| | LPES7-223 | 套 | | 16 | | | | 16 |
| | LPES7-241 | 套 | | 8 | | | | 8 |
| | LPES7-253 | 套 | | 16 | | | | 16 |
| | LPES7-265 | 套 | | 8 | | | | 8 |
| 斜拉索预埋钢管 | $\phi299\times8$ | kg | | 4852.20 | | | | 4852.20 |
| | $\phi325\times10$ | kg | | 7084.10 | | | | 7084.10 |
| | $\phi325\times7.5$ | kg | | 11732.60 | | | | 11732.60 |
| | $\phi351\times12$ | kg | | 4559.90 | | | | 4559.90 |
| | $\phi351\times8$ | kg | | 1466.80 | | | | 1466.80 |
| | $\phi377\times10$ | kg | | 6054.60 | | | | 6054.60 |
| 支座 | QZ8MN | 个 | | | | | 4 | 4 |
| | QZ10MN | 个 | | | | | 4 | 4 |
| | GPZ2.5MN | 个 | | | | | 4 | 4 |
| 弹性限位索 | | 套 | | | | | 8 | 8 |
| 伸缩缝 | 400 型 | m/道 | | | | 57.40/4 | | 57.40/4 |

# 第二篇

## 设计篇

# 第2章 桥梁概念设计

## 2.1 设计原则

### 2.1.1 工程主要特点

#### 1. 工程跨度大，线路设计区环境复杂

微山湖特大桥位于山东省济宁市微山县和鱼台县境内，是日照至菏泽公路跨越微山湖的一座特大桥，始于微山县两城镇，止于湖西滨湖大道西侧，分别跨越白马河航道、京杭运河主航道、京杭运河西航道和湖西大堤，主线桥全长9889m，主跨长210m，桥梁共57联，265孔。

微山湖湖区航道为人工渠化河道，有专门的河道管理机构，在正常运行管理的情况下，河势基本不会发生变动。南水北调工程实施以后，上级湖经过疏浚扩宽后，水流的流速、流向更加顺畅，预计未来河道不会发生变迁，河槽稳定。线路经过较大的河流湖泊主要有京杭运河、白马河和南四湖。微山湖特大桥沿线水系分布如图2.1所示。

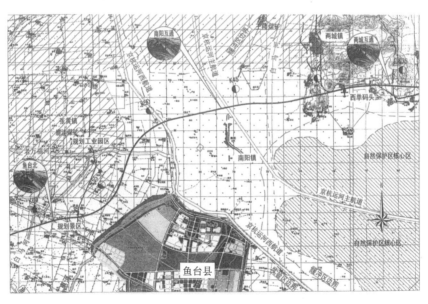

图2.1 沿线水系分布示意图

（1）微山湖

微山湖亦名南四湖，由微山、邵阳、独山、南阳4个彼此相连的湖泊组成，属淮河流域泗水系，处于山东省济宁市微山县、任城区、鱼台县境内。处于东经116°34′～117°21′，北纬34°27′～35°20′，南北长230km，东西宽6.8～27.6km，总面积为2100km²，可控蓄

水量为 17.3 亿 $m^3$，最大库容量 47.31 亿 $m^3$，流域面积 31700 $km^2$。微山湖是我国北方最大的淡水湖，京杭运河从这里经过。微山湖物产丰富，向来有"日出斗金"的说法；微山湖矿产资源丰富，主要有煤炭、稀土，此外，还有大量的石灰岩、煤矸石、黄沙等资源；微山湖风景名胜区是国家级风景名胜区、国家级生态示范区、国家级湿地公园、国家重点红色旅游区，素有"江北小苏州"和"中国荷乡"的美誉。

（2）京杭运河

京杭运河始凿于公元前 5 世纪，后经隋、元大规模挖掘、疏浚，连接形成了国内最长的一条人工河，是世界上开挖最早、最长的人工河。北起北京，南至杭州，经过北京、天津、河北、山东、江苏、浙江六省市，沟通了海河、黄河、淮河、长江、钱塘江五大水系，全长 1794km。目前，京杭运河的通航里程为 1442km，其中全年通航里程为 877km，主要分布在黄河以南的山东、江苏和浙江三省。京杭运河济宁段纵贯济宁全境，全长约 230km，其中，京杭运河济宁至韩庄段航道由三级航道升级为二级航道，京杭运河西航道由五级航道升级为三级航道。

（3）白马河

白马河发源于邹城市北白马泉，流经曲阜、兖州、邹城、微山 4 县（市），于微山县鲁桥镇九孔桥村入独山湖，全长 60km，流域面积 1099 $km^2$。较大支流有石里沟、石墙河、望云河、大沙河等。白马河属淮河流域湖东区水系，邹县境内河流原来均汇入泗河，南流入淮。但自元朝南四湖的形成，逐渐演变为今天的白马河独立水系。流域内河流 56 条，包括一级支流 22 条，主要有大沙河、望云河、石墙河、石里沟、七里沟等。

（4）南四湖自然保护区

南四湖保护区是由湖泊湿地岛屿、相邻水田及集水面山林组成的自然综合体及其生态系统。1982 年经微山县政府批准成立为县级南四湖保护区，1996 年济宁市政府又将南四湖确立为市级自然保护区，2003 年经山东省政府批准成为省级自然保护区。南四湖省级自然保护区总面积 127547 $hm^2$，其中核心区面积 45107 $hm^2$、缓冲区面积 40359 $hm^2$、试验区面积 42081 $hm^2$。

本项目路线在微山县两城乡苗家附近利用南四湖自然保护区实验区通道过湖，应在施工期及营运期严格要求，尽量减小对项目周边声环境、生态环境、水环境等的影响。针对本路段，重点是施工期和营运期路面径流（含运输车辆液体货物事故泄漏）的影响。施工期污染物影响短暂，采用先进的施工技术和严格管理，以及采取严格的环保措施可以将污染物降至最低；营运期要做好桥梁桥面雨水收集系统和防撞设施，桥面不设排水口，可以避免降雨污水和其他污染物直接进入自然保护区。

（5）南水北调东线工程（济宁调水线路）

济宁是南水北调东线一期工程的重点地区和重要输水通道，过境长度约 198km，占山东南北干线总长度（487km）的 40%。南水北调东线工程在济宁市的线路：一路是从韩庄泵站（第九级泵站）进入韩庄运河，然后进入南四湖下级湖进行调蓄；另一路是从蔺家坝站进入下级湖，通过二级坝泵站（第十级泵站）提水进入上级湖、梁济运河。通过长沟泵站（第十一级泵站）提水，往北到邓楼泵站（第十二级泵站）提水至柳长河，调水出济宁市进入泰安市东平县境内，由八里湾泵站（第十三级泵站）提水入东平湖。济宁市境内一期工程调水规模为入下级湖流量 $200m^3/s$，进行调蓄后，其调蓄水位为 $32.8m$，然后经二级坝泵站以 $125m^3/s$ 的流量入上级湖，调蓄水位 $34.0m$，经梁济运河通过长沟泵站 $100m^3/s$ 和邓楼泵站 $100m^3/s$ 提水至东平湖新湖区内的柳长河。输水时间为 10 月至次年 5 月，年输水天数为 $240d$，干流水质稳定达到国家地表水环境质量Ⅲ类水标准。

**2. 自然地质条件差**

特大桥所在区域地层结构属于同一个工程地质单元：湖积作用为主，河流冲洪积为辅的洪积松散岩类工程地质区。在钻探所达 $120m$ 深度范围内，场地地层由全新统冲积湖积层 $Q^{4al+1}$、第四系晚更新统冲洪积层及冲积层（$Q^{3al+pl}$）、第四系残坡积地层（$Q^{el+dl}$）、寒武系地层，上统（$\varepsilon_1$）、中统（$\varepsilon_2$）、下统（$\varepsilon_3$）组成。

本区大地构造单元位于华北陆块Ⅰ、鲁西隆起Ⅱ、鲁西南潜隆起区Ⅱ$_b$、菏泽—兖州潜断隆Ⅲ$_{bl}$、滕州凹陷（潜）Ⅱ$_{9bl}$ 单元内。论证区受构造运动影响，断裂发育。对论证区有影响的主要断裂为：南北向的峰山断裂和孙氏店断裂；东西向的凫山断裂。(1) 峰山断裂位于桥址区的东部（距离约 $30km$），大部分被第四系覆盖，走向线波状弯曲，总体走向约 345°，倾向南西，倾角 70°～80°，属张性、略具左移扭动的正断层。为鲁中南和鲁西南的重要区域地质分界线，自中生代后期以来一直控制着鲁西南断陷区的沉积。该断裂的形成可能受基底构造控制，燕山期强烈活动，后期又多次活动，控制着现代的地貌单元。(2) 孙氏店断裂隐伏于第四系之下，由 2～3 条断层组成，倾向西，倾角 70°～86°，垂直断距大于 $1000m$，西盘地层主要是石炭—二迭系和侏罗系，东盘地层则以寒武—奥陶系为主，属张性、略具左移扭动的正断层。形成于燕山运动晚期，新生代仍有活动，是济宁凹陷和兖州凸起的分界线。(3) 凫山断裂西起独山湖西侧，经岗头东至界河，走向 83°，倾向南，倾角 70°，控制地层为侏罗系，主要活动期为燕山期，力学性质呈压扭性，隐伏于第四系之下。根据区域地调资料，该断裂位于桥址区的南侧，钻探资料未揭露断裂发育迹象，地貌单元分段如表 2.1 所示。

地貌单元分段　　　　　　　　　　　　　　　表 2.1

| 桩号 | 地貌单元 | 位置 |
| --- | --- | --- |
| K40＋600.00～K41＋471.00 | 山前平原 | 微山两城镇黄山村 |
| K41＋981.00～K49＋682.00 | 河间地块 | 微山南阳镇、两城镇 |
| K50＋057.00～K50＋500.00 | 冲积湖积平原 | 鱼台县张黄镇 |

本桥沿线地势总体东高西低，全线大部分为平原区，地形简单，地势平坦、开阔，间有少量残丘。路线东段穿过丘陵地带，西段为冲洪积平原。桥梁跨南四湖工程场地地貌单元为湖积平原，场地周边地区地势起伏较小，地形平坦，较开阔，微地貌形态为河床、河漫滩等。场地较开阔，区内大部分地段为农田及鱼塘，为 2008 年围湖造田所成。

南四湖东侧的低山丘陵区域主要是山前平原，特大桥起点 K40＋566.5～K40＋900，区内地面高程 38～48m，经过长期的风化剥蚀，多以起伏不大的孤丘缓岭为主，山顶呈浑圆形，多呈馒头状，山坡较平缓，丘陵区呈放射状、花纹状水系，丘间谷底切割深度较小。地层主要以为寒武系薄层泥岩、中厚层灰岩及缅粒灰岩与泰山群混合花岗岩为主，区内存在露天采石坑。植被一般发育，岩体风化程度差异较大。南四湖区域主要是河间平原和湖积洪积地貌，区内地面高程 31～37m，地势相对平坦，地面坡度较小，地层主要以湖积洪积淤泥质土、粉质黏土为主，呈灰褐色，含较多有机质，局部含有较多贝壳碎屑，呈可塑—软塑状态，承载力较差，且厚度变化较大，分布不均匀。南四湖湖西大堤以西线路段内，海拔 32～34m，线路区域为冲洪积平原。

拟建桥址地形为湖区，地层相对复杂，有岩溶。根据区域地质资料、场地周边地形地貌、地质条件及场地土的地层结构综合分析，场区内有岩溶不良地质作用，无滑坡、危岩、崩塌、泥石流等不良地质作用。

桥址区属于鲁西南冲洪积平原区，地层较简单，为第四系松散沉积土层。桥址区表层广泛分布软土，土层厚度为 1～5.1m。依据钻探揭露、野外鉴别、原位测试及室内土工试验资料，该层软土颜色呈褐色、黄褐色，可塑—软塑，孔隙比大，高压缩性。桥址区地层结构较简单，分布较连续，厚度较稳定，桥址区下伏石灰岩地层。场地局部岩溶发育，溶洞大小不一，全充填，不存在掉钻现象，但漏水。充填物主要为黏性土和少量碎石，土质不均。岩溶发育对构造物基础稳定性有一定不利影响，岩溶区桩基钻孔施工需要有针对性地采取相应措施，以确保桩基成孔质量。

通过活动断裂强度和地震活动烈度分析，本区总体地震烈度较低，破坏性不强，未发生过破坏性地震，该区地壳较稳定。孙氏店断裂、凫山断裂均为非全新世活动断裂，且第四系地层未发现有地层错断迹象，对结构物建设影响较小，但在地震期间，断裂活动性加剧，应按规范进行抗震设计。依据《公路工程抗震规范》JTG B02—2013 的有关规定及区域地质资料可知，拟建桥址场区 20m 深度内等效剪切波速值为 190～210m/s，根据钻孔揭露地质资料，拟建桥址场区大部分钻孔覆盖层厚度大于 50m，依据《建筑抗震设计规范》GB 50011—2010 及《公路桥梁抗震设计细则》JTG/T B02-01—2008，判定本桥址场区场地土类型为中软场地土，东侧少部分钻孔位置区域场地类别为Ⅱ类，其他为Ⅲ类，属抗震一般地段。在全国地震区的划分上，根据《中国地震动参数区划图》GB 18306—2015 和《公路桥梁抗震设计细则》JTG/T B02-01—2008 可知，微山两城镇、南阳镇及鱼台张黄镇抗震设防烈度为 6 度，区域地震动峰值加速度系数为 0.05，反应谱特征周期为 0.40s。

**3. 气象条件复杂**

微山湖特大桥局沿线位于北温带—暖温带区，属东亚季风型大陆性气候。一年冬冷夏热，四季分明，雨热同季。由于受南四湖的影响，常年主导风向为东南风，年平均风速 2.7m/s，大风多出现在春、夏两季，最大风力可达 9～10 级。冬季干旱缺雨，夏季降雨丰沛，时有暴雨发生。年平均最高气温 19.4℃，年最低气温 8.8℃，极端最高气温 40.6℃，极端最低气温—22.3℃，最热月平均气温 31.4℃，最冷月平均气温—6.0℃；年最大降雨量 1399.9mm，年平均降雨量 781mm；年平均蒸发量 1716.6mm，年最大蒸发量 2284.5mm，年最小蒸发量 790.4mm，5～7 月蒸发量在 20mm 以上，12～1 月蒸发量在 50mm 以下。

**4. 水文地质条件复杂**

线路设计区水系较发育，河流均为雨源型河流，枯水季节，除部分主要河流中的中下游有很小径流外，余皆干涸，但遇阵、暴雨，则洪水泄涌，其特点是源高流短、涨快退速。河道大多有较厚的砂层，局部基岩出露，潜流较丰富。

桥址区属于淮河流域，地表水较为丰富，地表水系主要有南四湖、老泗河、老运河、小新河、薛王河、房庄河和新薛河。老运河、小新河分别从北至南穿过，是微山湖重要的防洪、排涝、灌溉河道。河水的化学类型为 $SO_4 \cdot HCO_3 \cdot Cl\text{-}Na \cdot Mg$，pH 为 7.7，矿化度 773.58mg/L，无侵蚀性 $CO_2$，依据《公路工程地质勘察规范》JTG C20—2011 中附录 K 环境介质对混凝土的评价标准，按 II 类环境，长期浸水考虑，河水对混凝土结构具有微腐蚀性，对钢筋混凝土结构中的钢筋具有微腐蚀性。拟建桥址浅层地下水为第四系孔隙潜水，以大气降水入渗和地表水地下径流为主要补给来源，以人工开采、微量地下径流和地表蒸发为主要排泄途径。地下水位随季节及气象周期呈周期性变化，动态类型主要为入渗—开采、径流型，年变幅 2～5m。

从钻孔中测得地下水稳定水位埋深 0.15～9.4m，稳定水位平均标高约 33.76m。根据水质分析资料可知，拟建厂区地下水水化学类型分别为 $Cl \cdot NO_3 \cdot SO_4\text{-}Mg \cdot Ca$ 和 $SO_4 \cdot Cl \cdot HCO_3\text{-}Ca \cdot Na$ 型与 $HCO_3 \cdot SO_4\text{-}Na$ 型，pH 分别为 7.0、7.2，矿化度为 1292.66～2508.40mg/L，无侵蚀性的 $CO_2$。依据《公路工程地质勘察规范》JTG C20—2011 中附录 K 环境介质对混凝土的评价标准，按 II 类环境，干湿交替考虑，地下水对混凝土结构具有弱腐蚀性，对钢筋混凝土结构中钢筋具有弱腐蚀性；按 II 类环境长期浸水考虑，地下水对混凝土结构具有弱腐蚀性，对钢筋混凝土结构中的钢筋具有弱腐蚀性。

**2.1.2 设计特点**

大桥主塔塔冠设计为蓝色荷花造型，与微山湖畔万亩荷花遥相呼应，塔身呈现白色，寓意开放包容，与运河文化交相辉映，彰显人与自然和谐共生的建筑理念。

主桥采用双 H 塔斜拉索混凝土结构。东侧接线引桥为预制小箱梁；跨白马河桥为预应力混凝土连续梁；滩内引桥为预制小箱梁；跨京杭运河主航道桥为双塔斜拉桥；滩内引桥为现浇连续箱梁；南阳互通主线桥为预制小箱梁；跨京杭运河西航道桥为预应力混凝土连续梁；西侧接线引桥为预制小箱梁。

**2.1.3 设计原则**

微山湖特大桥是枣菏高速公路的关键控制性工程，设计控制因素复杂且对施工及运营期间的环境保护要求高，综合考虑影响设计、施工、环保的各种因素，在总体设计中须遵循以下原则：

（1）全面贯彻安全可靠、功能完善、经济合理、绿色、环保的理念，充分吸取世界范围内建桥的新理论、新材料、新工艺和先进经验，做到因地制宜。

（2）将在初步设计多种结构形式比选基础上，综合结构受力可靠性、施工质量控制、施工工期、工程造价、桥梁景观及后期管理养护等因素考虑，跨越京杭运河的主航道桥采用双塔斜拉桥，白马河航道桥及湖西航道桥采用预应力混凝土连续梁桥；本工程引桥墩高基本在 20m 以下，从经济性及结构受力性能角度方面，并考虑满足湖区防洪的要求，引桥采用 35m 跨径小箱梁。

（3）重视景观设计，力求造型美观，总体上与周围环境协调。还充分重视水环境和自然景观保护。

（4）针对微山湖的特点，充分重视施工方案研究和施工组织设计。

（5）针对微山湖特定的建设条件，采取相应的结构安全和结构耐久性措施及施工安全对策，确保大桥建设安全和设计基准期内桥梁使用安全。

（6）公路环境保护贯彻以防为主、以治为辅、综合治理的原则。在本项目环境保护中，注重保护自然环境、融于自然，全面塑造"绿化道路""生态道路"。充分考虑道路景观的美学性、生态性、施工可行性等，力求在该路段的运行期内用最短的时间使道路与周边环境融为一体，在水、声、气、生态以及人文环境等方面尽可能恢复到工程建设之前的状态，使公路对其修建和运营而受到影响的沿线自然景观、植被和野生动物生态系统、河流水体等的破坏及影响减小到最低。

### 2.1.4 设计要点

设计计算所采用的主要材料的力学性能及相关计算参考取值如表 2.2～表 2.4 所示。

**预应力钢筋力学性能指标表**　　　　　　　表 2.2

| 力学性能指标 | 钢绞线 |
| --- | --- |
| 弹性模量 $E_p$（MPa） | 195000 |
| 抗拉强度标准值（MPa） | 1860 |

**预应力钢筋计算参数表**　　　　　　　表 2.3

| 力学性能指标 | 钢绞线 | 力学性能指标 | 钢绞线 |
| --- | --- | --- | --- |
| 张拉控制应力（MPa） | 1395 | 管道偏差系数 | 0.0015 |
| 松弛率（%） | 2.50 | 锚具变形及钢束回缩值（m） | 0.006 |
| 管道摩阻系数 | 0.17 | | |

**混凝土参数表**　　　　　　　表 2.4

| 项　目 | 强度等级 | | | |
| --- | --- | --- | --- | --- |
| | C55 | C50 | C40 | C30 |
| 弹性模量 $E_c$（MPa） | 35500 | 34500 | 32500 | 30000 |
| 剪切模量 $G_c$（MPa） | 14200 | 13800 | 13000 | 12000 |
| 泊松比 $\mu_c$ | 0.20 | 0.20 | 0.20 | 0.20 |
| 轴心抗压强度标准值 $f_{ck}$（MPa） | 35.50 | 32.40 | 26.80 | 20.10 |
| 轴心抗压强度设计值 $f_{cd}$（MPa） | 24.40 | 22.40 | 18.40 | 13.80 |
| 热膨胀系数（1/℃） | 0.00001 | 0.00001 | 0.00001 | 0.00001 |
| 轴心抗拉强度设计值 $f_{td}$（MPa） | 1.89 | 1.83 | 1.65 | 1.39 |
| 轴心抗拉强度标准值 $f_{tk}$（MPa） | 2.74 | 2.65 | 2.40 | 2.01 |

# 2.2　设计理念

## 2.2.1　总体设计理念

桥梁的结构选型要本着"安全、适用、经济、美观"的设计原则，尽量做到技术先进、结构合理、安全可靠、节省造价、便利施工，结构构件尽量做到标准化，符合现代机械化快速施工要求，并力求造型纤细轻巧，美观大方，与周围环境相协调，富有时代气息。桥梁的景观方案要结合当地的文化特色进行设计，不同桥型跨径适用范围如表 2.5 所示，考虑到本桥位于微山湖，有通航、生态环保、美观及周围自然环境（包括避免与该线其他大桥多次重复）协调等要求，同时综合考虑桥梁的造价和施工工艺的成熟性等，最终选定了双塔斜拉桥。

不同桥型跨径适用范围　　　　　　　　　　　　表 2.5

| 桥梁形式 | 经济适用范围(m) | 极限跨径(m) |
|---|---|---|
| PC 连续梁桥（RC 拱桥） | 50.00～150.00 | 200.00 |
| PC 连续刚架桥（钢管混凝土拱桥） | 150.00～300.00 | 400.00 |
| 钢连续梁桥（钢混组合桥） | 200.00～300.00 | 400.00～500.00 |
| PC 斜拉桥（钢箱拱桥） | 200.00～500.00 | 600.00～800.00 |
| 组合斜拉桥（钢桁架拱桥） | 500.00～700.00 | 800.00～1000.00 |
| 钢斜拉桥（混合桥面斜拉桥） | 700.00～1200.00 | 1500.00～2800.00 |
| 悬索桥、协作体系 | 1000.00～5000.00 | 6000.00～7000.00 |

**1. 斜拉桥的形式分类**

斜拉桥的孔径布置主要可以分为双塔三跨式、独塔双跨式和多塔多跨式三种形式。在特殊情况下，斜拉桥也可以布置成独塔单跨式或者混合式。

双塔三跨式是一种最常见的斜拉桥孔径布置形式。双塔三跨式斜拉桥通常布置两个边跨跨度相等的对称形式，亦可以布置成两个边跨跨度不等的不对称形式。边跨的跨度 $L_1$ 与主跨的跨度 $L_2$ 的比例关系通常取 0.4 左右。根据已建斜拉桥的资料统计，一般跨度比 $L_1/L_2=0.35～0.5$。另外，还可以根据需要在边跨内设置辅助墩，以提高结构体系的刚度。由于双塔三跨式斜拉桥的主孔跨度较大，一般适用于跨度较大的河流、河口和海峡。

独塔双跨式斜拉桥也是一种常见的孔径布置方式。独塔双跨式斜拉桥可以布置成两跨不对称的形式，即分为主跨与边跨；也可布置成两跨对称，即等跨形式。其中以两跨不对称的形式居多，也比较合理。独塔双跨式斜拉桥的边跨跨度 $L_1$ 与主跨的跨度 $L_2$ 的比例，通常介于 0.6～0.7。由于它的主孔跨径一般比双塔三跨式的主孔跨径小，故特别适用于跨越中小河流、谷地及交通道路，也可用于跨越较大河流的主航道部分。

多塔多跨式斜拉桥应用较少，这是由于多塔多跨式斜拉桥的中间塔顶没有端锚索来有效地限制它的变位，结构刚度较低。增加主梁的刚度可以在一定程度上提高多塔斜拉桥整体高度，但这样做必然会增加桥梁自重。在必须采用多塔多跨式斜拉桥时，可将中间塔做成刚性索塔，此时索塔和基础的工程量会增加很多，或者用斜拉索对中间塔顶加劲，但这种场所柔度较大，且会影响桥梁的美观。

考虑到经济性、施工性，对 100～200m 跨度的桥梁采用介于预应力箱梁桥和一般斜拉桥之间的桥梁形式比较合适，从而导入了兼有梁桥和斜拉桥优点的矮塔斜拉桥形式。预应力箱梁的预应力钢筋偏心量被局限在箱梁截面以内，所以当跨度较大时，截面高度和结构自重会随之增加，而矮塔斜拉桥相当于将预应力钢筋布置在箱梁有效高度以外，相对于一般预应力箱梁桥，其自重和预应力钢筋数量都较小；另一方面，与一般斜拉桥相比，各索之间应力变化较小，可显著降低索塔高度。所以从经济性和性能来考虑矮塔斜拉桥比较适用于 100～200m 跨度的桥梁，是一种新型的桥梁形式。

**2. 斜拉桥的发展历程**

斜拉桥（cable stayed bridge）又称斜张桥，是将主梁用许多拉索直接拉在桥塔上的一种桥梁，是由承压的塔、受拉的索和承弯的梁体组合起来的一种结构体系。其可看作是拉索代替支墩的多跨弹性支承连续梁，可使梁体内弯矩减小，降低建筑高度，减轻结构重量，节省材料。斜拉桥作为一种拉索体系，比梁式桥的跨越能力更大，是大跨度桥梁的最主要桥型。索塔形式有 A 形、倒 Y 形、H 形、独柱，材料有钢和混凝土。斜拉索布置有单索面、平行双索面、斜索面等。第一座现代斜拉桥是 1955 年德国 DEMAG 公司在瑞典修建的主跨为 182.6m 的斯特伦松德（Stromsund）桥。世界上建成的最大跨径的斜拉桥为俄罗斯的俄罗斯岛大桥，主跨径为 1104m，于 2012 年 7 月完工。斜拉桥是一种自锚式体系，斜拉索的水平力由梁承受。梁除了支承在墩台上以外，还支承在由塔柱引出的斜拉索上。按梁所用材料的不同可分为钢斜拉桥、结合梁斜拉桥和混凝土梁斜拉桥。

已建成的斜拉桥有独塔、双塔和三塔式，以钢筋混凝土塔为主。塔形有 H 形、倒 Y 形、A 形、钻石形等。斜拉索仍以传统的平行镀锌钢丝、冷铸锚头为主。钢绞线斜拉索在汕头礐石大桥中采用。钢绞线用于斜拉索，无疑使施工操作简单化，但外包 PE 的工艺还有待研究。斜拉桥的钢索一般采用自锚体系。开始出现自锚和部分地锚相结合的斜拉桥，如西班牙的鲁纳（Luna）桥，主桥 440m；我国湖北郧县桥，主跨 414m。地锚体系把悬索桥的地锚特点融于斜拉桥中，可以使斜拉桥的跨径布置更能结合地形条件，灵活多样，节省费用。斜拉桥的施工方法：混凝土斜拉桥主要采用悬臂浇筑和预制拼装；钢箱和混合梁斜拉桥的钢箱采用正交异性板，工厂焊接成段，现场吊装架设。钢箱与钢箱的连接方式可采用螺栓、全焊和栓焊结合。

一般说，斜拉桥跨径 300～1000m 是合适的，在这一跨径范围，斜拉桥与悬索桥相比，斜拉桥有较明显优势。德国著名桥梁专家 F. Leonhardt 认为，即使跨径 1400m 的斜拉桥也比同等跨径悬索桥的高强钢丝节省 1/2，造价低 30% 左右。

**3. 国内著名双塔斜拉桥示例**

（1）杨浦大桥是上海市境内连接杨浦区与浦东区的过江通道，如图 2.2 所示，位于黄浦江水道之上，为上海内环高速架路组成部分之一。大桥北起上海内环高架路，上跨黄浦江水道，南至张江立交；线路全长 8354m、主桥全长 1172m；桥面为双向六车道城市快速路，设计速度 60km/h；总造价为 13.3 亿元。杨浦大桥在主塔设计上，以 A 形构图，直线与直线交接处用弧线过渡；主塔柱顶部为一个直径 10 余米的半圆形缺口，塔顶处理成倾斜状，轮廓明显，造型简练，似一只扶摇直上的展翅鲲鹏，搏击长空，意喻着浦东与浦西遥相呼应，体现了改革开放后的上海以崭新的姿态冲出亚洲，走向世界。同时，杨浦大桥主桥又犹如一道横跨黄浦江的彩虹，主塔似一把利剑直刺苍穹，塔面两侧的钢索以扇形铺展而开，如巨型琴弦，弹奏巨龙腾飞的奏鸣曲。杨浦大桥主桥为一跨过江的双塔双索面斜拉桥，采用钢梁与钢筋混凝土预制板相结合的叠合梁结构，塔形为倒 Y "钻石" 形，浦东、浦西桥塔两侧以钢索悬挂连接主梁，索面成空间扇形布置；引桥为预应力钢筋混凝土梁和钢筋混凝土墩台结构。

图 2.2　杨浦大桥

（2）苏通长江公路大桥，如图 2.3 所示，简称苏通大桥，位于江苏省境内，是国家高速沈阳—海口高速公路（G15）跨越长江的重要枢纽，也是江苏省公路主骨架网"纵一"——赣榆至吴江高速公路的重要组成部分，是当时中国建桥史上工程规模最大、综合建设条件最复杂的特大型桥梁工程。苏通长江公路大桥北起通启高速公路的小海互通立交，上跨长江水道，南止苏嘉杭高速公路董浜互通立交，全长 32400m，其中跨江部分长 8146m，桥面为双向六车道高速公路，设计速度 100km/h。跨江大桥为双塔双索面钢箱梁斜拉桥。专用航道桥为 T 形刚构梁桥，为当时同类桥梁工程规模世界第二。

图 2.3　苏通长江公路大桥

（3）琅岐闽江大桥是福建省福州市境内的跨江通道，位于闽江入海口，是马尾区连接琅岛的重要通道之一。琅岐闽江大桥西起 104 国道，上跨闽江入海口，东至环岛路立交；线路长度 8437m，大桥长 1280m；桥面为双向六车道城市主干道，设计速度为 60km/h；项目总投资 22.56 亿元。主桥为双塔双索面钢箱梁斜拉桥，半漂浮结构体系；桥塔下横梁顶面处，竖向设置双向活动球型钢支座，纵向设置液态阻尼装置；塔侧设置横向抗风支座，边墩及辅助墩各墩顶竖向均设置双向活动球型钢支座，边墩顶设置横向抗风支座，各墩顶设置横向限位挡块。其采用钻石形斜拉桥塔方案，并与桥塔横梁、塔顶采用圆弧顺接过渡，增强了景观效果，并与当地的"福"文化相融合，彰显福州市之彩，见图2.4。

图2.4　琅岐闽江大桥

### 2.2.2　美学设计理念

　　桥梁美学包括形式美、功能美和与环境协调美三个要素。优秀的桥梁建筑总是把桥梁的品质和体现桥梁的美学价值相统一，桥梁设计师在考虑桥梁结构的可靠性和经济要求的同时，应十分注重桥梁美学价值的提高。桥梁不是仅凭其空间构成的形式优美和具备满意的形式美就足够了，同时，使桥梁明显地体现出其功能，并充满着生机勃勃的力量形象，也是美学价值组成中一个不可缺少的要素；桥梁功能既受环境的影响制约，同时也影响着环境，给人们的生活带来变化。因此，桥梁建筑不仅具有本身的技术美感，还要与周围的景观或整个环境相协调。

　　微山湖风景名胜区是国家级风景名胜区，因此，微山湖特大桥对景观性的设计要求比较高，主航道效果图如图2.5所示。斜拉索呈彩色，实现"千年运河飞彩虹"的景象，彰显人与自然和谐共生的建筑理念，达到了桥型与桥位区地理环境的协调、与当地历史文化的吻合，并满足了工程经济技术指标的具体要求。

图2.5　主航道桥效果图

### 2.2.3　耐久性设计理念

随着时代经济的高速发展，人类建造的各种大型工程规模巨大，结构复杂，功能众多。这些工程投资巨大，技术复杂，环境影响严重，袭击破坏概率增大（风、浪、地震、海啸、船撞等），维修、养护、加固难度大。因而，只限于从设计、施工质量的单一层面上去寻求结构的安全性是不够的。基于结构耐久性设计的新设计理念认为，桥梁耐久性的保证是需要桥梁设计、施工、运营和维护各个阶段共同努力的结果。

目前，设计标准定义的均是设计建成时期结构具有的使用性能，而对处于使用状态的性能随时间的变化却缺乏充分的认识和储备，简单讲，似乎只考虑了建造期造价成本，却忽视了运营期的维护成本和与使用寿命相对应的成本效益，这与可持续发展的理念背道而驰，在接踵而来的改扩建工程设计中可以深刻地体会到这一点。在进行结构设计的过程中，首先是选择经济合理的结构方案，其次是结构分析设计，当然，规范制定了安全系数和指标以确保结构的安全性，按照程序或公式进行计算即可。因此就在这个环节上忽视了对现阶段的施工和管理水平，材料耐久性、结构的后期改造、加宽、维护以及施工过程中可能造成的人为失误等问题的充分考虑，即没有采用适当的安全度、缺乏细部结构设计等主动型的设计方法来确保桥梁使用性能的充分体现。因此，不少桥梁虽然满足了现有设计规范的强度要求，但不出几年就因为耐久性出了大大小小的问题，严重下去必然会影响到结构安全。为解决这一问题，在设计和建造阶段要挑战传统设计理念：对结构设计时应使结构具有五大特性，即可检性、可修性、可换性、可控性及可持续性。充分认识到结构在设计寿命期内各个组成部件具有不同的耐久性极限，需要经常维修，甚至更换或加固，才能保证结构在设计寿命期内的服务功能。

**1. 混凝土原材料与配合比**

微山湖特大桥在进行耐久性设计时为保证混凝土质量、控制裂缝和提高耐久性，施工中所用的混凝土材料必须符合有关规范的要求，设计提出以下要求：

（1）水泥

尽量采用水化热较低的水泥。

（2）骨料

骨料应洁净、质地坚固、级配合格、粒径形状好。粗细骨料组成应按连续密实级配要求，确定组成比例，以重度最大、空隙率最小、混凝土和易性最好为目标。

（3）水

应符合《公路桥涵施工技术规范》JTG/T F50—2011，同时水中氯离子含量超过 $5mg/cm^3$ 的水不得使用。

（4）外加剂

任何提高早强的措施都不利于后期强度和耐久性，建议不掺加早强剂。

（5）混凝土配合比

应限制混凝土中胶结材料的最低和最高用量。在满足胶结材料最低用量前提下，尽可能降低水泥用量，但必须满足水泥最低用量要求。

**2. 结构构造**

（1）桥面板表面与桥面铺装之间设置性能可靠的防水层。

（2）混凝土保护层厚度严格按照设计和规范执行。

（3）伸缩装置两端与主梁连接部分的混凝土，受力比较复杂，除按照最优配合比设计外，应掺入钢纤维混凝土等增韧材料。

### 2.2.4 在保护中发展的建设理念

特大桥所跨水域为省级自然保护区，这里莲叶接天，鹭鸟翩跹，万顷湖面碧波荡漾，各类珍贵物种繁衍栖息，素有"日出斗金"之誉。为避免工程建设对水源地的破坏，建设者始终秉承"在建设中保护，在保护中发展"的建设理念，大力推动绿色公路、平安工地建设和标准化施工，践行央企社会责任。设计过程中不断优化平纵线形最大化减少建设用地、减少碳排放；推行雨污集中处理、钢混叠合梁、长寿命沥青路面、ETC收费、中水回收等环保技术措施，积极打造一条"自然生长"之路。

### 2.2.5 桥梁建设对环境的影响及防治措施

**1. 环境空气污染防治措施**

施工场区沥青混合料在拌和过程中会产生烟雾，对周围大气环境造成污染；筑路材料在运输和装卸过程中，会产生粉尘，污染大气环境；运营期存在汽车尾气。针对上述问题，在设计中采取以下措施：

（1）施工场地布设在村庄的下风口，并尽量远离村庄。

（2）水泥和其他易飞扬的细颗粒散体材料安排在库内存放或严密遮盖，运输时采取封闭、包扎、覆盖措施，防止遗撒、飞扬；卸车时采取有效措施，以减少扬尘。

（3）对施工临时路进行经常的维护保养和洒水，并随时修复因施工而损坏的路面，以免浮土扬尘。在施工工地出口设专人对进出场车辆进行全方位清扫，防止车辆带泥上路。

（4）现场存土表面拍紧，并进行洒水保湿或覆盖。运送土方的车辆派专人进行拍土覆盖，防止遗洒。

（5）现场的搅拌机采取封闭作业并安装喷雾降尘设备，同时符合当地环保部门和业主的有关要求。

（6）施工现场配备洒水车，并指定专人负责洒水降尘和及时清理浮土，减少环境污染。

**2. 交通噪声污染防治措施**

（1）采用沥青混凝土桥面结构，从而减小路面和车辆轮胎摩擦产生的噪声。

（2）为减少车辆噪声对沿线居民的影响，路线靠近居住区的路段，采取措施减少交通噪声。

（3）运营中加强维修养护，保证路面平整度，以减小汽车行驶中产生的噪声。

**3. 环境噪声防治措施**

（1）大型施工机械的施工场地尽量设置在远离居民区的地方。

（2）合理安排施工工序，施工过程中产生较大噪声的工序应避免安排在夜间施工，距敏感点300m以内的路段夜间应停止施工。

（3）现场的电锯、电刨、空压机、发电机等强噪声机械安装在工作棚内，封闭作业，使其噪声控制标准满足当地环保管理要求。

（4）为减小大型施工车辆噪声对居民生活的影响，主要施工便道应远离居民区。

**4. 生态环境保护措施**

保护生态环境是项目建设过程中坚持的基本原则，本项目从设计、施工等各个环节采取措施，将对环境的影响降低到最小。

（1）在开工前，对全体施工人员进行环保培训，使人人树立环保意识，切实将环保工作落到实处。

（2）施工期间，施工区、办公区和生活区产生的废弃物，采取分类处理的办法，对于废电池等有毒有害物及生活垃圾，集中运送到当地有关部门指定地点处理，对于废弃钢筋、木材等集中回收利用，减少资源浪费。

（3）施工中使用的油料、油漆及其化学药品设专库密封保管，保持库房有良好的干燥通风状况，防止遗洒。

（4）施工单位应建立施工现场环境监测体系，并定期对施工区、生活区和办公区的环保工作进行自检、自查，保证环保体系在本工程中能有效运行。

## 2.3　桥梁总体布置

### 2.3.1　大桥平纵线形设计

项目路线在微山县两城镇的黄山村附近跨越南四湖，受南四湖保护区环境保护、航道通航、南阳镇规划及村庄布局等因素制约，路线选择在南四湖保护区的实验区边界以内通过。桥梁跨越南四湖区域为湖积、洪积地貌，场地所处地区地势起伏较小，地形平坦、较开阔，微地貌形态为河床、河漫滩等。路线平面线形如图 2.6 所示，跨越南四湖及部分水源保护区，路线布设时需考虑南四湖保护区中不同级别保护区关于建设项目的具体要求，严格执行生态保护区关于工程建设的实施要求；桥梁形式及跨径等设计需综合考虑技术、经济、通航、桥面排水、施工及美观等多种因素的影响。

影响路线平面、纵断面设计的因素如下：

（1）路线平面设计要避让南四湖环境保护缓冲区，在环境保护实验区边界内布线。

（2）考虑南阳镇位置及其旅游规划，路线布设需充分考虑与南阳古镇相对位置关系，为南阳互通立交布局及其与南阳古镇交通设施衔接预留空间。

（3）路线需合理选择与湖区三条航道的交叉位置及角度，以满足通航需求及跨航道桥梁跨径的经济合理性。

（4）湖区分布有三道泄洪区，路线纵断面设计应结合泄洪区的位置分布，合理布设变坡点，避免凹形竖曲线底部设置于泄洪区，以有利于桥面雨水的收集和湖区环保要求。

（5）路线纵断面设计中的坡长应考虑汇水段不宜过长，纵坡不过缓，尽量使雨水快速排离桥面。

（6）纵断面最低设计高程需满足南四湖湖区防洪水位设计要求。

（7）路线需满足通行净空需求，港航局《关于日照（岚山）至菏泽公路枣庄至菏泽段工程跨京杭运河等桥梁项目航道通航条件影响评价报告的审核意见》鲁交港航财基〔2016〕95 号要求：白马河桥、京杭运河桥、上级湖湖西航道大桥的设计最高通航水位为 36.3m（1985 国家高程基准，下同），桥梁设计最低通航水位为 32.8m。白马河、京杭运河桥和上级湖湖西航道大桥分别按照天然和渠化河流Ⅲ级、Ⅱ级和Ⅲ级航道单孔双向通航净空尺度要求进行论证，京杭运河桥通航净宽应不小于 150m、净高不小于 7m；白马河和上级湖湖西航道大桥通航净宽应不小于 110m，净高不小于 7m。

　　微山湖特大桥范围平曲线最小半径为 3700m，最大半径为 7000m；湖区最大纵坡坡度为 1.11%，最小纵坡坡度为 0.52%。整体达到平面设计线形流畅、顺适美观，纵断面的竖曲线半径均满足视觉所要求的最小半径，以达到行车具有较高的舒适感和安全感。

图 2.6　微山湖特大桥平面线形

## 2.3.2　总体布置

　　京杭运河主航道桥为双塔三跨预应力混凝土斜拉桥，跨径布置为 95＋210＋95＝400m，双索面布置。西航道桥跨径布置为 75＋130＋75＝280m 预应力混凝土变高连续梁，上、下行两幅。白马河桥跨径布置为 75＋130＋75＝280m 预应力混凝土变高连续梁，上、下行两幅。微山湖特大桥在跨越南阳岛处设置南阳互通立交一座，主线桥跨径布置为（33＋35＋33）＋3×35.5＋（35＋35.5＋35）＋8×35，采用预应力混凝土连续箱梁，大部分桥梁为桥面变宽构造。接线引桥和部分滩内其他引桥采用基本跨径为 35m 的先简支后连续小箱梁，上、下行两幅。主航道桥型如图 2.7 所示。

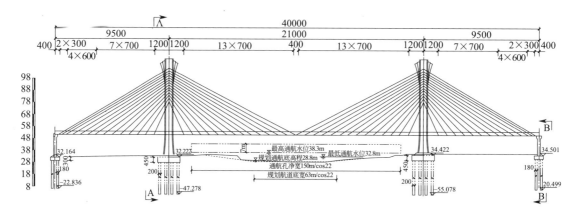

图 2.7　京杭运河主航道桥型

### 2.3.3　主要附属构造

#### 1. 桥面铺装

桥梁铺装采用 10cm 沥青混凝土方案。上面层采用 4cm SBS 改性沥青玄武岩混合料 SMA-13；中面层采用 4cm SBS 改性沥青石灰岩混合料 AC-13；下面层采用 2cm SBS 改性沥青砂。桥面铺装防水层采用热熔沥青预拌碎石封层。沥青层之间设乳化沥青粘结层。桥面铺装层设计使用寿命不低于 15 年。桥梁外侧设置双层护栏之间的桥面板防水层，采用两层 SBS 防水卷材，每层卷材厚度为 3mm。

#### 2. 防撞护栏

为保障安全，在桥梁中央分隔带及两侧设置防撞护栏，采用 SS 级混凝土墙式护栏，其中桥梁外侧设置双层护栏，预防由于车辆侧翻导致的水源污染等问题。为防止冬季除雪剂对护栏混凝土造成损坏，在行车道护栏内侧表面进行硅烷浸渍处理。浸渍硅烷的质量验收需满足《公路工程混凝土结构防腐蚀技术规范》JTG/T B07-01—2006 的要求。

#### 3. 伸缩装置

全桥采用梳形板式防水伸缩缝，引桥采用 80 型和 160 型伸缩缝，白马河桥和西航道桥采用 240 型和 320 型伸缩缝，主航道桥采用 400 型伸缩缝。伸缩缝技术指标应满足《公路桥梁伸缩装置通用技术条件》JT/T 327—2016 的要求。

#### 4. 支座

预制小箱梁采用板式橡胶支座，应符合《公路桥梁板式橡胶支座》JT/T 4—2004 的规定。

其他桥梁支座采用球型钢支座，应符合《桥梁球型支座》GB/T 17955—2009 的规定。

#### 5. 泄水管

在护栏内侧（桥面低处）设置泄水管进水口，顺桥向间距 5m，湖西大堤东侧将桥面水通过泄水管排入纵向排水管，然后引至沉淀池，经沉淀、蓄毒作用，防止直接排入保护水体。湖西大堤西侧设泄水管直排。

#### 6. 沉淀池

本项目共设置 7 处沉淀池，其中 400m³ 沉淀池 2 座，350m³ 沉淀池 3 座，250m³ 沉淀池 2 座。桥面雨水径流通过桥面排水系统排放至雨水收集沉淀池中，沉淀池设溢流管、排空管、配套阀门，初期雨水先进入池中进行沉淀，过量雨水则可溢流入排水沟。收集沉淀池具有沉淀和隔油功能，可对初期雨水进行物理处理，同时兼具应急事故缓冲功能。桥面水经沉淀池收集、沉淀后，再排放至天然沟槽，最终汇入自然排水系统中。

#### 7. 防落网

在桥梁跨越通航河流、泄洪区和湖西大道两侧范围内设置防落网，以防止桥上落物对下穿道路上行车、航道内行驶轮船的干扰。外侧护栏上面设置竖向防落网，中央分隔带处两侧护栏顶面平铺细孔防落网。

#### 8. 防雷设施

根据桥梁的结构、使用性质、桥梁上电子设备的情况，并结合当地的气象要素，本工程主体按二级防雷建筑物要求设计。其余附属设施可根据实际情况设定相应的防雷类别。

### 9. 主桥桥墩防撞设计

根据通航论证报告的要求，为防止桥墩遭受船舶撞击，在跨京杭运河主航道两侧桥墩处设置防撞设施。主航道桥桥墩柱防撞力按 2000t 级机动驳的撞击力考虑，需委托具有设计资质的单位进行桥梁防撞系统设计，从而降低或避免碰撞风险发生的可能，确保船舶及桥梁的安全。

### 10. 航空标志、避雷针等

根据有关规范和文件的要求，在主航道桥塔顶设置避雷针和航空障碍标志灯。

# 第3章　桥梁结构设计

## 3.1　桥梁结构设计

### 3.1.1　桥形选择

微山湖特大桥京杭运河主航道桥工程规模浩大，因此，在桥梁总体设计尤其是桥形方案选择时应本着"施工决定设计""因地制宜"的原则。

根据"实用、安全、美观、环保、经济"的原则，考虑到跨径、地质、环境保护的因素，主航道桥采用95＋210＋95m的双塔三跨预应力混凝土斜拉桥。

### 3.1.2　索塔设计

桥塔为 H 形桥塔，分为上塔柱和下塔柱，为钢筋混凝土结构。截面采用单箱单室空心箱形截面。

桥塔上塔柱高 66.2m，137 号桥塔下塔柱高 13.7m，138 号桥塔下塔柱高 11.5m。顺桥向上，上塔柱宽 7m，下塔柱宽 7～9m，按照圆弧形变化。上塔柱壁厚为 80cm、90cm；下塔柱底部壁厚 120cm，底部设 2m 高的实心段。横桥向上，上塔柱宽 3.5m，下塔柱宽 3.5～6m。桥塔顶部塔冠构造选取荷花花蕾造型，设两层阶梯扩大构造，每层分别长 1.9m，塔冠采用钢结构。

横梁采用单箱单室截面，预应力混凝土结构。下横梁长 40.65m，宽 6.6m，高 4m；顶、底板厚 0.8m，腹板壁厚 1m。上横梁长 34.05m，宽 6.8m，高 3.2m；顶底板及腹板壁厚均为 0.7m。横梁预应力钢筋采用 17119$\phi^s$15.2 预应力钢绞线。

拉索桥塔锚固采用钢锚梁和混凝土锚块构造两种方案，塔壁四周布置环向预应力，每个索塔共有 14 对拉索。B1～B6，M1～M6 拉索塔上锚固区采用混凝土锚块构造。环向预应力分为 U 形束和直线束两类，其中 U 形束采用 15-9$\phi^s$15.2 和 15-17$\phi^s$15.2 钢绞线，直线束采用 15-12$\phi^s$15.2 和 15-5$\phi^s$15.2 钢绞线。U 形束均采用两端张拉，直线束均为一端张拉；B7～B14，M7～M14 拉索采用钢锚梁，钢锚梁梁端距塔壁 10cm，设有限位钢板，钢锚梁每端在纵向设有 5mm 的自由活动量以适应自身的弹性变形。塔柱内设钢牛腿，上设聚四氟乙烯板，钢锚梁支承在聚四氟乙烯板上。钢牛腿与塔柱内壁预埋钢板焊接，预埋钢板通过剪力钉与塔柱连接。斜拉索张拉时，钢牛腿与钢锚梁之间的螺栓处于放松状态，可以沿顺桥向有一定位移；斜拉索张拉到位后，拧紧螺栓，将钢牛腿与钢锚梁锁死。钢锚梁为箱形结构，由锚垫板、支承板、加劲板、侧拉板、顶板、底板、横隔板等组成。拉索锚头作用在锚垫板上，通过支承板和加劲板将压力传给拉板及支座。

桥塔塔座高 2m，塔座顶面尺寸为横桥向 8m，顺桥向 12m，底面尺寸为横桥向 11m，顺桥向 15m。

桥塔采用分离式基础，每个基础采用直径2m的钻孔灌注桩，承台厚4.5m。承台横桥向宽13.5m，顺桥向长18.6m，每个承台下设12根桩。

塔柱及横梁混凝土采用C50混凝土，承台采用C40混凝土，桩基采用C30水下混凝土。

### 3.1.3 拉索设计

斜拉索呈平面扇形分布，两侧双索面布置，斜拉桥塔上竖向索距为2.0m、2.2m和2.5m，梁上水平索距为7m、6m和3m。

斜拉索采用镀锌高强度平行钢丝，外挤包高密度聚乙烯形式，双层PE防护，内层PE为黑色，外层为彩色。

钢丝标准强度1770MPa，斜拉索两端均采用张拉端冷铸锹头锚。

斜拉索除满足强度、疲劳的要求外，尚须满足抗振、抗风雨的气动要求。本桥采用阻尼器、气动措施并用的综合减振措施，斜拉索表面处理能抑制风雨激振。斜拉索设计寿命为50年，并考虑其可更换性。

### 3.1.4 上部结构设计

（1）主梁

主梁采用C55混凝土，截面采用双边箱断面，主梁横向宽度为32.5m（含锚索区），中心梁高为2.7m，桥面板厚度为28cm，顺桥向每间隔3.5m、3m设置一道横隔板，横隔板采用实心矩形断面，其中斜拉索锚固横梁厚度为30cm，非锚固横梁为25cm；边跨现浇段、0号块及1号块均块采用支架现浇，边跨、中跨合拢段均长2m，桥面板纵向设置精轧螺纹钢粗钢筋，双边箱纵向配置15-17$\phi^s$15.2；15-15$\phi^s$15.2预应力钢束，分段接长；合拢段设置顶板、底板合拢预应力束；横隔板内设置横向预应力钢束。斜拉索通过混凝土锚块锚固在主梁上，由拉索管道、锚垫板组成。

（2）桥面铺装

桥梁铺装采用10cm沥青混凝土方案。上面层采用4cm的SBS改性沥青玄武岩混合料SMA-13；中面层采用4cm的SBS改性沥青石灰岩混合料AC-13；下面层采用2cm的SBS改性沥青砂。桥面铺装防水层采用热熔沥青预拌碎石封层。沥青层之间设乳化沥青粘结层。桥面铺装层设计使用寿命不低于15年。桥梁外侧设置双层护栏之间的桥面板防水层采用两层SBS防水卷材，每层卷材厚度为3mm。

为排除铺装结构层内部积水，在护栏内侧边缘设置宽26cm的碎石盲沟。

为使沥青混凝土铺装与混凝土桥面板紧密结合，桥面板表面应进行抛丸处理（部分桥面采用精铣刨处理）。经处理后的混凝土桥面板应干净、干燥并具有一定的粗糙度。

### 3.1.5 下部结构设计

（1）钻孔灌注桩

桥址处为冲积平原，覆盖层厚，地基持力层埋置深。钻孔灌注桩基础对水文、地质环境的适应性好且拥有良好的承载特性，其适用范围广，施工技术成熟，所以本桥采用钻孔灌注桩基础。

（2）桥墩

主引桥共用墩采用空心墩，135号共用墩墩身截面尺寸横桥向7m，顺桥向2.5m，壁厚70cm，墩顶设盖梁，盖梁长13.5m；138号共用墩墩身截面尺寸横桥向7.35m，顺桥向 2.5m，壁厚 70cm。基础采用钻孔灌注桩加整体式承台，桩基采用 4 根 φ1.8m 钻孔灌注桩，承台尺寸为 8m×7.6m，厚度 3m。

墩身采用 C40 混凝土，承台采用 C30 混凝土，桩基采用 C30 水下混凝土。

## 3.2　主要材料

### 3.2.1　混凝土

斜拉桥主梁：C55 混凝土；

斜拉桥桥塔：C50 混凝土；

支座垫石：C50 混凝土；

墩身：C40 混凝土；

承台：C30 混凝土；

孔灌注桩护栏：C30 水下混凝土；

护栏：C40 混凝土。

混凝土技术标准应符合《公路钢筋混凝土及预应力混凝土桥涵设计规范》JTG 3362—2018、《公路桥涵施工技术规范》JTG/T F50—2011 的规定。

### 3.2.2　普通钢筋

采用 HPB300、HRB400 级钢筋，其技术标准应分别符合《钢筋混凝土用钢 第 1 部分：热轧光圆钢筋》GB/T 1499.1—2017、《钢筋混凝土用钢 第 2 部分：热轧带肋钢筋》GB/T 1499.2—2018、《钢筋混凝土用钢 第 3 部分：钢筋焊接网》GB/T 1499.3—2010 的规定。

钢筋直径大于或等于 25mm 者应采用机械连接方式，接头位置、接头百分率、接头性能应符合《钢筋机械连接技术规程》JGJ 107—2016 及《公路桥涵施工技术规范》JTG/T F50—2011 的有关规定。在同一连接区段内有接头的受力钢筋截面面积占受力钢筋总截面面积的百分率不应大于 50%。

### 3.2.3　预应力钢筋

设计采用的低松弛高强度预应力钢绞线应符合《预应力混凝土用钢绞线》GB/T 5224—2014 的规定，单根钢绞线直径 φ15.2mm，钢绞线截面面积 $A = 139mm^2$，钢绞线标准强度 $f = 1860MPa$，弹性模量 $E_p = 1.95 \times 10MPa$，钢筋松弛率 ≤ 2.5%。

### 3.2.4　预应力锚具、管道及连接器

预应力钢束采用预应力钢绞线群锚锚具及配套设备，管道成孔采用塑料波纹管。锚具及连接器应符合《预应力筋用锚具、夹具和连接器》GB/T 14370—2015 的规定及相关行业标准，塑料波纹管应符合《预应力混凝土桥梁用塑料波纹管》JT/T 529—2016 的规定，严禁采用再生塑料制作的塑料波纹管。管道压浆均采用真空辅助压浆。

### 3.2.5　钢材

支座垫板采用 Q235B 钢，其技术指标应符合《碳素结构钢》GB/T 700—2006 的相关规定。塔冠、斜拉索钢锚梁、钢牛腿采用 Q345D 钢，其技术指标应符合《低合金高强度结构钢》GB/T 1591—2018 的要求。

### 3.2.6 主要焊接材料

焊接材料采用与母材相匹配的焊丝、焊剂和手工焊条，且应符合相应的国家标准要求。

### 3.2.7 其他

（1）支座

球型钢支座和板式橡胶支座应满足设计有关要求。供货商应根据设计要求提供有关设计图纸和资料、产品试验鉴定资料等。

（2）伸缩缝

应符合《公路桥梁伸缩装置通用技术条件》JT/T 327—2016 的规定。

## 3.3 荷载与荷载组合

恒载：一期恒载包括主梁、横梁等自重，主梁自重按实际断面计，横梁按集中荷载考虑；二期恒载包括桥面铺装、内外侧护栏、泄水管、过桥管线等。

汽车荷载：公路-Ⅰ级。对于汽车荷载纵向整体冲击系数 $\mu$，按照《公路桥涵设计通用规范》JTG D60—2015 中第 4.3.2 条，冲击系数 $\mu$ 可按下式计算：

当 $f < 1.5\,\mathrm{Hz}$ 时，$\mu = 0.05$；

当 $1.5\,\mathrm{Hz} \leqslant f \leqslant 14\,\mathrm{Hz}$ 时，$\mu = 0.1767\ln f - 0.0157$；

当 $f > 14\,\mathrm{Hz}$ 时，$\mu = 0.45$；

根据规范，计算的结构基频 $f = 0.71\,\mathrm{Hz}$，冲击系数 $\mu = 0.050$。

温度：考虑体系升温 20℃，体系降温 25℃；主梁上、下缘温差按《公路桥涵设计通用规范》JTG D60—2015 取值。

基础不均匀沉降：共用墩按照 1cm，桥塔按照 2cm 考虑。

收缩徐变影响力：按现行规范进行计算。

风荷载：桥位处百年一遇风速为 27.2m/s。

风荷载参与汽车荷载组合时，桥面高度处的风速 $v_z = 25\mathrm{m/s}$。

地震作用：本桥设防烈度为 6 度。

挂篮自重及施工荷载：2500kN。

船撞力：Ⅱ级航道，船撞力为 2000t 级机动驳的撞击力。

荷载组合如表 3.1 所示。

荷载组合表　　　　　　　　　　　　　　　　　　　　　　　表 3.1

| 序号 | 组合 | 序号 | 组合 |
|---|---|---|---|
| 1 | 恒载+活载 | 5 | 恒载+活载+温降+行车风载+沉降 |
| 2 | 恒载+活载+温升+沉降 | 6 | 恒载+百年风 |
| 3 | 恒载+活载+温降+沉降 | 7 | 恒载+地震作用 |
| 4 | 恒载+活载+温升+行车风载+沉降 | | |

## 3.4　计算模型及施工阶段划分

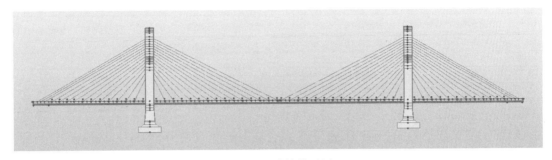

图 3.1　计算模型图

模型（图 3.1）节点数量：493；单元数量：482；边界条件数量：4；施工阶段数量：26。
施工阶段步骤如下：

施工阶段 1：承台施工，持续时间 10d；

施工阶段 2：下塔身施工，持续时间 12d；

施工阶段 3：下横梁施工，持续时间 14d；

施工阶段 4：中塔身，持续时间 10d；

施工阶段 5：上横梁施工，持续时间 14d；

施工阶段 6：上塔身，持续时间 10d；

施工阶段 7：0 号块，持续时间 15d；

施工阶段 8：1 号块，持续时间 10d；

施工阶段 9：2 号块，持续时间 10d；

施工阶段 10：3 号块，持续时间 10d；

施工阶段 11：4 号块，持续时间 10d；

施工阶段 12：5 号块，持续时间 10d；

施工阶段 13：6 号块，持续时间 10d；

施工阶段 14：7 号块，持续时间 10d；

施工阶段 15：8 号块，持续时间 10d；

施工阶段 16：9 号块，持续时间 10d；

施工阶段 17：10 号块，持续时间 10d；

施工阶段 18：11 号块，持续时间 10d；

施工阶段 19：边跨现浇，持续时间 20d；

施工阶段 20：边跨合拢，持续时间 7d；

施工阶段 21：12 号块，持续时间 10d；

施工阶段 22：13 号块，持续时间 10d；

施工阶段 23：14 号块，持续时间 10d；

施工阶段 24：中跨合拢，持续时间 7d；

施工阶段 25：支架拆除，持续时间 2d；

施工阶段 26：加二期恒载，持续时间 3650d。

荷载工况及荷载组合工况见表 3.2。

**荷载工况及荷载组合荷载工况**　　　　　表 3.2

| 序号 | 工况名称 | 描述 | 序号 | 工况名称 | 描述 |
|---|---|---|---|---|---|
| 1 | 1.00 | 收缩二次(CS) | 13 | 13.00 | 施工荷载_3(CS) |
| 2 | 2.00 | 施工荷载_10(CS) | 14 | 14.00 | 施工荷载_2(CS) |
| 3 | 3.00 | 车辆荷载 | 15 | 15.00 | 恒荷载(CS) |
| 4 | 4.00 | 合计(CS) | 16 | 1.00 | 地震作用 |
| 5 | 5.00 | 施工荷载_5(CS) | 17 | 2.00 | 降温梯 |
| 6 | 6.00 | 钢束一次(CS) | 18 | 3.00 | Y 方向风 |
| 7 | 7.00 | 施工荷载_4(CS) | 19 | 4.00 | 地震作用 |
| 8 | 8.00 | 施工荷载_7(CS) | 20 | 5.00 | 二期恒载 |
| 9 | 9.00 | 施工荷载_6(CS) | 21 | cEL9 | 施工荷载_9(CS) |
| 10 | 10.00 | 钢束二次(CS) | 22 | T | 降温 |
| 11 | 11.00 | 施工荷载_1(CS) | 23 | cEL8 | 施工荷载_8(CS) |
| 12 | 12.00 | 徐变二次(CS) | | | |

# 3.5　桥梁静力性能

根据《公路斜拉桥设计规范》JTG 3365-01—2020 的要求，斜拉桥应进行结构的静力分析、稳定分析和动力分析，施工阶段和成桥状态下结构的强度、刚度和稳定性应满足要求。斜拉桥结构分析计算内容见表 3.3。

**斜拉桥结构分析计算内容**　　　　　表 3.3

| 项目 | 分析内容 | 计算内容 |
|---|---|---|
| 成桥状态静力分析 | 基于设计成桥状态,分析在永久作用和可变作用下主要构件的最不利内力、应力和变形 | 检验基础、索塔、桥墩、主梁、斜拉索和支承连接装置的承载力 |
| | | 检验主梁的挠度、支承连接装置的位移 |
| | 在永久作用和可变作用下,斜拉桥典型应力扰动区的受力情况 | 检验索塔与横梁连接区、索塔与主梁连接区、索塔的锚固部位、主梁的锚固部位等应力扰动区的承载力 |
| 施工阶段静力分析 | 在永久作用和施工荷载作用下,主要构件的最不利内力和应力 | 检验基础、索塔、桥墩、主梁、斜拉索和支撑连接装置的承载力 |
| | 在永久作用和施工荷载作用下,斜拉桥典型应力扰动区的受力情况 | 检验索塔与横梁连接区、索塔与主梁连接区、索塔的锚固部位、主梁的锚固部位等应力扰动区的承载力 |
| 稳定分析 | 在永久作用和可变作用下,斜拉桥的整体稳定和局部稳定 | 检验结构的稳定性系数 |
| | 在永久作用和施工荷载作用下,斜拉桥的整体稳定和局部稳定 | 检验结构的稳定性系数 |
| 动力分析 | 在地震作用下结构的内力和变形 | 检验基础、索塔、桥墩和支撑连接装置的承载力、延性性能和变形性能 |
| | 在风荷载作用下结构的静力及动力响应 | 检验斜拉桥的空气动力稳定性、斜拉索的风振和风雨激振性能 |
| | 在船舶撞击作用下结构的内力、变形 | 检验基础、索塔和桥墩的承载力 |

### 3.5.1  计算依据

采用 MIDAS Civil 对桥梁进行分析计算，并以《公路桥涵设计通用规范》JTG D60—2015 和《公路钢筋混凝土及预应力混凝土桥涵设计规范》JTG 3362—2018 为标准，按全预应力混凝土结构进行验算。

### 3.5.2  合理成桥状态分析

合理成桥状态的有限元模型采用不考虑施工阶段的一次落架模型，桥梁在拉索初拉力、自重荷载和二期荷载组合作用下的变形及内力如图 3.2～图 3.4 所示。

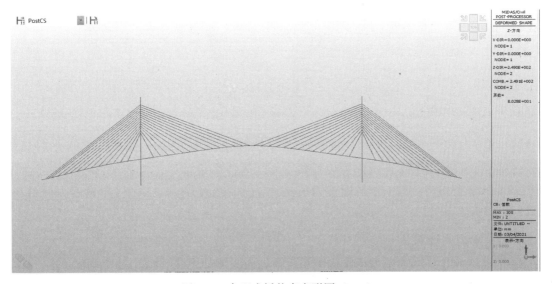

图 3.2  合理成桥状态变形图（mm）

主梁最大负位移位于桥梁边跨现浇段靠近伸缩缝处，为 248.990mm；主梁最大正位移位于桥梁中跨跨中处，为 154.631mm；桥塔位移较小，最大负位移位于桥塔上横梁以上部分，最大负位移为 0.715mm。

图 3.3  合理成桥状态弯矩图（kN·m）

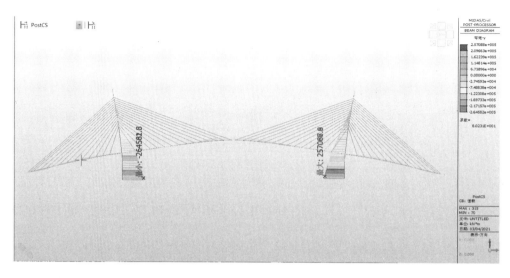

图 3.4    合理成桥状态拉索索力值（kN）

查看结果得桥梁弯矩绝对值最大处位于 137 号桥塔承台处，为 264582kN·m；主梁弯矩较小且分布均匀；B14 号拉索索力值最大，为 958.157kN，M4 号拉索索力值最小，为 104.656kN。

### 3.5.3  主梁内力计算

主梁在恒载、移动荷载和荷载标准组合下的内力图如图 3.5～图 3.13 所示。

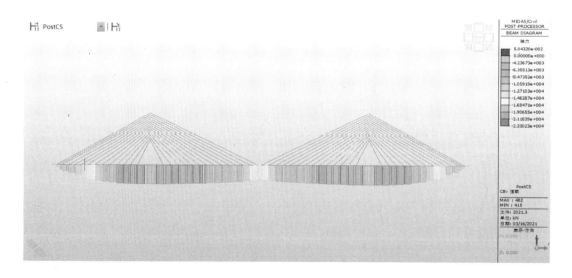

图 3.5    主梁恒载轴力图（彩图见文末）

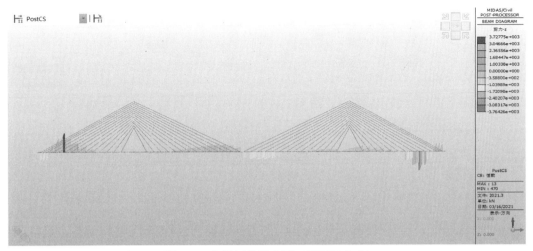

图 3.6　主梁恒载剪力图（彩图见文末）

图 3.7　主梁恒载弯矩图（彩图见文末）

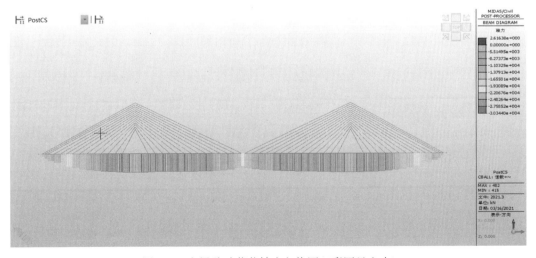

图 3.8　主梁移动荷载轴力包络图（彩图见文末）

图 3.9　主梁移动荷载剪力包络图（彩图见文末）

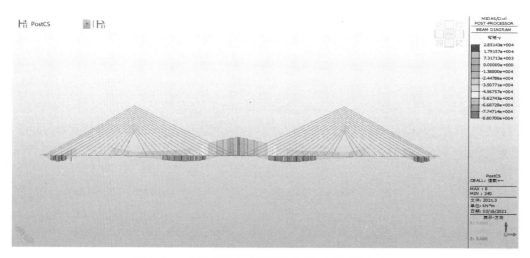

图 3.10　主梁移动荷载弯矩包络图（彩图见文末）

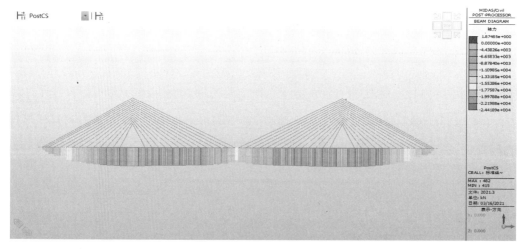

图 3.11　主梁标准组合轴力包络图（彩图见文末）

图 3.12　主梁标准组合剪力包络图（彩图见文末）

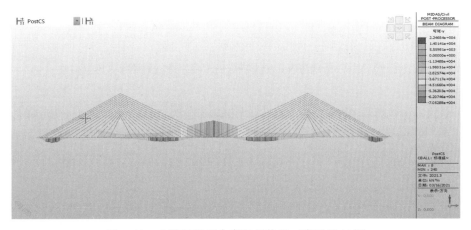

图 3.13　主梁标准组合弯矩包络图（彩图见文末）

### 3.5.4　主塔内力计算

斜拉桥 137 号桥塔与 138 号桥塔结构类型相同，材料及配筋一致，但 137 号桥塔塔身略高于 138 号，所以这里仅分析 137 号桥塔内力。内力见图 3.14～图 3.16。

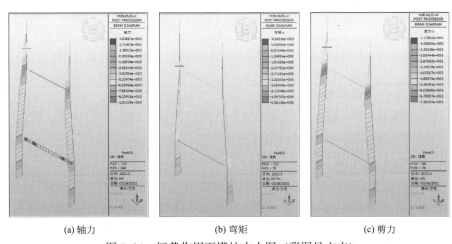

(a) 轴力　　　　　　　　　　(b) 弯矩　　　　　　　　　　(c) 剪力

图 3.14　恒载作用下塔柱内力图（彩图见文末）

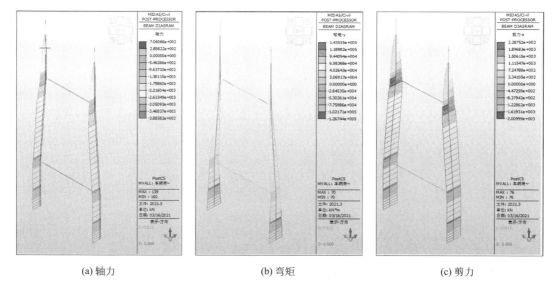

(a) 轴力  (b) 弯矩  (c) 剪力

图 3.15  移动荷载作用下塔柱内力包络图（彩图见文末）

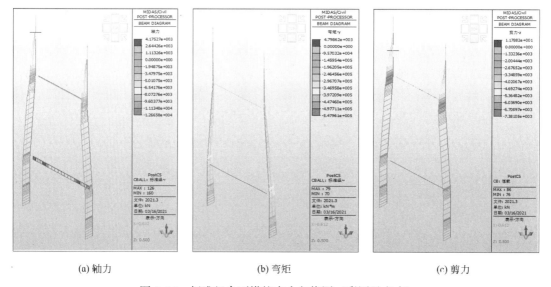

(a) 轴力  (b) 弯矩  (c) 剪力

图 3.16  标准组合下塔柱内力包络图（彩图见文末）

### 3.5.5  控制截面内力计算结果

取各跨 1/2 跨径，1/4 跨径处以及各支点处为控制截面进行内力计算。取 137 号桥塔进行分析，由于结构对称，故仅取一半结构做分析（表 3.4）。

### 3.5.6  施工阶段静力分析

斜拉桥的设计除了成桥阶段的分析，还需要进行施工阶段的分析。根据施工方案的不同，斜拉桥的结构体系会发生很大的变化，且施工中的结构体系有可能比成桥阶段更不稳定，所以应对各施工阶段进行准确的分析。按施工顺序做的施工阶段分析称为正装施工阶段分析。这里通过正装施工阶段分析验算施工中产生的应力，检查施工顺序、施工方法的可行性。

主要控制截面内力

表 3.4

| 单元 | 荷载组合 | 位置 | | 轴向(kN) | 剪力-y (kN) | 剪力-z (kN) | 扭矩 (kN·m) | 弯矩-y (kN·m) | 弯矩-z (kN·m) |
|---|---|---|---|---|---|---|---|---|---|
| 1 | 标准组合(最大) | | 136 号墩支点处 | 1.90 | 0.00 | 0.00 | 0.00 | 0.00 | 4.51 |
| 1 | 标准组合(最大) | | 边跨 1/4 处 | -10191.68 | 0.00 | 1756.34 | 2986.41 | 20693.11 | 5099.04 |
| 2 | 标准组合(最大) | | 边跨 1/2 | -15221.89 | 0.00 | 1940.4 | 3657.93 | -7389.73 | 7699.62 |
| 8 | 标准组合(最大) | 主梁 | 边跨 3/4 | -18166.8 | 0.95 | 300.58 | 5058.23 | -5591.53 | 11624.59 |
| 9 | 标准组合(最大) | | 137 号塔支点处 | -18753.87 | 3.73 | 465.18 | 4259.82 | 3089.87 | 11776.26 |
| 90 | 标准组合(最大) | | 中跨 1/4 | -17748.67 | 5.69 | 520.56 | 4359.51 | 9898.88 | 11481.09 |
| 41 | 标准组合(最大) | | 中跨 1/2 | -7863.91 | 6.04 | 1909.37 | 5286.56 | -23218.21 | 7966.85 |
| 70 | 标准组合(最大) | | 承台处 | -8192.78 | -3077.79 | -3844.6 | 11731.06 | -277663.07 | -55731.62 |
| 73 | 标准组合(最大) | | 下塔柱 1/2 | -8192.78 | -3077.79 | -3844.6 | 11731.06 | -244235.86 | -29437.56 |
| 116 | 标准组合(最大) | 137 号桥塔 | 下横梁 1/2 | 4175.27 | 29.69 | 33.13 | 836.24 | 4299.63 | 13630.46 |
| 78 | 标准组合(最大) | | 中塔柱 1/2 | -8226.01 | 77.33 | -3844.56 | -2879.98 | -186761.37 | 2923.39 |
| 119 | 标准组合(最大) | | 上横梁 1/2 | -763.69 | 123.03 | 58.11 | 2305.98 | -844.09 | 957.97 |
| 98 | 标准组合(最大) | | 上塔柱 1/2 | -2348.38 | 0.00 | -330.54 | 0.00 | -571.91 | 0.00 |
| 107 | 标准组合(最大) | | 塔顶 | 0.00 | 0.00 | 0.00 | 0.00 | 0.00 | 0.00 |

模型中划分 26 个施工阶段，包括承台施工、下塔身施工、下横梁施工、中塔身、上横梁施工、上塔身、0 号块、1~11 号块施工、边跨现浇、边跨合拢、12~14 号块、中跨合拢、支架拆除、加二期恒载。主要施工阶段图如图 3.17 所示。

(a) CS6

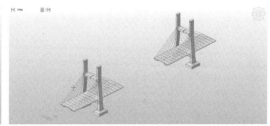

(b) CS14

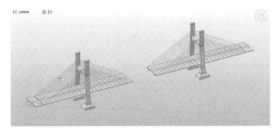

(c) CS19

(d) CS23

图 3.17　主要施工阶段图示（彩图见文末）

这里截取塔身完工阶段（取 137 号桥塔做分析）、边跨现浇阶段、边跨合拢阶段、14

号块、中跨合拢阶段、支架拆除阶段在恒载作用下，对主梁及桥塔的变形和内力进行分析，见图3.18~图3.23。

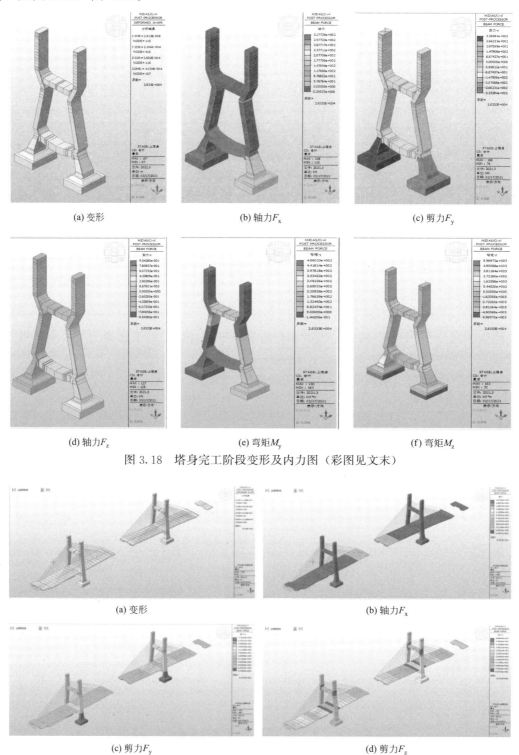

(a) 变形　　　　　　　　(b) 轴力$F_x$　　　　　　　　(c) 剪力$F_y$

(d) 轴力$F_z$　　　　　　　　(e) 弯矩$M_y$　　　　　　　　(f) 弯矩$M_z$

图 3.18　塔身完工阶段变形及内力图（彩图见文末）

(a) 变形　　　　　　　　　　　　　　(b) 轴力$F_x$

(c) 剪力$F_y$　　　　　　　　　　　　(d) 剪力$F_z$

图 3.19　边跨现浇段变形及内力图（一）（彩图见文末）

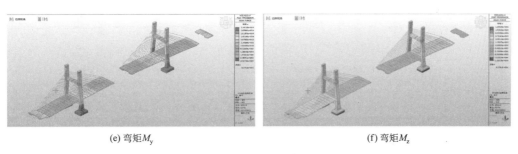

(e) 弯矩$M_y$                               (f) 弯矩$M_z$

图 3.19　边跨现浇段变形及内力图（二）（彩图见文末）

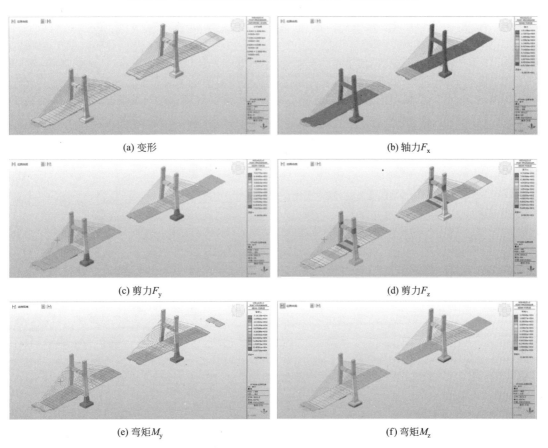

(a) 变形                                   (b) 轴力$F_x$

(c) 剪力$F_y$                               (d) 剪力$F_z$

(e) 弯矩$M_y$                               (f) 弯矩$M_z$

图 3.20　边跨合拢段变形及内力图（彩图见文末）

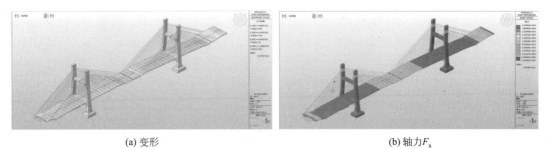

(a) 变形                                   (b) 轴力$F_x$

图 3.21　14 号块段变形及内力图（一）（彩图见文末）

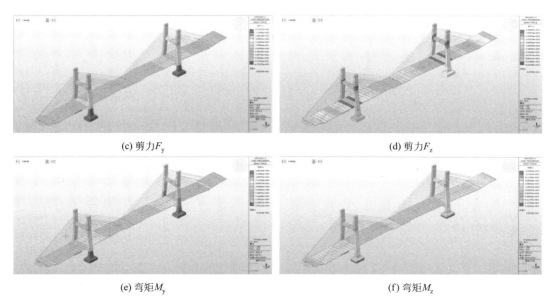

(c) 剪力$F_y$

(d) 剪力$F_z$

(e) 弯矩$M_y$

(f) 弯矩$M_z$

图 3.21 14 号块段变形及内力图（二）（彩图见文末）

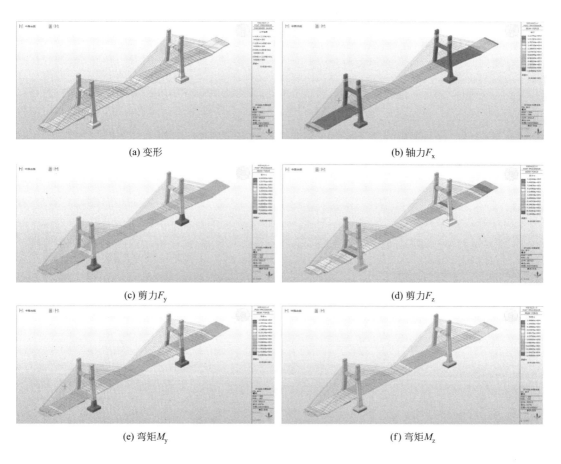

(a) 变形

(b) 轴力$F_x$

(c) 剪力$F_y$

(d) 剪力$F_z$

(e) 弯矩$M_y$

(f) 弯矩$M_z$

图 3.22 中跨合拢段变形及内力图（彩图见文末）

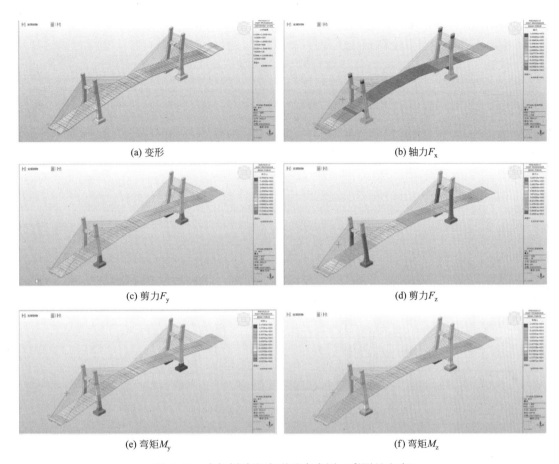

(a) 变形

(b) 轴力$F_x$

(c) 剪力$F_y$

(d) 剪力$F_z$

(e) 弯矩$M_y$

(f) 弯矩$M_z$

图 3.23  支架拆除段变形及内力图（彩图见文末）

### 3.5.7  施工阶段内力计算结果

将各施工阶段各单元内力最大值见图 3.24。

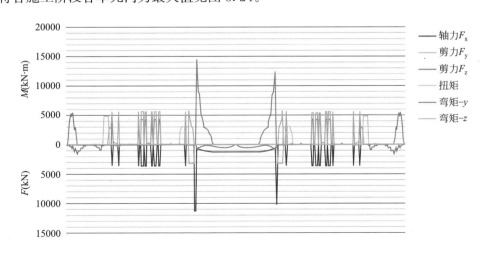

图 3.24  施工阶段单元内力最大值

### 3.5.8 施工阶段变形结果

将各施工阶段各节点位移最大值见图 3.25。

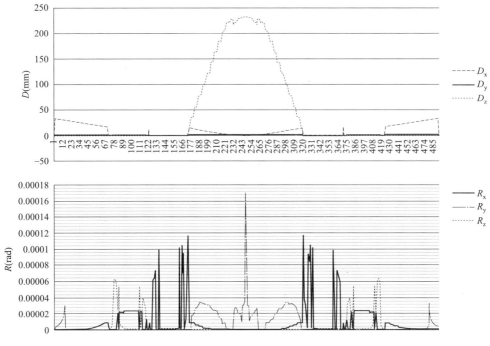

图 3.25 施工阶段节点位移最大值

## 3.6 桥梁动力性能

在 MIDAS 模型中模拟分析桥梁在一期及二期恒载下的振型，得到 20 个模态下的频率、周期和各模态下的变形，各模态振型如图 3.26 所示。

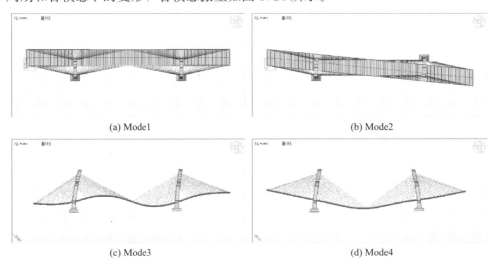

(a) Mode1

(b) Mode2

(c) Mode3

(d) Mode4

图 3.26 各自振模态下桥梁变形图（一）

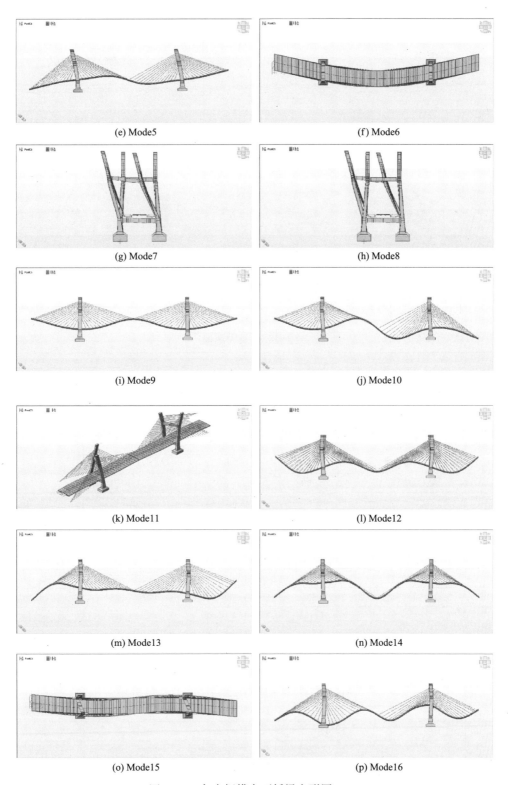

(e) Mode5 　　　　　(f) Mode6

(g) Mode7 　　　　　(h) Mode8

(i) Mode9 　　　　　(j) Mode10

(k) Mode11 　　　　　(l) Mode12

(m) Mode13 　　　　　(n) Mode14

(o) Mode15 　　　　　(p) Mode16

图 3.26　各自振模态下桥梁变形图（二）

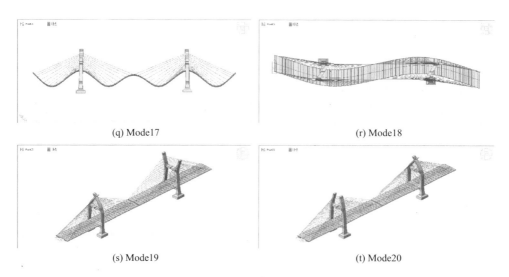

| (q) Mode17 | (r) Mode18 |
| (s) Mode19 | (t) Mode20 |

图 3.26　各自振模态下桥梁变形图（三）

各振型频率及周期见表 3.5。

各振型频率及周期表　　　　　　　　　　　　表 3.5

| 模态号 | 振型 | 频率 | | 周期 | 容许误差 |
|---|---|---|---|---|---|
| | | （rad/s） | （cycle/s） | （s） | |
| 1 | | 0.064379 | 0.010246 | 97.597406 | 0.00 |
| 2 | | 0.468803 | 0.074612 | 13.402605 | 0.00 |
| 3 | 一阶反对称竖弯 | 1.875229 | 0.298452 | 3.350624 | 0.00 |
| 4 | 一阶对称竖弯 | 2.016963 | 0.32101 | 3.115171 | 0.00 |
| 5 | | 3.940262 | 0.627112 | 1.594611 | 0.00 |
| 6 | | 5.114911 | 0.814063 | 1.228406 | 0.00 |
| 7 | | 6.392553 | 1.017406 | 0.982891 | 0.00 |
| 8 | | 6.474828 | 1.030501 | 0.970402 | 0.00 |
| 9 | 二阶对称竖弯 | 6.847154 | 1.089758 | 0.917635 | 0.00 |
| 10 | 二阶反对称竖弯 | 8.101804 | 1.289442 | 0.775529 | 0.00 |
| 11 | | 10.414406 | 1.657504 | 0.603317 | $6.90 \times 10^{-180}$ |
| 12 | | 10.41653 | 1.657842 | 0.603194 | $8.31 \times 10^{-180}$ |
| 13 | | 10.869577 | 1.729947 | 0.578052 | $1.35 \times 10^{-176}$ |
| 14 | | 11.263793 | 1.792688 | 0.557821 | $1.38 \times 10^{-173}$ |
| 15 | | 12.307447 | 1.958791 | 0.510519 | $2.74 \times 10^{-164}$ |
| 16 | | 12.812523 | 2.039176 | 0.490394 | $2.51 \times 10^{-160}$ |
| 17 | | 14.060913 | 2.237864 | 0.446855 | $2.72 \times 10^{-150}$ |
| 18 | | 14.096212 | 2.243482 | 0.445736 | $3.71 \times 10^{-150}$ |
| 19 | | 14.778758 | 2.352112 | 0.42515 | $2.44 \times 10^{-144}$ |
| 20 | | 14.784867 | 2.353085 | 0.424974 | $3.71 \times 10^{-145}$ |

特征值分析

各模态下的变形如表 3.6 所示。

各模态下变形（%） 表 3.6

| 模态号 | TRAN-X | | TRAN-Y | | TRAN-Z | | ROTN-X | | ROTN-Y | | ROTN-Z | |
|---|---|---|---|---|---|---|---|---|---|---|---|---|
| | 质量 | 合计 | 质量 | 合计 | 质量 | 合计 | 质量 | 合计 | 质量 | 合计 | 质量 | 合计 |
| 1 | 0.00 | 0.00 | 46.39 | 46.39 | 0.00 | 0.00 | 0.45 | 0.45 | 0.00 | 0.00 | 0.00 | 0.00 |
| 2 | 0.00 | 0.00 | 0.00 | 46.39 | 0.00 | 0.00 | 0.00 | 0.45 | 0.00 | 0.00 | 52.03 | 52.03 |
| 3 | 42.78 | 42.78 | 0.00 | 46.39 | 0.00 | 0.00 | 0.00 | 0.45 | 2.95 | 2.95 | 0.00 | 52.03 |
| 4 | 0.76 | 43.53 | 0.00 | 46.39 | 0.04 | 0.04 | 0.00 | 0.45 | 0.10 | 3.05 | 0.00 | 52.03 |
| 5 | 19.29 | 62.82 | 0.00 | 46.39 | 0.00 | 0.04 | 0.00 | 0.45 | 18.90 | 21.95 | 0.00 | 52.03 |
| 6 | 0.00 | 62.82 | 0.00 | 46.39 | 0.00 | 0.04 | 0.00 | 0.45 | 0.00 | 21.95 | 0.00 | 52.03 |
| 7 | 0.00 | 62.82 | 10.13 | 56.52 | 0.00 | 0.04 | 23.36 | 23.81 | 0.00 | 21.95 | 8.33 | 60.37 |
| 8 | 0.00 | 62.82 | 9.35 | 65.87 | 0.00 | 0.04 | 22.15 | 45.97 | 0.00 | 21.95 | 8.83 | 69.2 |
| 9 | 0.00 | 62.82 | 0.00 | 65.87 | 27.09 | 27.13 | 0.00 | 45.97 | 0.00 | 21.95 | 0.00 | 69.2 |
| 10 | 1.12 | 63.94 | 0.00 | 65.87 | 0.00 | 27.13 | 0.00 | 45.97 | 16.60 | 38.55 | 0.00 | 69.2 |
| 11 | 0.00 | 63.94 | 0.00 | 65.87 | 0.00 | 27.13 | 0.00 | 45.97 | 0.00 | 38.55 | 0.00 | 69.2 |
| 12 | 0.00 | 63.94 | 0.00 | 65.87 | 0.13 | 27.26 | 0.00 | 45.97 | 0.01 | 38.56 | 0.00 | 69.2 |
| 13 | 0.89 | 64.83 | 0.00 | 65.87 | 0.00 | 27.26 | 0.00 | 45.97 | 9.73 | 48.29 | 0.00 | 69.2 |
| 14 | 0.00 | 64.83 | 0.00 | 65.87 | 18.71 | 45.97 | 0.00 | 45.97 | 0.00 | 48.29 | 0.00 | 69.2 |
| 15 | 0.00 | 64.83 | 0.00 | 65.87 | 0.00 | 45.97 | 0.00 | 45.97 | 0.00 | 48.29 | 0.04 | 69.24 |
| 16 | 0.31 | 65.13 | 0.00 | 65.87 | 0.00 | 45.97 | 0.00 | 45.97 | 6.03 | 54.31 | 0.00 | 69.24 |
| 17 | 0.00 | 65.13 | 0.00 | 65.87 | 1.97 | 47.94 | 0.00 | 45.97 | 0.00 | 54.31 | 0.00 | 69.24 |
| 18 | 0.00 | 65.13 | 0.00 | 65.87 | 0.00 | 47.94 | 0.00 | 45.97 | 0.00 | 54.31 | 0.01 | 69.25 |
| 19 | 0.00 | 65.13 | 0.00 | 65.87 | 0.03 | 47.96 | 0.00 | 45.97 | 0.07 | 54.39 | 0.00 | 69.25 |
| 20 | 0.00 | 65.13 | 0.00 | 65.87 | 0.13 | 48.09 | 0.00 | 45.97 | 0.02 | 54.41 | 0.00 | 69.25 |

## 3.7 持久状况承载能力极限状态验算结果

### 3.7.1 截面受压区高度

相对界限受压区高度 $\xi_b$ 表 3.7

| 钢筋种类 | C50 及以下 | C55/C60 | C65/C70 | C75/C80 |
|---|---|---|---|---|
| HPB235 | 0.62 | 0.60 | 0.58 | — |
| HRB335 | 0.56 | 0.54 | 0.52 | — |
| HRB400/KL400 | 0.53 | 0.51 | 0.49 | — |
| 钢绞线、钢丝 | 0.40 | 0.38 | 0.36 | 0.35 |
| 精轧螺纹钢筋 | 0.40 | 0.38 | 0.36 | — |

### 3.7.2 正截面抗弯承载能力验算

按照《公路钢筋混凝土及预应力混凝土桥涵设计规范》JTG 3362—2018 中第 5.1.2 条 $\gamma_0 S \leqslant R$ 验算，即结构重要性系数与作用组合的效应设计值之积小于等于构件承载力设计值，满足规范要求。

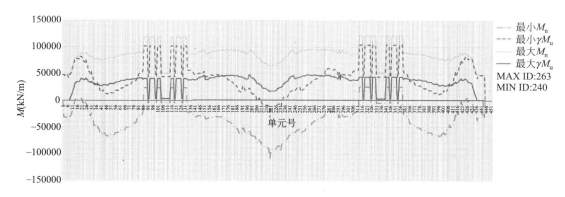

图 3.27　正截面抗弯承载能力验算结果图形

$M_n$—桥梁抗弯承载能力；$\gamma M_u$—考虑结构重要系数的弯矩作用效应值

### 3.7.3　斜截面抗剪承载能力验算

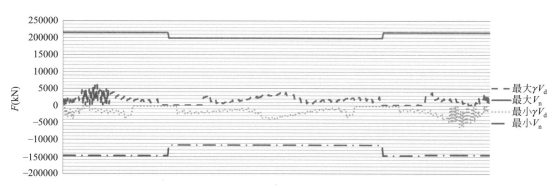

图 3.28　斜截面抗剪承载能力验算结果图形

$V_n$—桥梁抗剪承载能力；$\gamma V_d$—考虑结构重要系数的剪力组合设计最大值

按照《公路钢筋混凝土及预应力混凝土桥涵设计规范》JTG 3362—2018 中第 5.2.9 条进行抗剪截面验算，满足规范要求。

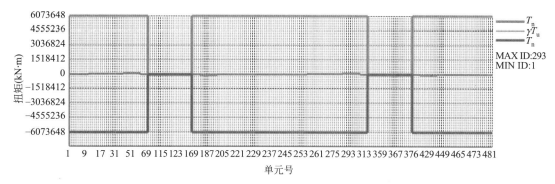

图 3.29　抗扭承载能力验算——$T$ 结果图形（彩图见文末）

$T_n$—桥梁抗扭承载力；$\gamma T_u$—考虑结构重要系数的抗扭作用效应值

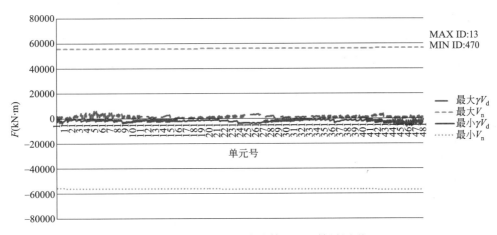

图 3.30　抗扭承载能力验算——$V$ 结果图形

### 3.7.4　抗扭承载能力验算

按照《公路钢筋混凝土及预应力混凝土桥涵设计规范》JTG 3362—2018 中第 5.5.3 条进行抗扭截面验算，满足规范要求。

### 3.7.5　支反力计算

支反力计算结果表　　　　　　　　　　　　　　　　　　　　　表 3.8

| 节点 | $F_x$(kN) | $F_y$(kN) | $F_z$(kN) | $M_x$(kN·m) | $M_y$(kN·m) | $M_z$(kN·m) |
|---|---|---|---|---|---|---|
| 97 | 10348.460 | −29287.193 | 16112.343 | 522605.082 | 703960.838 | −15049.425 |
| 198 | 10345.291 | 29287.225 | 16112.658 | −522606.014 | 703863.780 | 15055.902 |
| 406 | −10348.388 | −41431.500 | 16661.256 | 672057.461 | −687988.156 | 16672.008 |
| 507 | −10345.373 | 41431.467 | 16661.560 | −672056.947 | −687893.713 | −16678.244 |

## 3.8　持久状况正常使用极限状态验算结果

### 3.8.1　结构正截面抗裂验算

对于全预应力混凝土构件，在作用（荷载）短期效应组合下，应符合下列条件：

（1）预制构件：$\sigma_{st} - 0.85\sigma_{pc} \leqslant 0$；

（2）分段浇筑或砂浆接缝的纵向分块构件：$\sigma_{st} - 0.80\sigma_{pc} \leqslant 0$。

式中：$\sigma_{st}$——在作用频遇组合下构件抗裂验算截面边缘混凝土的法向拉应力；

$\sigma_{pc}$——扣除全部预应力损失后的预加力在构件抗裂验算边缘产生的混凝土预压应力。

按照《公路钢筋混凝土及预应力混凝土桥涵设计规范》JTG 3362—2018 中第 6.3.1 条第 1 款验算：$\sigma_{st} - 0.80\sigma_{pc} = -0.25\text{MPa}$，满足规范要求。

### 3.8.2　结构斜截面抗裂验算

对于全预应力混凝土构件，在作用（荷载）短期效应组合下，应符合下列条件：

（1）预制构件：$\sigma_{tp} \leqslant 0.6f_{tk}$；

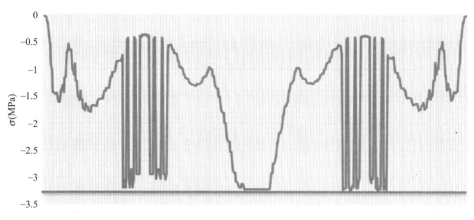

图 3.31　结构正截面抗裂验算结果图形

（2）现场浇筑（包括预制拼装）构件：$\sigma_{tp} \leqslant 0.4 f_{tk}$。

式中：$\sigma_{tp}$——由作用频遇组合和预加力产生的混凝土主拉应力；

$f_{tk}$——混凝土的抗拉强度标准值。

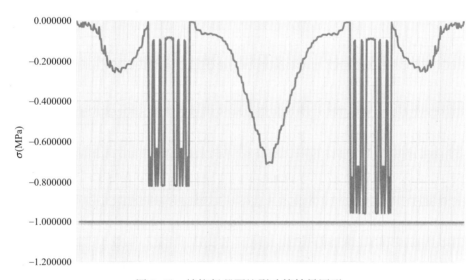

图 3.32　结构斜截面抗裂验算结果图形

按照《公路钢筋混凝土及预应力混凝土桥涵设计规范》JTG 3362—2018 中第 6.3.1 条第 2 款验算：$\sigma_{tp} = 0.976\text{MPa} < 0.4 f_{tk} = 1.06\text{MPa}$，满足规范要求。

## 3.9　持久状况构件应力验算结果

### 3.9.1　正截面混凝土法向压应力验算

受压区混凝土的最大压应力：

（1）未开裂构件：$\sigma_{kc} + \sigma_{pt} \leqslant 0.5 f_{ck}$；

（2）允许开裂构件：$\sigma_{cc} \leqslant 0.5 f_{ck}$。

式中：$\sigma_{kc}$——由作用标准值产生的混凝土法向压应力；

　　　$\sigma_{pt}$——由预加应力产生的混凝土法向拉应力；

　　　$\sigma_{cc}$——构件开裂截面按使用阶段计算的混凝土法向压应力；

　　　$f_{ck}$——混凝土轴心抗压强度标准值。

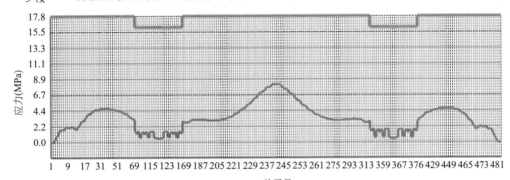

图 3.33　正截面混凝土法向压应力验算结果图形（彩图见文末）

按照《公路钢筋混凝土及预应力混凝土桥涵设计规范》JTG 3362—2018 中第 7.1.5 条验算：$\sigma_{kc}+\sigma_{pt}=8.22\text{MPa}\leqslant0.5f_{ck}=17.75\text{MPa}$，满足规范要求。

### 3.9.2　正截面受拉区钢筋拉应力验算

受拉区预应力钢筋的最大拉应力：

（1）对钢绞线、钢丝

未开裂构件：$\sigma_{pe}+\sigma_p\leqslant0.65f_{pk}$；

允许开裂构件：$\sigma_{p0}+\sigma_p\leqslant0.65f_{pk}$。

（2）对精轧螺纹钢筋

未开裂构件：$\sigma_{pe}+\sigma_p\leqslant0.80f_{pk}$；

允许开裂构件：$\sigma_{p0}+\sigma_p\leqslant0.80f_{pk}$。

式中：$\sigma_{pe}$——截面受拉压纵向预应力钢筋的有效预应力；

　　　$\sigma_p$——正截面承载力计算中预应力钢筋的应力或应力增量；

　　　$\sigma_{p0}$——截面受拉区纵向预应力钢筋合力点处混凝土法向应力等于零时预应力钢筋的应力；

　　　$f_{pk}$——预应力钢筋抗拉强度标准值。

按照《公路钢筋混凝土及预应力混凝土桥涵设计规范》JTG 3362—2018 中第 7.1.5 条第 2 款验算 $\sigma_{pe}+\sigma_p=50.66\text{MPa}\leqslant0.65f_{pk}=1209.00\text{MPa}$，满足规范要求。

### 3.9.3　斜截面混凝土的主压应力验算

混凝土的主压应力应符合下式规定：$\sigma_{cp}\leqslant0.6f_{ck}$。

式中：$\sigma_{cp}$——构件混凝土中的主压应力；

　　　$f_{ck}$——混凝土轴心抗压强度标准值。

按照《公路钢筋混凝土及预应力混凝土桥涵设计规范》JTG 3362—2018 中第 7.1.6 条验算：$\sigma_{cp}=2.84\text{MPa}\leqslant0.6f_{ck}=21.30\text{MPa}$，满足规范要求。

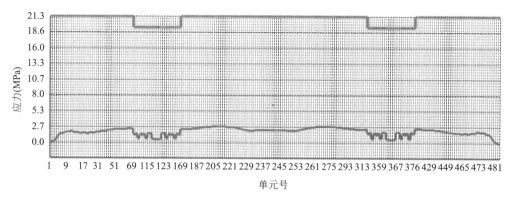

图 3.34　斜截面混凝土的主压应力验算结果图形（彩图见文末）

## 3.10　短暂状况构件应力验算结果

截面边缘混凝土的法向压应力应符合下式规定：$\sigma_{cc}^{t} \leqslant 0.70 f_{ck}'$。

式中：$\sigma_{cc}^{t}$——按短暂状况计算时截面预压区边缘混凝土的压应力；

$f_{ck}'$——与制作、运输、安装各施工阶段混凝土立方体抗压强度 $f_{cu}'$ 相应的轴心抗压强度标准值。

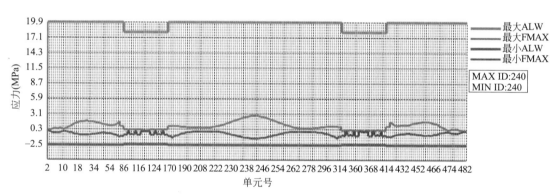

图 3.35　短暂状况构件应力验算结果图形（彩图见文末）

按照《公路钢筋混凝土及预应力混凝土桥涵设计规范》JTG 3362—2018 中第 7.2.8 条验算：$\sigma_{cc}^{t} = 2.86 \text{MPa} \leqslant 0.70 f_{ck}' = 19.88 \text{MPa}$，满足规范要求。

# 第三篇

## 施工篇

# 第4章 施工控制与管理

## 4.1 进度、质量、安全、施工目标

### 4.1.1 进度目标

本工程开工日期为 2016 年 12 月 30 日, 计划竣工日期为 2020 年 4 月 30 日, 计划总工期为 40 个月。为确保工期, 项目部将在保证工程质量的前提下, 加大施工机械及人员的投入, 采取科学的管理模式, 以"三化"即工艺先进化、施工机械化、作业顺序合理化为指导思想进行施工。

**1. 总体进度计划**

(1) 施工便道 2017 年 5 月初开始施工, 计划于 2017 年 8 月底完成;

(2) 路基施工计划 2017 年 6 月开始, 计划于 2018 年 11 月底完成;

(3) 涵洞计划 2017 年 6 月开始, 计划于 2017 年 12 月底完成;

(4) 防护及排水工程计划 2017 年 8 月开始, 计划于 2019 年 9 月底完成;

(5) 桥梁基础计划 2017 年 7 月开始, 计划于 2018 年 8 月底完成;

(6) 桥梁墩台工程计划 2017 年 8 月开始, 计划于 2018 年 11 月底完成;

(7) 梁体工程计划 2017 年 9 月开始, 计划于 2019 年 7 月底完成;

(8) 桥面铺装及人行道计划 2019 年 3 月开始, 计划于 2019 年 11 月底完成;

(9) 路面基层计划 2019 年 3 月开始, 计划于 2019 年 9 月底完成;

(10) 路面面层计划 2019 年 5 月份开始, 计划于 2020 年 3 月底完成;

(11) 交安及绿化工程计划 2020 年 3 月底完成。

**2. 关键线路进度计划**

微山湖特大桥为项目关键部位, 制约整个项目进展, 根据微山湖特大桥的桥形布置及结构情况分为 9 个施工单元即东侧接线引桥 (K40+566.5~K42+670.0)、白马河桥 (K42+670.0~K42+950.0)、东侧滩内引桥 (K42+950.0~K45+485.0)、京杭运河主航道桥 (K45+485.0~K45+885.0)、南阳互通主线桥 (K45+885.0~K47+022.0)、南阳互通匝道桥 (含 A、B、C、D、E)、西侧滩内引桥 (K47+022.0~K49+472.0)、京杭运河西航道桥 (K49+472.0~K49+752.0)、西侧接线引桥 (K49+752.0~K50+455.50), 采取平行施工其中以京杭运河主航道桥 (K45+485.0~K45+885.0) 为重点控制, 带动其他桥梁建设同时展开, 主要控制节点如下:

(1) 钢栈桥以河东为重点控制, 先行施工;

(2) 东侧接线引桥 (K40+566.5~K42+670.0) 基础部分 2018 年 6 月底完成, 下部结构 2019 年 5 月底完成, 箱梁预制安装于 2019 年 7 月底完成, 于 2019 年 10 月底完成桥面系;

（3）白马河桥（K42＋670.0～K42＋950.0）主墩桩基、承台先行施工，计划主墩基础 2018 年 2 月底完成，下部结构墩柱 2018 年 4 月底完成，2018 年 5 月份开始进行 0 号块施工，2018 年 7 月底完成挂篮拼装，2019 年 1 月底完成挂篮悬臂浇筑，2019 年 5 月底完成边跨现浇、边跨合拢、中跨合拢；

（4）东侧滩内引桥（K42＋950.0～K45＋485.0）计划 2018 年 7 月底完成基础工程，2019 年 7 月底完成下部构造，2019 年 10 月底完成箱梁预制安装，2019 年 11 月底完成桥面系；

（5）京杭运河主航道桥（K45＋485.0～K45＋885.0）计划 2017 年 11 月底完成主墩桩基，12 月底完成主墩承台，2018 年 3 月底完成辅助墩桩基、承台及主墩下塔座，2018年 5 月底完成下塔柱第 1、2 节，6 月底完成第 1 道横梁（塔柱第 3 节），9 月上旬完成中塔柱第 4、5、6、7、8、9、10 节，9 月底完成第 2 道横梁（塔柱第 11 节），12 月底完成上塔柱第 12、13、14、15 节；

（6）完成上横梁后开始施工主梁 0 号、1 号段，计划 2018 年 11 月底完成主梁 0 号、1 号段，2018 年 12 月开始牵索挂篮的安装、预压，计划 2019 年 3 月份浇筑第 2 节段，计划每月完成 2 节段，计划 2019 年 9 月底完成主梁悬臂浇筑，10 月底完成边跨现浇，11 月底完成边跨合拢，12 月底完成中跨合拢，2020 年 2 月底完成桥面系（除沥青铺装外）及调索工作；

（7）南阳互通主线桥（K45＋885.0～K47＋022.0）计划基础部分于 2018 年 6 月底完成，下部结构墩柱于 11 月底完成，现浇箱梁计划 2019 年 7 月底完成，计划 9 月底完成桥面系；

（8）南阳互通匝道桥（含 A、B、C、D、E）计划基础部分于 2018 年 8 月中旬完成，下部结构墩柱于 2019 年 3 月底完成，现浇箱梁计划 2019 年 9 月底完成，计划 11 月底完成桥面系；

（9）西侧滩内引桥（K47＋022.0～K49＋472.0）计划 2018 年 8 月底完成基础，2019年 4 月底完成下部结构，5 月底完成箱梁预制安装，8 月底完成桥面系；

（10）京杭运河西航道桥（K49＋472.0～K49＋752.0）主墩桩基、承台先行施工，计划主墩基础 2018 年 2 月底完成，下部结构墩柱 2018 年 4 月底完成，2018 年 5 月份开始进行 0 号托架施工及 0 号块施工，2018 年 7 月底完成挂篮拼装，2019 年 1 月底完成挂篮悬臂浇筑，总体上 2019 年 5 月底完成边跨现浇、边跨合拢、中跨合拢；

（11）西侧接线引桥（K49＋752.0～K50＋455.50）计划 2017 年 12 月底完成基础部分，2018 年 5 月底完成下部结构，6 月中旬完成箱梁预制安装，总体上计划 7 月底完成桥面系。

## 4.1.2　质量目标

全部工程项目达到国家、交通运输部现行规范要求及《日照（岚山）至菏泽公路枣庄至菏泽段工程施工招标》文件的要求。

## 4.1.3　安全目标

全面贯彻"安全第一，预防为主"的安全生产管理方针，将"控制一般安全生产责任事故，确保无较大及以上安全生产责任事故发生"作为安全管理目标。

### 4.1.4　施工目标

#### 1. 文明施工目标

严格遵守国家和当地政府的环境保护法律、法规及业主的规定，保护生态环境，防止水土流失，并避免当地及周边环境受到污染，杜绝环境污染事故。按业主要求进行工地建设，确保施工现场环境整洁、纪律严明、设备完好、物流有序，创文明施工样板工地。

#### 2. 职业健康目标

严格遵守国家有关法律法规，对存在职业健康安全因素的岗位，采取增加职工休养时间、完备的劳动保护措施、提供岗位健康风险补贴等方式，确保本合同段无一人因职业环境安全因素而受到健康损害。

#### 3. 环境目标

严格执行政府有关部门批准的《山东省水利厅关于日照（岚山）至菏泽公路枣庄至菏泽段工程水土保持方案报告书的批复》和《山东省环境保护厅关于日照（岚山）至菏泽公路枣庄至菏泽段工程环境影响报告书的批复》。加强南四湖保护区的重点管理，将环境影响降低到最低点，杜绝影响环境的事件发生。

## 4.2　工期、质量保证体系及保证措施

### 4.2.1　工期保证体系及保证措施

工期目标：40 个月。

计划开工日期：2016 年 12 月 30 日，计划交工日期：2020 年 4 月 30 日。具体开工日期以总监理工程师签发的开工令为准。

#### 1. 影响工程工期的因素

本工程为新建高速公路项目，路线长，跨行政区域及各等级道路多，施工期永久用地征迁工作、道路跨越手续及保通问题，有可能影响本项目开展。南阳湖特大桥路线长，跨越湖区，湿地及水中结构较多，施工措施复杂，工期保障困难，应作为重要节点工程。

#### 2. 保证工期的组织机构

本合同段工程施工进度由项目经理主管，工程部具体经办，其余各部室协助，各施工队、班组及个人具体落实。

#### 3. 工程施工进度保证体系

工程施工进度保证体系由组织保证、资源保证、技术保证、措施与制度保证、经济保证五大部分组成，各个部分再将指标要求分解至各职能部门、施工队、班组及个人，分部门、分层次逐一落实，保证总体计划实现。具体见图 4.1。

#### 4. 工程施工进度保证措施

（1）采用新工艺、新设备，有效控制施工质量，保证施工工期

1）坚持上道工序为下道工序服务、管理工作为现场工作服务的思想，用工作质量保工序质量、工序质量保工程质量的质量意识，提高生产效率和管理水平。

2）注重依靠科技进步、大胆采用新技术，在关键工序采用施工效率高的先进机械设备。

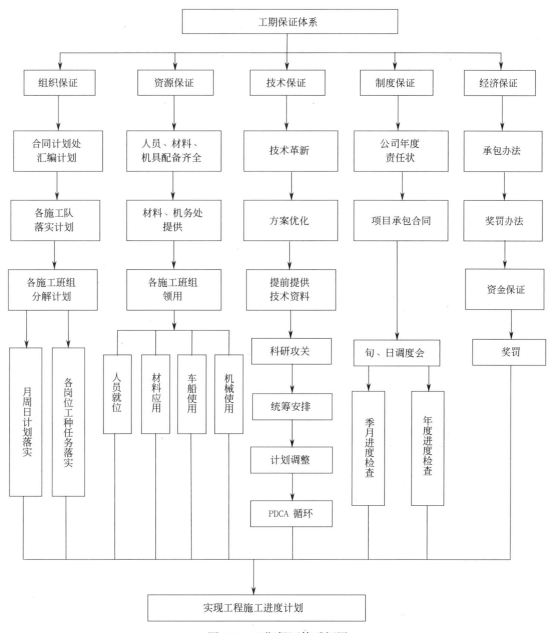

图 4.1 工期保证体系框图

3）对影响施工进度的施工技术难题，积极组织攻关。

4）加强技术培训，提高施工人员的操作技术熟练程度，应用新工艺、新设备、新技术，降低工程成本，提高施工效率。

（2）施工组织不断优化，实行网络管理

1）精心安排施工组织，强化管理，在深入调查复核、深刻理解设计文件意图的基础上，编制实施性施工组织设计，明确开工日期、最后竣工日期，并在实践中不断优化。

2）通过合理的组织与正确的施工方法，提高施工效率，使施工作业程序化、标准化。

3）按规范要求认真编制网络计划，明确关键线路的控制工程。

根据施工总进度的要求，分别编制年、季、月、旬施工生产计划，实施中对照检查，采用图形对比法进行检查。

（3）加强施工管理，实行责任承包制

1）抽调富有管理经验且年富力强的干部和施工经验、战斗力强的施工队伍，按照统一部署组建项目经理部。

2）加强现场施工协调指挥，做到指挥正确、协调得力、效率高、应变能力强。

3）建立、健全岗位责任制，施工人员定岗定责，明确技术标准、工艺措施、强调施工纪律，严格按设计规范要求施工。

4）深化改革，完善竞争机制和激励机制，实行全员风险承包，使任务层层落实，充分调动全体人员的积极性。

（4）保障后勤和材料供应

1）工期进度情况和计划安排、调整及时通知物质机料供应部门、行政后勤部门，使有关部门心中有数，及早做出材料供应和后勤保障安排。

2）后勤和材料供应部门应经常深入施工现场，了解施工动态与工程需要，及时调整库存数量与采购、供应计划。

### 4.2.2 工程质量管理体系及保证措施

#### 1. 工程质量管理体系

质量目标：

（1）工程交工验收的质量评定：合格且评定得分不少于95分；

（2）工程竣工验收质量评定：优良。

按照ISO9001质量保证体系的要求，建立健全质量保证体系（图4.2），成立质量管理领导小组，以项目经理为组长，项目总工为副组长，各部门科室负责人和施工队长为组员，全面负责工程质量的实施和管理工作。

#### 2. 确保工程质量的保证措施

（1）生产要素的质量保证措施

从工程一开始就做好质量策划，建立质量岗位责任制，把工程质量目标层层分解到各部门，从管理、实施和检验三个层次把关，确保优质工程。

（2）各部门及特殊岗位人员的质量责任

1）工程科质量责任

①确保工程各技术数据正确。

②认真进行详细的技术交底，使每个职工都明确本工种质量要求。

③负责现场技术工作的检查和指导，确保测量数据、施工放线准确。

2）施工队质量责任

施工队应对工程施工质量负责，严格按规范要求施工，严禁发生返工现象。

3）质检科质量责任

质检科负责领导并组织好试验室、各队现场的质检员，做好项目的质量管理工作，并负责工程施工全过程的质量控制、检查、监督工作。

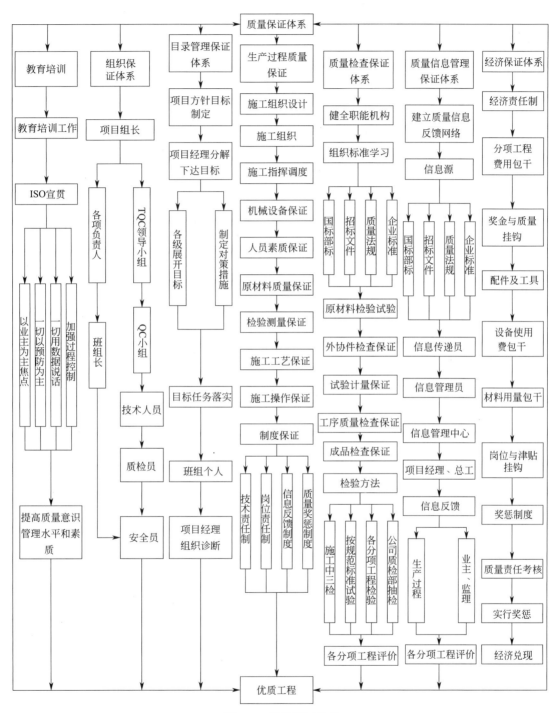

图 4.2 质量保证体系

4）机料科质量责任

确保材料、机件质量合格。

5）施工队长质量责任

①对本队的工程施工质量负全责。

②负责对施工队各工种人员进行详细的技术交底。

③负责检查、指导各班组施工操作规程的实施和建筑材料的正确使用，确保工程质量。

**3. 为实现质量目标而制定的各种保证措施**

（1）人员保证：安排得力的技术骨干，充实各关键技术岗位，及时开展岗前培训和技术交底。

（2）技术保证：施工前认真会审图纸，组织人员对施工现场进行深入的踏勘和调查，制定切实可行的施工方案。

（3）原材料保证（图4.4）：施工所需原材料必须具有材料合格证和检验证，并经试验室抽样，检验合格后方可使用。

（4）设备保证：所有机械设备，坚持维修、保养制度，确保机械设备的完好，满足工程施工要求。

（5）环境保证：坚持经常性的天气预报监收，对不利天气及时采取相应措施。

（6）建立合格的试验室，严格抓好试验检测工作。

（7）认真贯彻执行各项技术规范。

（8）生产过程的质量控制见图4.3～图4.5。

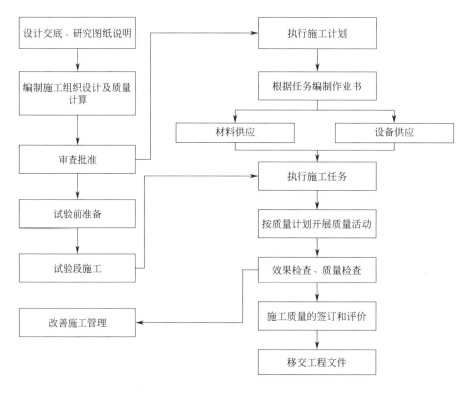

图4.3 生产过程的一般控制程序

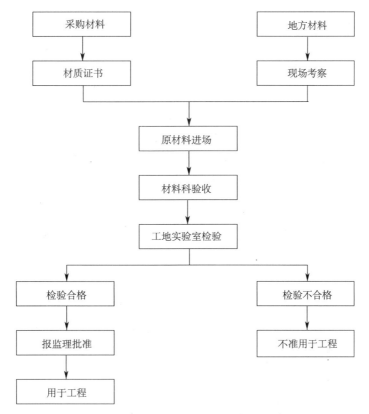

图 4.4　工程用原材料的质量控制程序

图 4.5　施工项目质量控制程序

# 4.3　安全文明施工保证体系及保证措施

## 4.3.1　安全生产管理体系

**1. 控制目标**

（1）工伤事故：不发生轻伤、重伤；

（2）交通事故：不发生重大及以上交通事故；

（3）机电设备事故：不发生重大及以上设备事故；

（4）火灾事故：不发生人员伤亡及经济损失 20 万元以上的火灾事故；

（5）职业病控制：无职业病病例发生；

（6）投诉事件：不发生对本项目造成较大社会影响的安全生产投诉事件。

**2. 隐患治理目标**

（1）安全生产一般隐患整改率100%；

（2）重大安全隐患治理方案和防范措施制定及落实率100%；

（3）安全隐患建档率100%，重大危险源受控。

**3. 管理目标**

（1）安全教育培训计划落实率100%，转岗、复工、新进场人员岗前安全培训率100%，特种作业人员及特种设备操作人员持证上岗率100%，新规、新法宣贯率100%；

（2）项目负责人、安全生产管理人员持证上岗及后期培训率100%；

（3）危险性较大分部、分项工程安全技术编制、审批、交底率100%；

（4）特种设备定检率100%；

（5）现场安全防护设施、安全保护装置到位率100%，作业人员劳动保护用品发放、使用率100%。

### 4.3.2 安全保障措施

项目部成立以项目经理为组长，项目副经理及安全总监为副组长，各施工队队长为组员的安全领导小组，项目部设置专职安全员，各职能部门和各专业班组均设置兼职安全员，全面负责施工安全管理工作。

具体安全生产管理体系见图4.6。

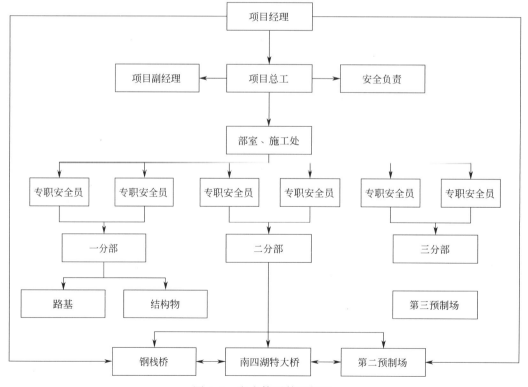

图4.6 安全体系管理框图

### 4.3.3　管理措施

**1. 建立安全保证制度**

（1）制定安全生产目标，实行安全生产责任追究制，采用行政和经济相结合的奖罚办法。

（2）建立安全工作"日查月审"制度，安全工作要做到时时讲、处处讲，将"安全责任重于泰山"的口号叫响，使安全意识深入人心。

（3）各专业作业班组都必须结合工程特点，补充制定完善的安全施工规章制度，报项目经理批准后认真贯彻执行。

**2. 安全教育制度**

（1）所有工种操作人员都必须加强岗前培训，并通过考核合格后，持证上岗。

（2）开展普遍的安全知识教育，提高职工在险情下的应对能力。

（3）所有进入高空、坑（孔）内、陡坡、预制场等危险施工区的人员，都必须佩戴安全帽和安全通行证。

（4）项目部及施工队驻地设立保安人员，加强与当地公安部门的联系，共同维护好施工区域的治安管理。

（5）仓库及油库配备灭火器、消防沙等消防用具。

**3. 安全检查制度**

项目安全检查制度需形成定期检查，安全检查的形式主要有定期检查、专业性检查、日常巡查、季节性检查、节假日检查、不定期检查等。

（1）定期安全检查。项目部每月至少组织一次安全生产大检查，以项目经理为组长形成定期检查制度，主要检查各现场施工安全情况、安全措施落实情况、重点危险源等情况，并形成检查记录，及时整改。

（2）专业性安全检查是对专项工程或设备（如深基坑、脚手架、支模架、临时用电、起重设备、运输设备、消防、防尘防毒等）的安全问题或在施工中存在的普遍性安全问题及预防惯性事故（如高处坠落、物体打击、触电、机械伤害、起重伤害等）进行单项检查。

（3）日常安全巡查由安全工程师负责，并做好安全日志，对于检查中出现的安全隐患及时提出整改，经复查并最终整改完毕。

（4）季节性安全检查是针对气候特点（如冬季、夏季、雨期、春季等）可能给施工带来危害而组织的安全检查，由安全总监负责组织带领安全环保部门组织进行。

（5）节假日检查是节假日（特别是重大节日，如春节、元旦、劳动节、国庆节）前、后防止职工纪律松懈、思想麻痹等进行的检查。检查小组由安全总监为组长，安全工程师积极配合检查。节日加班，加强对加班人员的安全教育，同时认真检查安全防范措施的落实。

（6）不定期检查。根据项目实际情况，主要检查安全隐患排查情况，安全措施的落实情况，以及执行各项安全生产规章制度和操作规程的情况等。

### 4.3.4　技术措施

项目部做好安全技术保障工作，按照要求对各分部分项工程进行安全技术交底，交底采用"三级"交底，交底要落实到位，禁止流于形式。

针对项目的机械、设备编制安全操作使用规程，并按照要求位置悬挂。对重大及存在安全隐患的施工编制专项安全施工方案，结合工程特点主要专项安全施工方案如表 4.1 所示。

主要专项安全施工方案 　　　　　　　　　　　　　　　　表 4.1

| 序号 | 专项方案名称 | 备注 |
|------|------------|------|
| 1 | 防汛防洪安全专项方案 | 详情见安全方案 |
| 2 | 消防安全专项方案 | 详情见安全方案 |
| 3 | 临时用电专项方案 | 详情见安全方案 |
| 4 | 栈桥安全专项方案 | 详情见安全方案 |
| 5 | 支架模板安全专项方案 | 详情见安全方案 |
| 6 | 水上作业安全专项方案 | 详情见安全方案 |
| 7 | 桩基础安全专项方案 | 详情见安全方案 |
| 8 | 混凝土施工安全专项方案 | 详情见安全方案 |
| 9 | 特大桥安全专项方案 | 详情见安全方案 |
| 10 | 高空作业安全专项方案 | 详情见安全方案 |
| 11 | 强夯机、旋挖机安全专项方案 | 详情见安全方案 |
| 12 | 土石方爆破安全专项方案 | 详情见安全方案 |
| 13 | 钢板桩围堰安全专项方案 | 详情见安全方案 |

### 4.3.5　经济措施

建立安全经费计划、使用台账，确保安全经费使用。建立安全生产专项费用管理制度。

（1）安全生产费专门用于采购和更新施工安全防护用具与设施、落实安全施工措施、完善和改进安全生产条件、加强安全管理等所需的费用，不得挪作他用。

（2）安全生产费用实行专款专用。

（3）安全生产费用管理坚持"规范计取、合理计划、计量支付、确保投入"的原则。

### 4.3.6　主要施工项目安全措施

**1. 跨线桥施工的安全保障措施**

（1）在施工作业现场及运输道路上，设置醒目的警示标志及各类操作规程和安全规则。

（2）实行安全生产交接制度，安全措施不落实或不安全、隐患不排除前，不得进入场地。

（3）对不适宜从事高空、井下、陡坡等特殊条件下工作的人员要及时撤换。

（4）桥梁墩台或陡坡防护等高空作业时布设安全网，脚手架要进行严格的安全检查。

（5）按规定配备安全带、安全绳、安全帽、安全网、绝缘鞋、绝缘手套、防护口罩和防护衣等安全生产用品。

（6）所有机械和工器具应定期保养、校核和维护，以保证它们处于良好和安全的工作状态。

**2. 起重吊装施工安全保障措施**

起重作业符合有关操作规程,重点管控起重作业过程中安全保障工作到位。

(1)建立完善起重吊装安全管理制度。严格执行落实施工技术交底、安全技术交底,杜绝盲目施工。

(2)所有操作人员持证上岗,岗前技能培训考核合格人员方可上机操作,操作手定机定员。

(3)制定《机械安全操作规程》,严格按照规程操作。建立设备管理台账,认真落实台账记录。

(4)严格落实监督和检查管理程序,坚持日常检查、定期检查原则,层层落实安全管理责任。

**3. 跨线立交桥施工保通措施**

(1)保通组织措施

1)科学合理、分阶段分部位、有针对性地详细编制合同段实施性施工组织设计、被交道路的交通组织方案及安全专项施工方案。

2)成立专门的交通管理小组并指定专人进行标段范围内的交通组织和交通安全管理工作,并制定相应的管理制度。

3)针对施工过程中出现的交通安全隐患及交通管制现场存在的问题,及时整改。

4)交通管控应重点就项目与既有被交路交叉等区域加强保安全、保畅通、文明施工、环保等工作,避免或尽量减少施工现场与社会各种通行车辆之间的干扰。

(2)保通工作具体措施

1)为提醒过往车辆进入桥梁施工段安全驾驶,雾天设置示警灯。

2)施工路段每侧设保通人员两名,统一着装,履行巡查、阻止人员及闲杂车辆滞留、报告突发事件、维护各类交通安全设施齐全规范等职责。

3)按照公路相关部门的要求,设置减速标志及模拟门洞等防护措施。

4)在支架通道两侧设置混凝土反光隔离墩。按公路安全防护要求,设置安全警示、限速标志。

5)在进行上跨桥梁主体施工时,封闭公路半幅行车道,实施交通管制,并按要求进行警示诱导标志、防撞设施的设置(图 4.7)。

(3)临时交通警示标志(图 4.8)

1)在施工路段两端设置标志,提醒司机进入改扩建路段谨慎驾驶、按标志行驶。

2)施工期间,在中央分隔带及路基两侧增设限速 20km/h 标志、禁止超车标志,设置各类道路施工安全标志。

3)施工完工后,拆除施工临时交通标志,完善永久性标志的安装。

4)所有警示标志要用反光型,标志大小及配色根据交管部门要求规范制作,统一加工,定期维护和更换,确保标志有效。

**4.3.7　钢栈桥施工安全注意事项**

(1)吊机应停在可靠的地基上,撑好保险支腿,吊距不够时不能勉强吊装重物,严禁

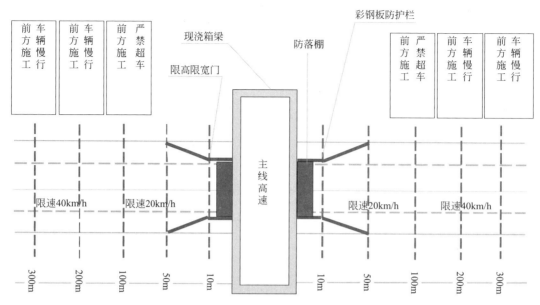

图 4.7　四车道变两车道时施工标志布置

图 4.8　临时交通警示标志

超载起吊。

（2）水上打桩既有水上作业，又有高空作业。施工人员必须穿好救生衣，必须在栏杆上系好安全带。栈桥上应备有救生设备，防止溺水事故，要加强安全意识和防范工作。

（3）打桩工作应现场统一调度、统一指挥，以免发生事故。

（4）如遇 5 级以上大风应停止任何打桩作业，雷雨时严禁工作人员在桩架上或附近停留。

（5）施工用的氧气、乙炔应按有关规定放置，防止发生事故。对电缆、电器设备应妥善保护、防止发生触电事故。

（6）水上打桩为联合作业，各工种要互相配合，协商解决施工中出现的问题。

（7）对水中的作业船要高度重视、妥善管理，作业船使用麻绳连接钢管桩，保证作业船的安全。

### 4.3.8　其他保障

办妥保险手续，除工程一切险及第三方责任险外，要对施工设备和人身安全投保。

## 4.4　项目风险预测与防范及事故应急预案

### 4.4.1　项目风险预测与防范

主要施工安全风险预测见表4.2；项目风险防范措施见图4.9。

主要施工安全风险预测表

表 4.2

| 序号 | 类型 | 潜在险情 |
| --- | --- | --- |
| 1 | 火灾事故 | 办公区(生活区)失火、库房失火、施工区林木失火引发火灾，氧气瓶(乙炔瓶)爆炸、火工品爆炸、(生活用)煤气罐爆炸引发火灾 |
| 2 | 工程事故 | 高空作业坠落事故 |
| 3 | 机械事故 | 汽车碰撞、机械翻倒、倾覆、坠落等 |
| 4 | 伤亡事故 | 触电、物体打击、淹溺、灼烫、高处坠落、有害气体窒息等 |
| 5 | 交通事故 | 酒驾、疲劳驾驶、调头、瞬间阻断行进方向等 |
| 6 | 食物中毒 | 不当饮食或人为造成引起的食物中毒 |
| 7 | 大面积中暑 | 群体中暑 |
| 8 | 突发传染病 | 传播迅速、后果严重的传染病(如流感病毒等) |
| 9 | 不可抗力自然灾害 | 地震、地裂、地表陷落、冰雹、暴雨、大风、雷电、暴雪严寒、严重沙尘暴等 |
| 10 | 其他 | 生活或办公建筑失稳或倒塌,其他社会事件等 |

### 4.4.2　项目部成立事故应急救援的组织机构

**1. 项目部事故应急救援工作领导小组**

项目部设立事故应急救援工作领导小组，组织机构框图见图4.10。

**2. 应急救援小组具体抢险救援工作职责**

（1）负责人员和物质的抢救疏散，排除险情及排除抢险障碍；

（2）迅速控制事故的发展，并针对现场具体情况，提供相应和必要的施救工具；

（3）负责事故报警和上报，现场救援联络，后勤供应，接应外部专业救援单位施救，指挥、清点、联络各类人员；

（4）负责安全警戒，保护现场，维护事故现场秩序，劝退或撤离现场围观人员，禁止外人闯入现场保护区。

**3. 项目部联系电话**

设立值班室并配备电话。

**4. 外部报警电话**

火警：119；急救：120；综合：110；交通事故报警：122。

### 4.4.3　安全风险预测

根据本项目的具体特点，项目着重从安全和环保方面进行风险预测和防范，防范的重

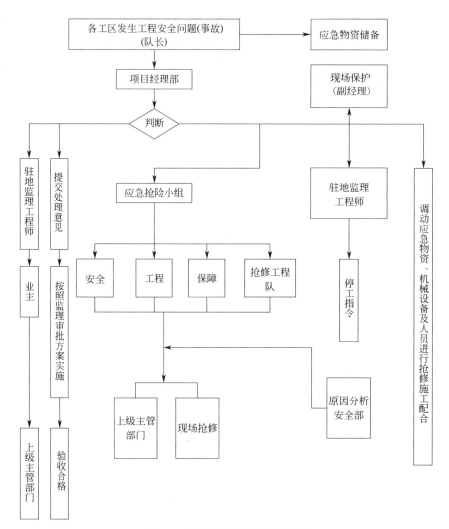

图 4.9　项目风险防范措施框图

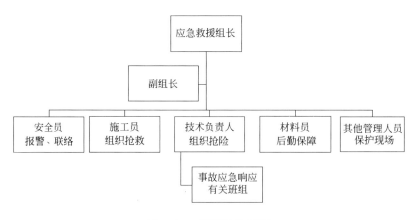

图 4.10　组织机构框图

点如下：

（1）防火灾事故；

（2）防交通安全事故；

（3）防触电事故；

（4）防机械伤害事故；

（5）防模板坍塌事故；

（6）防物体打击安全事故。

本项目应急预案体系包含生产安全事故综合应急预案，生产安全事故专项应急预案和项目部生产安全事故现场处置方案。应急预案体系结构如表 4.3 所示。

应急预案体系 表 4.3

| | | |
|---|---|---|
| 应急预案体系构成 | 综合预案 | 综合应急预案 |
| | 专项预案 | 火灾事故专项应急救援预案 |
| | | 生产安全险情及事故应急处理专项预案 |
| | | 栈桥应急预案 |
| | | 土石方开挖专项应急预案 |
| | | 桩基础施工专项应急预案 |
| | | 水上作业专项应急预案 |
| | | 模板支架专项应急预案 |
| | | 各类突发事件应急预案 |
| | | 应急疏散专项预案 |
| | 现场处置方案 | 机械伤害现场处置方案 |
| | | 高处坠落事故现场处置方案 |
| | | 触电事故现场处置方案 |
| | | 自然灾害现场处置方案 |

### 4.4.4 应急物质

灭火器、急救药品、担架、绷带、应急照明、消火栓、救援车等。

### 4.4.5 重点保护的部位和物资

部位：施工区、办公室、仓库。

物资：危险化学品、电脑、记录和报告。

### 4.4.6 应急救援的培训与演练

（1）培训

应急组织全体成员每年进行一次培训；新加入应急救援组织的人员及时培训。

（2）演练

原则上项目部应急救援组织全体成员每年演练一次。

### 4.4.7 事故现场的应急措施

枣菏高速应急响应程序见图 4.11。

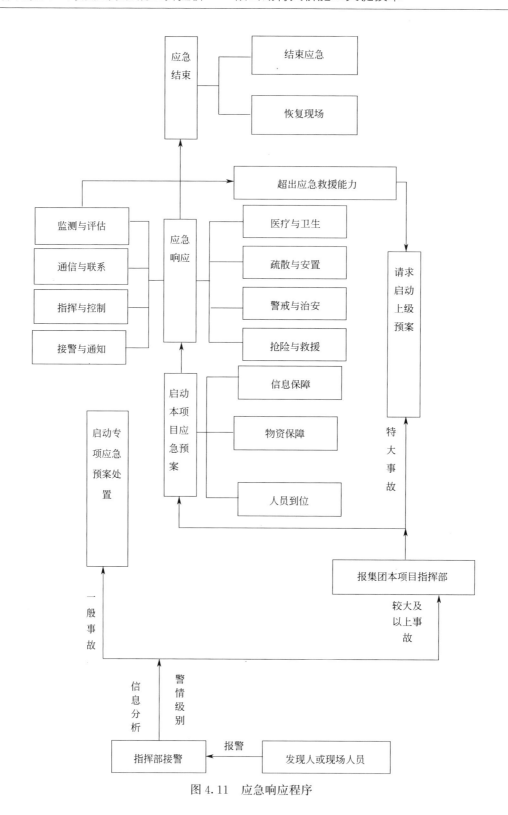

图 4.11 应急响应程序

**1. 呼救**

最先发现情况的人员应大声呼叫，呼叫内容要明确某某地点或某某部位发生某某情况，将信息准确传出。

**2. 报警**

报警员负责打急救电话 120（如遇火灾应拨打 119 火警电话），将工程所在位置、工程名称、联系人、事故种类、伤害情况等通知医务人员（消防部门）前来救护，遇特殊情况应打 110 通知警方前来协助抢救人员。

**3. 接车**

接车员迅速到路口接车，引领急救车（消防车）从具备驶入条件的道路迅速到达现场。

**4. 事故应急救援预案**

（1）火灾事故救援预案

1）发生火灾后，发现人立即大声呼救并报告项目部的有关人员，第一时间拨打 119 救援电话。

2）立即启动应急救援预案。

3）失火后如有人员受伤，轻伤的立即送附近医院治疗，有重伤员时立即拨打 120 电话。

4）在救火过程中要注意人员的疏散与隔离，要将易燃、易爆物品搬至安全地带。

5）对于可燃气体存放区事故，首先应立即撤离施工人员，在详细了解存料情况后告知专业消防队员，再进行正确施救。

（2）跨线路段交通安全事故救援预案

1）组织领导

成立项目交通安全事故应急救援领导小组，由项目经理任组长，安全部部长任副组长，各部门负责人为成员。交通事故应急救援办公室设在安全部办公室。

2）应急处置

在接到道路交通安全事故报告后，立即报告项目道路交通安全事故紧急处置领导小组组长或副组长，并报告当地交通主管部门。

3）现场救护

事故现场人员应及时组织现场其他人员临时救护，并联系车辆将受伤人员送往医院，同时电话上报领导。如受伤人员情况严重应联系救护车，并派出车辆到事故现场迎接。

4）指导交通事故责任认定和善后处理工作

在事故原因查明后，协助当地交警部门进行事故处理，依法处理交通事故责任者，积极、稳妥地对交通事故所造成的损害后果进行善后调解。

（3）触电伤害事故的应急救援预案

1）当发现有人触电后，应迅速展开急救工作，动作迅速、方法准确最为关键。

2）首先应迅速切断电源，若电源开关距离较远，可用绝缘体拉开触电者身上的电线，或用带绝缘柄的工具切断电线。

3）当触电者脱离电源后，应根据其具体情况，迅速对症治疗。

（4）机械伤害事故的应急救援预案

1）休克、昏迷急救

由于外伤、剧痛、脑脊髓损伤等可造成工作现场的休克昏迷。其一般按以下程序处理：

①让休克者平卧，不用枕头，腿部抬高 30°。注意保暖和安静，尽量不要搬动，如必须搬动时，动作要轻。

②保持呼吸道畅通。

③立即与医务工作人员联系，请医生治疗。

2）骨折急救

工作现场发生严重骨折时，必须迅速采取紧急救护，首先采取正确的固定方法，然后送医院救治。

3）严重出血急救

严重出血事故时，应立即按压出血位置上行血管，现场止血，并紧急送医院救治。

（5）模板坍塌的安全事故预案

1）发生模板坍塌安全事故后，现场人员应立即通知现场负责人同时组织人员进行抢救；

2）得到通知的施工管理人员应立即拨打 120 急救电话；

3）施工管理人员及项目经理应立即赶往事故现场维持秩序，在现场周围设置警戒线及警戒标志以防其他事件的发生；

4）现场人员应保护好现场，并通知公司安全监督部门及分管领导以备调查并采取有效措施加以预防。

（6）物体打击安全事故预案

物体打击是多发事故，为了减少物体打击事故的发生及尽量降低事故发生引起的直接或间接损失，项目部应备有急救箱等其他必需品。应急处理措施同模板坍塌事故，不再详述。

# 4.5　工程标准化、信息化建设

## 4.5.1　标准化建设依据

以交通运输部印发的《山东省高速公路施工标准化工作标准指南〈试行〉的通知》等系列文件为依据，开展本工程标准化施工、管理，更好地保证项目建设质量，提升建设管理高度。

## 4.5.2　标准化建设保证措施

### 1. 建立组织保障机构

中标进场后，严格依照相关合同及招投标文件要求，参考标准化指南，建立相应的项目部、职能部，组织工作人员及所需设备进场，详细研究招投文件，结合施工现场环境、建设工程的特征等，开展标准化建设。

### 2. 工程质量控制标准化

（1）进一步重视工程原材料的管理工作，按要求进行第三方检测工作。

（2）组建专职督查小组，对工程质量、环保、安全等进行严格监督和检查。

（3）遵循首件认可制度，在大规模的分项工程施工之前，进行首件工作总结，在获得相应部门的批准后才能动工。

（4）研究制定专项治理方案，提高施工中混凝土质量通病的治理工作水平。

（5）认真落实隐蔽工程验收工作要求，紧跟验收评定标准，并认真落实质量控制措施。

**3. 工程进度控制标准化**

（1）建立健全建设工程进度的日、周、月报制度，及时更新上报工程的动态进度。

（2）对于分项工程，要完善进度日报制度，尽早发现并调整施工中的问题。

（3）努力学习推广标准化工法，保证各项重要工序能进行无缝隙无障碍的衔接工作。

（4）贯彻落实建设工程的"月通报-评比"制度，开展合理的奖惩措施。

**4. 工程安全控制标准化**

（1）坚持"分工负责，层层落实"原则，安全责任人人有责，提高所有工作人员的安全意识。

（2）分析各项工程的特殊性，做到方案先行，认真落实及时修改补充，确保工程施工的安全。

（3）对于关键的工程工序以及关键的工程部位，技术人员必须全过程地跟踪指导，并且还要严格检查措施落实是否规范合理。

**5. 工程环保控制标准化**

（1）严格依照工程项目的具体情况，参照国家相关的环保制度，制定出工程的专属环保设计以及施工方案。

（2）加强对工作人员的思想教育，提升他们的环保意识；成立巡察小组不定期进行巡查。

（3）如果在居民区及基本农田区内或者其附近作业，施工时严格要求文明环保施工，控制噪声、扬尘及固体废弃物污染。

### 4.5.3　信息化建设工作目标

积极响应交通运输部提出的公路建设"发展理念人本化、项目管理专业化、工程施工标准化、管理手段信息化、日常管理精细化"的理念，按照合同要求推进项目建设"五化"管理，在工程建设中推行重点项目信息管理系统，服从发包人的管理。

### 4.5.4　信息化建设基础工作

**1. 加强组织领导，健全完善机构**

（1）规范程序流程，完善平台建设，强化应急管理。

（2）进一步加大资金投入，定期对网络系统设备、软件设施进行维护和检测，确保正常运行。

（3）积极招纳优秀人才，加强专业人才队伍建设，提供智力支撑。

**2. 信息化建设工作要求**

（1）项目部全员教育，高度重视，正确推进全项目信息化工作进程，更好地发挥信息化对项目管理的保障作用。

（2）根据项目建设过程中的阶段要求，努力配合信息化系统的基础建设、网络接入、资源推送、资源共享等工作，确保每项工作落在实处。

（3）将信息化专项资金列入项目支出计划，按阶段完成信息化建设进程，落实好信息化建设资金计取渠道，为信息化工作推进提供资金支持。

# 第5章 斜拉索施工方案、方法与技术措施

## 5.1 钻孔灌注桩施工

根据本合同段的地质、水文等自然条件，钻孔桩主要采用回旋钻、旋挖钻及冲击钻施工，桩基施工工艺流程见图5.1。

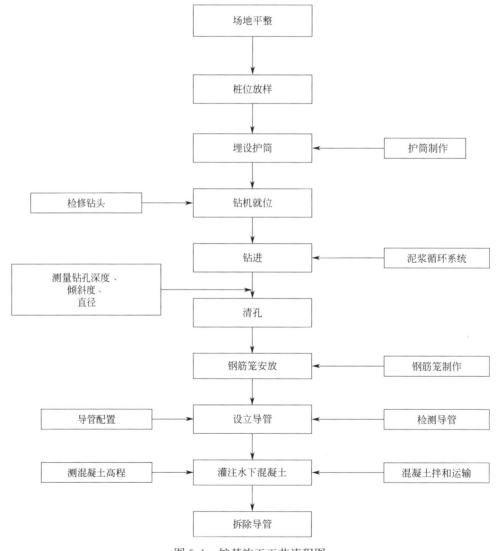

图5.1 桩基施工工艺流程图

### 5.1.1　施工准备

修建临时道路，场地平整并做好排水措施。放出桩位，设护桩。

### 5.1.2　埋设护筒

护筒用 5mm 钢板卷制，外端焊 $\phi18mm$ 圆箍，护筒内径比基桩大 20cm，护筒加工数量按钻机台数的 2～3 倍准备，便于运转。护筒中心与桩位中心线重合，平面允许误差为 5cm，竖直线倾斜不大于 1‰，用实测和引桩定位。陆地护筒可采用挖坑埋设法，护筒底部和四周所填黏土必须分层夯实。护筒高度高出地面 30cm，高于地下水位 200cm。当钻孔内有承压水时，应高于稳定后的承压水位 200cm 以上。

#### 1. 陆地护筒

入土深度不小于 2m，护筒优先采用挖埋法：

（1）先在桩位处挖出比护筒预埋深度深 0.3～0.5m、直径比护筒大 0.4～1.0m 的圆坑；

（2）在坑底填 0.3～0.5m 厚的黏土并夯实；

（3）将钻孔中心位置标于坑底，并将护筒放进坑内，用十字线加重锤找出护筒中心位置，移动护筒使护筒中心与坑底中心重合，其中心轴线与桩位偏差不得大于 50mm，且护筒应保持垂直；

（4）用铅垂线校直护筒；

（5）在护筒四周对称均匀的回填、夯实黏土。

护筒的埋设深度应满足孔内泥浆面高度的要求，对地下水位高、孔口土质较差者，护筒刃脚应切入地下水位以下，或适当增加埋置深度，护筒上口一般宜高出地面 300mm。

如护筒底土层不是黏性土，底口处易渗漏坍塌，应挖深换土，在筒底回填夯实 300～500mm 厚度的黏土后，再安放护筒。

#### 2. 水中平台

湖西泄洪区桩基位于水中（189～207 号墩），采用固定式钢管桩水中施工平台，平台专项设计，设置牢固、稳定、能够承受钻孔桩施工期间的全部静荷载和动荷载。

（1）水中护筒高出水面 1.0～2.0m，护筒顶应高出施工期间最高水位 1.5～2.0m。

（2）对有冲刷的河床，护筒埋深宜在局部冲刷线以下 1.0～1.5m。

（3）护筒中心轴线与桩位偏差不得大于 80mm，且护筒应保持垂直，护筒内径至少大于桩径 200mm。

（4）护筒沉设时，采用导向架定位，保证其平面位置、倾斜度满足要求。

### 5.1.3　泥浆池设置

为了减少钻孔施工时泥浆对环境的污染，合理布设泥浆池、储浆池、沉淀池。护壁采用不分散、低固相、高黏度的 PHP 膨润土泥浆或其他质量稳定、性能良好的化学泥浆产品。

按照表 5.1 中指标进行检验。

泥浆性能指标        表 5.1

| 钻孔方法 | 地层情况 | 泥浆性能指标 | | | | | |
|---|---|---|---|---|---|---|---|
| | | 相对密度 | 黏度(Pa·s) | 含砂率(%) | 胶体率(%) | 失水率(mL/30min) | 泥皮厚(mm/30min) |
| 正循环 | 一般地层 | 1.05～1.20 | 16～22 | ≤4 | ≥96 | ≤25 | ≤2 |
| | 易坍地层 | 1.20～1.45 | 19～28 | ≤4 | ≥96 | ≤15 | ≤2 |

泥浆池四周设置安全防护措施，要求设置高度不小于 1.2m 的防护栏杆，立柱间距不大于 1.0m，且安装绿色防护网。

### 5.1.4 钻孔

钻机安装就位后，确保底座和磨盘顶面保持水平，每天至少进行两次桩位检查。根据地质条件控制进尺速度。

采用旋挖钻机（汽车钻）钻进时，用全站仪复核钻杆垂直度，开始旋挖钻进时，在护筒刃脚处，宜低档慢速钻进，使刃脚处有牢固的护壁。钻至刃脚下 1m 后可按土质以正常速度钻进，在通过砂层时，放慢钻进速度，进尺速度不得超过 3m/h，增加钻机空钻循环圈数；适当加大泥浆相对密度至 1.15 以加强护壁效果。旋挖钻机挖出的泥浆等用装载机清理出施工现场。在钻进过程中，定时检测泥浆的主要指标即泥浆的相对密度和含砂率，边旋挖钻进边用泥浆泵从泥浆池中向孔内注浆。

采用冲击钻施工（图 5.2），工艺流程：平整场地→施工测量→埋设护筒→钻机就位→钻头定位→钻进与检查控制→成孔验收→清孔→钢筋施工→二次清孔→混凝土灌注→桩基质量检测。

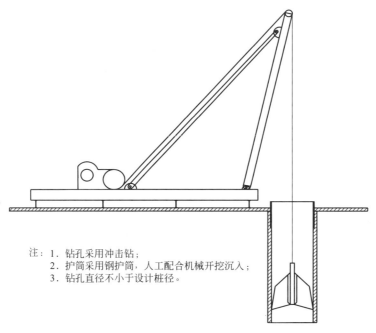

注：1. 钻孔采用冲击钻；
    2. 护筒采用钢护筒，人工配合机械开挖沉入；
    3. 钻孔直径不小于设计桩径。

图 5.2 冲击钻施工示意图

回旋钻机施工钻孔混凝土灌注桩是在泥浆护壁下，利用旋转台盘带动底部装有钻头的钻杆旋转进行挖土钻进的。主要的地层有粉砂层、粉质黏土层、粉土层、强风化石灰岩层、中风化石灰岩层（持力层，单轴饱和抗压强度平均值为 45MPa，属于较硬岩）。回旋钻机具有设备简便、自重轻、操作方便等特点，对特殊场地不适用旋挖施工的可以快速有效地完成桩基施工。

### 5.1.5　清孔

成孔后检测孔径、孔型、倾斜度和孔底沉淀厚度。提升钻头距孔底 10～20cm，空转钻头，采用循环清孔。清孔时要保持孔内水头，防止坍孔。

### 5.1.6　成孔检查

桩基成孔检测采用目前较为先进的超声波桩基成孔检测仪进行检测，该设备可以快速有效地检测灌注桩成孔孔径、垂直度、坍塌扩缩径位置、倾斜方位及沉渣厚度，操作使用简单、轻便且数据处理快速，具有记录、打印功能。

摩擦桩孔底沉淀厚度满足设计要求。支承桩孔底沉淀厚度不大于 5cm。

摩擦桩在核对地质情况与设计基本相符时可按设计标高及设计桩长双控终孔，支承桩成孔、嵌岩深度和设计桩长标高需满足设计要求。若相关岩层变化与设计资料不符，应经勘察单位确认终孔。

### 5.1.7　钢筋加工安装

#### 1. 钢筋加工及运输

钢筋笼和检测管分节制作，在加工场地使用滚焊机成型，钢筋笼制作时的验收标准及允许偏差见表 5.2。接头均按 50％错开，钢筋连接采用直螺纹连接。制好后的钢筋骨架存放在平整、干燥的场地上，按每个骨架的各节次序排好，并在每个节段上挂标志牌，写明墩号、桩号、节号等，以便使用时按顺序运出。

直螺纹接头的连接及检验如下：

以 500 个同种规格丝头为一批，随机抽检 10％，进行检查。加工钢筋螺纹的丝头牙型、螺距、外径必须与套筒一致，并且经配套的量规检验合格。螺纹丝头牙型检验：牙型饱满，无断牙、秃牙缺陷，且与牙型规的牙型吻合，牙齿表面光洁为合格品。

（1）连接钢筋时，钢筋规格和套筒的规格必须一致，钢筋和套筒的丝扣干净、完好无损；

（2）连接钢筋时应对正轴线将钢筋拧入连接套筒；

（3）接头连接完成后，应使两个丝头在套筒中央位置互相顶紧，标准型套筒每端不得有一扣以上完整丝扣外露。

#### 2. 钢筋笼骨架存放及安装

钢筋骨架在存放运输过程中，支撑箍处应设置等高垫木，防止钢筋骨架油污及水锈污染。钢筋骨架起吊时，吊机操作应平稳、缓慢，避免落钩时速度过快，导致钢筋笼冲击变形；并对吊点处支撑环增十字或三角形支撑，防止吊点处骨架变形；起吊过程中，不得造成钢筋笼产生残余变形。

钢筋笼制作时的验收标准及允许偏差　　　　　　　　表 5.2

| 项目 | 允许偏差 | 项目 | 允许偏差 |
|---|---|---|---|
| 主筋间距(mm) | ±10 | 保护层厚度(mm) | ±20 |
| 箍筋间距(mm) | ±20 | 中心平面位置(mm) | 20 |
| 外径(mm) | ±10 | 顶端高程(mm) | ±20 |
| 倾斜度(%) | 0.5 | 底面高程(mm) | ±50 |

### 5.1.8　下放导管

导管采用直径 φ32cm 的钢管制作,导管使用前进行水密性、接头抗拉和承压试验。导管在安放前需要进行试拼,并编号。现场拼接时保持密封圈无破损,接头严密,管轴顺直。导管下放前检查每根导管是否干净、畅通以及止水"O"形密封圈的完好性,保证灌注混凝土过程中不漏水、不破裂和拆管有序。

### 5.1.9　二次清孔

混凝土浇筑前,再次检查沉淀厚度,不符合要求应利用导管进行二次清孔,至符合要求后方可进行混凝土的灌注。

### 5.1.10　灌注水下混凝土

混凝土由搅拌站集中拌制,搅拌运输车运送混凝土,每小时供混凝土 $60 \sim 80 m^3$。为延缓混凝土初凝时间,提高混凝土和易性,混凝土掺加监理工程师认可的缓凝减水剂,使混凝土初凝时间延 $7 \sim 8h$。混凝土要具有良好的和易性,灌注时保持有足够的流动性。灌注过程中,随时控测混凝土顶面高程,导管埋深控制在 $2 \sim 6m$。为保证桩头混凝土质量,桩顶超灌不小于 0.5m。

### 5.1.11　成桩检测

当桩混凝土达到一定强度后,即可进行混凝土灌注桩超声波检测,确定混凝土灌注桩质量。施工中必须谨慎,强化管理,加强对各个施工环节的控制,保证各个环节均达到规范和质量标准要求,确保成桩质量全部合格。

### 5.1.12　水中桩基

南四湖特大桥水中桩基采用钻孔平台施工(图 5.3),水中护筒埋设进入河床底深度约 2m,顶标高控制在高出最高通航水位 100cm。水中钢护筒在钻孔平台上利用浮吊或吊机及平台导向设施来完成。依据桥位控制点,用全站仪放出桩基的准确位置,即钢护筒的中心位置,并在平台上设桩位临时控制点。浮吊起吊后,放入导向架内。当钢护筒插入河床靠自重不能继续下沉时,改用振动锤继续下沉。在沉设护筒时,随时检查其平面位置,发现偏移立即采用木楔或倒链进行校正。

### 5.1.13　桩基施工常见问题及处理方法

#### 1. 坍孔

坍孔的表征是孔内水位突然下降,孔口冒细密的水泡,出渣量显著增加而不见进尺,钻机负荷显著增加等。

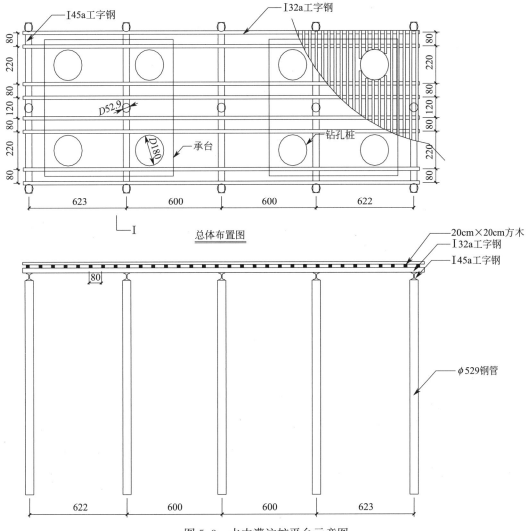

图 5.3 水中灌注桩平台示意图

坍孔原因：

（1）泥浆相对密度不够及其他泥浆性能指标不符合要求，使孔壁未形成坚实泥皮，护壁失效；

（2）由于补充水或泥浆不及时，或河水上涨，或孔内出现承压水，或钻孔通过砂砾等强透水层孔内水流失等造成孔内水头高度不够；

（3）护筒埋置太浅，下端孔口漏水，坍塌或孔口附近地面受水浸湿泡软，或钻机装置在护筒上，由于振动使孔口坍塌，扩展成较大坍孔；

（4）在松软砂层中钻进，进尺太快；

（5）水头太大，使孔壁渗浆或护筒底形成反空孔；

（6）清孔后泥浆相对密度、黏度等指标降低，清孔操作不当，清孔时间过久或清孔后停顿过久。

（7）吊入钢筋骨架时碰撞孔壁。

坍孔的预防和处理：

（1）在松散粉砂土或流砂中钻进时，应控制进尺速度，选用较大相对密度、黏度、胶体率的泥浆；

（2）地下水位变化过大时，应采取升高护筒、增加水头等措施保证水头相对稳定；

（3）发生孔口坍塌时，可立即拆除护筒并回填钻孔，重新埋置护筒再钻；

（4）如发生孔内坍塌，判明坍塌位置，回填砂和黏土混合物到坍孔处以上 $1\sim2m$，如坍孔严重时，应全部回填，待回填物沉积密实后再行钻进；

（5）清孔时应指定专人补水，保证钻孔内必要的水头高度。

**2. 钻孔偏斜**

各种钻孔方法均可能发生钻孔偏斜事故。

偏斜原因：

（1）钻孔中遇有较大的孤石或探头石；

（2）在有倾斜度的软硬地层交界处，岩面倾斜处钻进；或者在粒径大小悬殊的砂卵石层中钻进，钻头受力不均；

（3）扩孔较大处，钻头摆动偏向一方。

预防和处理：

（1）钻机就位，钻筒中心与设计桩中心保持一致，检查钻杆垂直度，并经常检查校正。

（2）在有倾斜的软、硬地层中钻进时，应吊着钻杆控制进尺，低速钻进。

按检查钻孔方法，查明钻孔偏斜的位置和偏斜情况后，一般可在偏斜处上下反复扫孔，使钻孔正直。偏斜严重时应回填砂黏土到偏斜处，待沉积密实后再继续钻进。

**3. 掉钻落物**

掉钻落物原因：

卡钻时强提强扭，操作不当使钻杆疲劳断裂；钻杆接头不良或滑丝；不应反转的钻机反转钻杆松脱；操作不慎落入扳手、撬棍等物。

预防措施：

（1）开钻前应清除孔内落物。

（2）经常检查钻具，钻杆和连接装置。

处理方法：

掉钻后应及时摸清情况，若钻头被沉淀物或坍孔土石埋住应首先清孔，使用打捞钩、打捞活套、偏心钩等打捞工具打捞。

**4. 糊钻**

糊钻常出现在软塑土层中回转钻进时，进尺快、钻渣量大、出浆口堵塞造成糊钻。预防处理方法：应控制进尺，加大泵量。若已严重糊钻，应将钻头提出孔口，清除钻头淤泥。

**5. 扩孔和缩孔**

扩孔是孔壁坍塌造成的结果，若只孔内局部发生坍塌而扩孔，钻孔仍能达到设计深度则不必处理，只是混凝土灌注量大大增加。若因扩孔后继续坍塌影响钻进，应按坍孔事故处理。

缩孔原因：由于地层中有软塑土（俗称橡皮土），遇水膨胀后使孔径缩小。可采用上下反复扫孔的方法扩大孔径。

### 6. 卡管

在灌注混凝土过程中，混凝土在导管中下不去，称为卡管。

由于混凝土的坍落度过小，流动性差，夹有大卵、碎石，拌和不均匀，冬期施工中有砂冻块；运输途中产生离析，导管接缝处漏水；雨天运送混凝土未加遮盖，使混凝土中的水泥浆被冲击，粗骨料集中而造成导管堵塞。处理办法可用长杆冲捣导管内混凝土，用吊绳抖动导管。在有一定埋深，导管不致拔漏情况下提升导管，加灌注混凝土，加大压力，靠重力冲开卡管的混凝土。

机械发生故障或其他原因使混凝土在导管内停留时间过久，或灌注时间持续过长，最初灌注的混凝土已初凝，增大了管内混凝土下落的阻力，混凝土堵在管内。其预防方法是灌注前应仔细检修灌注机械，并准备备用机械，发生故障立即调换备用机械，同时采取措施，加速混凝土灌注速度，必要时，可在首批混凝土中掺入缓凝剂，以延缓混凝土的初凝时间。

### 7. 埋管

导管无法拔出称为埋管。其原因是：导管埋入混凝土过深，导管内外混凝土的初凝使导管与混凝土的摩阻力过大，或提管过猛将导管拉断。

预防方法：

按要求严格控制埋管深度不得超过 6m，经常用吊绳抖动一下导管，防止导管周围的混凝土过早初凝；首批混凝土掺入缓凝剂，加快灌注速度；导管接头螺栓事先检查是否稳妥，提升导管时不可猛拔。

### 8. 卡笼

未发生埋管，但导管提升不上来，则可能是导管法兰盘卡在了钢筋骨架内箍筋上。产生原因可能是导管连接时导管不在一条直线上，出现弯曲现象，因而产生卡在箍筋上的现象。

预防方法：

在安导管接头螺栓时应对称紧固螺栓，防止导管接不直。

如导管尚能活动，则转动导管，转过一定角度再试着提升导管，重复几次还提升不起来时，则可将导管用力下压，然后再转动、提升。

### 9. 浇短桩头

产生原因：

灌注将近结束时，浆渣过稠，用测深锤探测难于判断浆渣或混凝土面；由于测深锤太轻，沉不到混凝土表面，发生误测，拔出导管，终止灌注，造成浇短桩头事故。

预防方法：

(1) 不用测锤，改用小直径镀锌钢管直接触探。

(2) 灌注将近结束时加注清水稀释泥浆并掏出部分沉淀土。

浇短桩头事故可按具体情况采取如下措施：(1) 按前述将护筒接长，然后抽水除渣，接浇普通混凝土。(2) 如短桩长度小也可将桩头处开挖闪开，然后凿除含有杂质的桩头部分，然后用同直径的圆柱模扣上，再浇筑普通混凝土。

**10. 封底混凝土落不下去**

产生原因：

首批混凝土储量够，打开漏斗阀门后，混凝土并不落入导管，此时应先用测锤测一下沉淀层厚度，对比导管底的高度，判断是否坍孔；或沉淀层超厚将导管底口封死或预留高度不足，以致混凝土冲不到孔底；也可能是导管长度计算错误，致使导管底口顶到桩底。

处理方法：

如果是坍孔，则按坍孔事故处理；如非坍孔，则可将导管与漏斗连成一体，然后用吊车等设备将其向上提升 20～30cm 抖动，当料冲下孔底，井孔口有水或泥浆快速溢出时，则立即将导管放下，以后可继续正常灌注；也可在首批混凝土冲下后，在能满足导管埋深的情况下用枕木将导管垫起 20～30cm，以便使灌注能顺利进行。

# 5.2 承台施工

承台施工流程图见图 5.4。

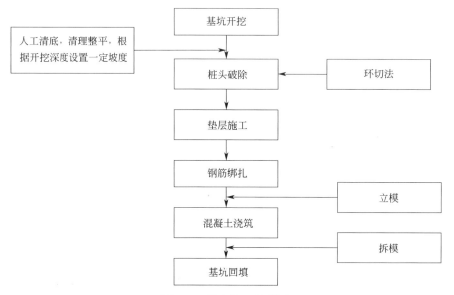

图 5.4 承台施工流程图

## 5.2.1 基坑开挖

采用挖掘机开挖至设计标高后，人工清底，破除桩头，清理整平。基坑开挖应根据开挖深度设置一定坡度，以保持基坑的稳定及安全需要。

## 5.2.2 桩头破除

桩头破除采用环切法，首先挖出桩头，清理表面泥浆及浮土，测量桩头位置，用墨线弹出桩头位置，注意设计要求桩头进入承台、系梁的高度。用混凝土无齿锯顺墨线进行环切，深度控制 1～2cm，用风镐对桩头以上部位混凝土破除，剥离外层混凝土，剔除桩头钢筋。对剩余桩头部分的混凝土采用子母俅整体剥离、吊离。

### 5.2.3　垫层施工

基底整平后按规范要求进行垫层混凝土浇筑。

### 5.2.4　钢筋绑扎

将承台系梁钢筋位置、墩身预埋钢筋位置放样在垫层混凝土面上，用垫块控制保护层厚度。

### 5.2.5　立模

模板采用组合钢模板，钢模板最小面积不小于 $1.0m^2$，模板接缝贴双面胶或发泡胶，确保不漏浆。

### 5.2.6　混凝土浇筑

采用滑槽或吊机将混凝土运入模内，混凝土水平分层浇筑，每层厚度 30cm。混凝土以停止下沉、不出现气泡、表面呈现浮浆为度。混凝土表面进行二次收浆处理，以防止表面裂纹，浇筑完成后及时进行养护。

### 5.2.7　基坑回填

混凝土强度达到规范要求后拆除模板，采用挖机分层回填基坑。

## 5.3　塔柱施工

### 5.3.1　质量控制标准

塔柱及横梁施工质量控制标准应满足表 5.3、表 5.4 的相关规定。

塔柱质量控制标准　　　　　　　　　　　　　　　　　表 5.3

| 项次 | 检查项目 | 规定值或允许偏差 |
| --- | --- | --- |
| 1 | 混凝土强度（MPa） | 合格标准内 |
| 2 | 塔柱底偏位（mm） | 10 |
| 3 | 倾斜度（mm） | 1/3000 塔高，且不大于 20 |
| 4 | 外轮廓尺寸（mm） | ±20 |
| 5 | 壁厚（mm） | ±5 |
| 6 | 锚固点高程（mm） | ±10 |
| 7 | 孔道位置（mm） | 10，且两端同向 |
| 8 | 预埋件位置（mm） | 5 |

横梁质量控制标准　　　　　　　　　　　　　　　　　表 5.4

| 项次 | 检查项目 | 规定值或允许偏差 |
| --- | --- | --- |
| 1 | 混凝土强度（MPa） | 合格标准内 |
| 2 | 轴线偏位（mm） | 10 |
| 3 | 外轮廓尺寸（mm） | ±10 |
| 4 | 壁厚（mm） | 5 |
| 5 | 顶面高程（mm） | ±10 |

塔柱施工时应随时观测塔柱变形，并进行相应调整，以保证塔柱几何形状符合设计要求；对桥塔压缩变形进行分析计算时应考虑混凝土的收缩、徐变和弹性压缩对高程的影响。

### 5.3.2 下塔柱施工

下塔柱采用支架施工（图 5.5），上塔柱采用爬升模板法逐段连续施工，施工支架与模板应保证足够的刚度。为确保混凝土外观质量和耐久性，每段混凝土塔柱浇筑高度控制在 4~5m，施工缝处接触面应认真凿毛、清洗，以保证新老混凝土的接缝质量。图纸中塔柱钢筋分段不作为施工分段，施工单位应根据施工工艺自行确定施工分段位置，但桥塔横梁及其上下各 2.5m 范围内不得设置钢筋接头。

图 5.5 塔柱施工

### 5.3.3 上中塔柱施工

上中塔柱施工时每隔一段距离需设一道水平横撑，并对桥塔施加一定的水平顶推力。水平横撑必须有足够的强度和刚度，并与塔柱固结，待桥塔施工完成后方可予以拆除。考虑水平横撑拆除将引起桥塔的变形，上中塔柱立模时必须设置一定的预偏量加以调整。施工单位应根据施工期间温度和横桥向风荷载、其他施工荷载等设计并验算水平横撑及其施工工艺，确保支承和塔柱的安全。设计文件中提出的水平横撑布置方案仅供施工单位参考，顶推力应提交设计单位复核后才能实施顶推。

### 5.3.4 施工注意事项

#### 1. 混凝土

塔柱、横梁在施工前必须进行混凝土配合比试验，塔柱根部及中塔柱连接段有混凝土实心段为大体积混凝土，应进行大体积混凝土的施工设计，采取有效措施防止温度应力、混凝土收缩等引起的裂缝。此外还应在减少水泥含量、降低骨料入仓温度、加适量添加剂和精心养护等措施方面进行研究，减小水化热的影响。新老混凝土接缝处加设钢筋网，实体段与塔壁变化连接处应一次浇筑。特别是上中塔柱泵送混凝土的配合比应预先试验，选择低水泥、低水化热且符合强度要求的高质量混凝土。

塔柱混凝土施工建议采用泵送混凝土施工工艺，且应保证泵送混凝土的流动性、和易性和缓凝、早强，并保证其耐久性。注意保温和养护，防止由于水化热过高使塔柱开裂。要求混凝土浇筑后振捣密实，加强养护，尽量减少混凝土收缩裂缝的发生。塔柱混凝土的养护时间不得小于 7d。

**2. 预埋件**

塔身施工时，应注意下列预埋件的埋设：爬梯、航空障碍灯、照明设施、塔梁临时固结设施、避雷设施、排水设施、栏杆底座、模板支架、施工用升降机支架、交通工程、景观工程等。

**3. 钢筋**

塔柱内直径≥25mm 的钢筋应采用机械连接方式，接头性能必须符合《钢筋机械连接技术规程》JGJ 107—2016 中Ⅰ级接头要求，且同一截面内的接头数量不应超过全部钢筋的 1/2。

竖向主筋定位必须严格按照图纸要求执行，如主筋与模板支架预埋件或其他施工临时构件冲突，相应位置主筋的处理方法必须经过监理和设计单位批准，不得随意改变主筋的位置和数量。

施工承台时应注意下塔柱钢筋的预埋，预埋时应保证钢筋定位准确，钢筋接头位置应相互错开，在一个水平平面内的钢筋接头数量不得超过总钢筋数量的 1/2。承台与下塔柱实心段混凝土龄期差不应大于 30d。

**4. 预应力钢绞线**

横梁预应力钢束的张拉需在混凝土强度达到设计强度的 90% 以上，弹性模量达到 85% 以上方可进行。预应力张拉的顺序为：先从腹板中部向上下缘依次进行，腹板两侧同一高度的预应力钢束应对称张拉，再从顶、底板中部向左右对称张拉。

横梁预应力钢束均为两端同时张拉，一次张拉完毕。每束钢绞线的设计锚下张拉控制应力为 $\sigma_k = 0.75 R_{yb} = 1395 \text{MPa}$（不含锚圈口损失），张拉时对控制张拉力和引伸量采用双控。引伸量实际伸长值与理论伸长值误差应控制在 ±6% 以内。

穿钢束前采用空气压缩机清除管道杂质，张拉后 24h 内进行管道压浆。压浆采用真空辅助压浆技术，在正式实施以前应进行水泥浆配合比试验和真空压浆工艺试验。压浆完毕，经检查后应随即布筋（连接恢复原塔壁钢筋），应采取措施防止锚具锈蚀。封锚混凝土应同随后施工的桥塔节段混凝土同时浇筑。

为确保钢筋的保护层厚度满足设计要求，外侧钢筋表面应设置砂浆混凝土垫块，垫块的混凝土强度等级不低于 C60，且耐久性应高于本体混凝土；塔柱、横梁、承台及桩的混凝土净保护层厚度按设计图纸的要求施工，并应满足规范要求。

塔柱和横梁外表面上的所有临时预埋件在施工期间应做好防护处理，避免对塔身外观的污染。永久预埋钢构件应进行防腐涂装，涂装方案可参照钢锚梁涂装方案。

塔柱施工可设置劲性骨架，应进行专门设计并征得设计、监理单位确认后方可实施，塔柱施工流程见图 5.6。

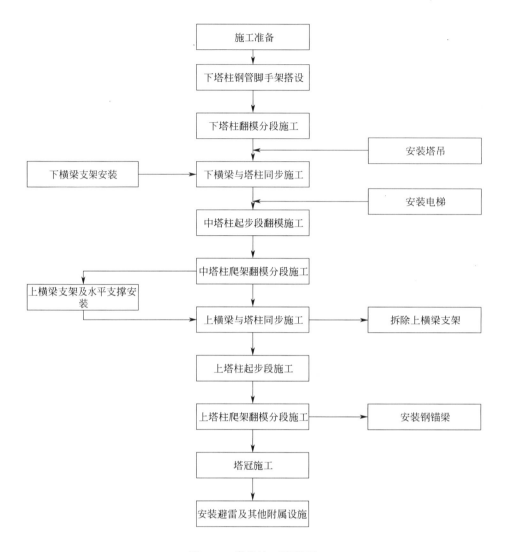

图 5.6　塔柱施工流程图

# 5.4　斜拉索施工

### 5.4.1　斜拉索制造

斜拉索的机械性能，几何尺寸和耐久性是设计的根本要素，承包商对其几个组件应严格按照《大跨度斜拉桥平行钢丝拉索》JT/T 775—2016 的规定进行材料选择、生产制造和试验。

**1. 耐久性和防腐系统**

承包商应提供充分的证据，证明所建议的防腐系统在本桥类似的工作环境和设计寿命要求下的可靠性。

**2. 制造、测量精度**

（1）承包商对斜拉索的无应力长度 $L_0$ 进行测量和标记工作。长度的测量和标记工作应在非常稳定的均匀温度条件下避开阳光或晚间进行，标记要明显、牢固。

（2）斜拉索张拉端锚杯螺纹长度最少能保证拉索在一定范围内调整。

（3）承包商应进行斜拉索各个组件的详细设计，并提交能满足设计要求的有关证明（如钢丝的拉伸试验、弯曲试验以及镀锌试验和斜拉索的静载、疲劳试验等《大跨度斜拉桥平行钢丝拉索》JT/T 755—2016 所规定的试验内容）。

**3. 减振措施**

斜拉索承包商应通过试验证明，所采用的气动措施能够有效抑制风、雨振动，且阻力系数在 0.8 以下。

阻尼器承包商应对阻尼器、桥面板及斜拉索上的连接细部结构进行详细设计，证明能够提供设计所需要的阻尼，并征得设计单位认可后方可生产。

### 5.4.2　斜拉索架设

采用整根挂索、整根张拉（图 5.7）的方法，按施工进度进行。

图 5.7　斜拉索施工

## 5.5　主梁施工

采用支架现浇主梁 0、1 号段（施工流程见图 5.8）和边跨现浇段，必须确保支架、模板具有足够的刚度。支架应采用超载预压，支架变形稳定后（连续 3d 沉降小于 2mm）方可卸载，预压期间需加强观测，加载和卸载均需分级进行，每级均应观测支架变形，立模时应根据支架弹性变形情况设置必要的预拱度。观测时间应选择在早晨或者傍晚温度变化较低时进行，支架现浇梁段应符合表 5.5 的相关规定。

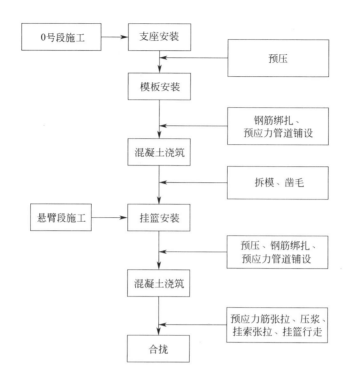

图 5.8  主梁施工流程图

支架现浇梁段质量标准                                      表 5.5

| 项次 | 检查项目 | | 规定值或允许偏差 |
|---|---|---|---|
| 1 | 混凝土强度(MPa) | | 合格标准内 |
| 2 | 轴线偏位(mm) | | 跨径/10000 |
| 3 | 顶面高程(mm) | | ±10.00 |
| 4 | 断面尺寸(mm) | 高度 | +5.00,-10.00 |
| | | 顶宽 | ±30.00 |
| | | 底宽或肋间宽 | ±20.00 |
| | | 顶、底、肋宽 | +10.00,-0.00 |
| 5 | 横坡(%) | | ±0.15 |
| 6 | 预埋件位置(mm) | | 5.00 |
| 7 | 平整度(mm) | | 5.00 |

### 5.5.1  挂篮悬臂现浇施工

除支架现浇段外,其余主梁采用挂篮悬臂现浇施工(图5.9),要求挂篮构造合理、使用安全、方便。挂篮在已浇筑梁段上拼装完成后必须进行加载试验,以消除其非弹性变形。加载重量应为最大悬浇梁段重量(并考虑相关施工荷载),通过加载试验,实测挂篮变形值,验证设计参数和承载能力,并为悬浇施工高程控制提供可靠依据。

图 5.9　挂篮悬臂现浇施工

悬臂浇筑主梁采用前支点挂篮施工，挂篮（含模板及其他施工荷载）设计重量为 250t，当施工采用的挂篮荷载与设计有出入时，应提前通知设计单位，以便进行必要的验算。

各悬浇梁段应一次浇筑，在浇筑新混凝土前，应将旧混凝土的接缝面凿毛并清洗洁净，以保证新旧混凝土的整体性，并应注意混凝土的养护。主梁混凝土的颜色应保持一致，表面应光洁、平整。

各悬浇梁段质量应符合表 5.6 的相关规定。

悬浇梁段质量标准　　　　　　　　　　　　　　表 5.6

| 项次 | 检查项目 | | 规定值或允许偏差 | |
| --- | --- | --- | --- | --- |
| 1 | 混凝土强度（MPa） | | 合格标准内 | |
| 2 | 轴线偏位（mm） | | $L \leqslant 100$m | 10 |
| | | | $L > 100$m | $L/10000$ |
| 3 | 断面尺寸（mm） | 高度 | $+5.00，-10.00$ | |
| | | 顶宽 | $\pm 30.00$ | |
| | | 底宽或肋间宽 | $\pm 20.00$ | |
| | | 顶、底、腹板厚或肋宽 | $+10.00，-0.00$ | |
| 4 | 索力（kN） | 允许 | 满足设计和施工控制要求 | |
| | | 极值 | 与设计值相差 10% | |
| 5 | 梁锚固点或梁顶高程（mm） | 梁段 | 满足施工控制要求 | |
| | | 合拢后 | $L \leqslant 100$m | $\pm 20.00$ |
| | | | $L > 100$m | $L/5000$ |
| 6 | 横坡（%） | | $\pm 0.15$ | |
| 7 | 锚具轴线与孔道轴线偏位（mm） | | 5.00 | |
| 8 | 预埋件位置（mm） | | 5.00 | |
| 9 | 平整度（mm） | | 5.00 | |

钢筋和预应力管道发生干扰时可适当弯折，若钢筋空间位置发生冲突，容许适当调整，但必须保证混凝土保护层厚度。泄水管应注意避开横向预应力管道和其他桥面结构的预留位置。

各悬臂施工梁段在浇筑、挂篮移动、拆除、索力张拉等阶段，均要求保持同步、对称施工，尽量保持两侧平衡，严格按照设计要求的施工顺序和方案进行。悬臂施工期间两侧施工荷载差异不得大于 5t。

图 5.10　挂篮悬浇检测

### 5.5.2　合拢

各合拢段施工（图 5.11）应按照设计要求的合拢顺序进行，合拢段的劲性骨架合拢和混凝土浇筑温度应控制在 12～18℃，合拢段混凝土应以达到早强和减小徐变为目的来确定其配合比，使合拢段混凝土受力与计算相符。

图 5.11　主桥合拢

### 5.5.3　混凝土

（1）原材料及配合比应严格执行《公路桥涵施工技术规范》JTG/T 3650—2020 和有关技术标准，同时应兼顾耐久性和低徐变要求，对原材料进行精选，并通过试验对混凝土配合比进行优化。

（2）为了使桥梁外观颜色一致，要求采用同厂家、同品种水泥，并注意模板表面处理。

（3）混凝土浇筑前，应仔细检查保护层垫块的尺寸、位置、数量及其牢固程度和所有配筋位置、数量、外形、尺寸等，确保各断面配筋符合设计要求，保护层内不得有绑扎钢筋的钢丝伸入。垫块抗侵蚀能力和强度应高于本体混凝土。

（4）混凝土浇筑过程中，应特别注意对锚下、预应力管道及普通钢筋密集部位的振捣，不得漏振或过振，确保混凝土的质量。

（5）浇筑混凝土应采取减少水化热的有效措施，避免发生温度收缩裂缝。

（6）所有新、旧混凝土结合面均应严格凿毛处理。

### 5.5.4　预应力钢绞线

钢绞线进场后，必须按有关规定对其强度、外形尺寸、物理及力学性能等进行严格试验。锚头应进行裂缝探伤检验，夹片应进行硬度检验，锚具应进行锚具-钢绞线组装件的锚固性能试验，同时应就实测的弹性模量和截面积对张拉引伸量进行修正。

预应力管道必须按图纸所给的坐标准确定位，并确保锚垫板与预应力束垂直，垫板中心应对准管道中心，管道的连接应保证质量，杜绝因漏浆造成预应力管道堵塞。

混凝土龄期达 7d 以上同时混凝土强度达到设计强度的 90% 以上，方可施加预应力，预应力张拉应严格按照设计提供的顺序和控制应力进行。预应力钢束均采用张拉应力与伸长量双控。

预应力采用真空辅助压浆技术，浆体配方应符合相应的企业标准，压浆前进行必要的试验，确定压浆实施规程，并由专业队伍施工。预应力钢束张拉完成后，应尽早压浆，其强度等级不应低于 C50，且应压注密实。正式压浆前，必须检查管道畅通和渗漏情况。压浆时若从一端压不通，须及时处理，不得从另一端补压了事。压浆结束后，立即用高压水对箱梁表面进行冲洗，防止浮浆粘结，影响桥面铺装与箱梁的粘结质量。

必须尽早进行锚头封锚槽口的封锚，封锚混凝土中可适当增加微膨胀剂。预应力钢束长度及坐标应按钢束所在平曲线位置做适当调整。钢绞线的弯折处采用圆曲线过渡，管道必须圆顺，预应力束定位钢筋应满足设计要求。

预应力钢束布置图中所示的尺寸，均为沿路线中心线展开数据。下料时应根据钢束所在位置的平曲线半径调整钢束长度，并进行弯曲布设。

安装锚垫板时，必须保证锚固面与预应力束垂直；预应力束的张拉顺序和张拉控制应力应符合设计规定，设计图中提供锚下张拉控制应力数值时均需要另外考虑锚圈口的预应力损失。

### 5.5.5　钢筋

（1）钢筋进场后，必须按有关规定对其强度、尺寸、物理及力学性能等进行严格试验。钢筋必须按不同钢种、等级、牌号、规格及生产厂家分批验收，分别堆放，不得混杂并应避免锈蚀和污染。

（2）普通钢筋的定位要准确，应严格保证各类钢筋的净保护层厚度。保护层内不得有绑扎钢筋的钢丝伸入。

# 第6章 桥梁施工监控

随着社会经济的迅速发展，人们对交通的依赖程度不断增强，特别是桥梁工程，在交通领域占有突出地位，桥梁的安全性直接影响到人民群众的生命安全，因此在桥梁施工过程中，对桥梁进行有效监控显得尤为重要。桥梁施工监控可以定义为是一种确保桥梁在施工过程尽可能达到接近设计目标的一种手段，即在桥梁施工过程中，根据实际施工工况，采用科学、合理的控制技术，测量桥梁结构的关键参数，监测正在施工梁体的结构位移和内力，经过误差分析进行修正和调整，使各个施工阶段顺利进行。

## 6.1 施工控制的主要工作内容

### 6.1.1 施工控制的目的

一座大桥建造的质量从本质上讲，主要涉及三个方面，即线形、结构的荷载效应（这里主要指"内力"或"应力"）和结构的抗力效应（这里主要包括材料的强度、截面的尺寸、体内预应力、耐久性——抗力的衰减状况等），而施工控制主要涉及其中的两个方面，即线形和结构的荷载效应。故施工控制的目标如下：

（1）使线形平顺并符合设计和规范要求（简称线形要求）；

（2）分析各种偏差的原因及其后果，同时修正这些偏差对成桥目标的影响，使施工过程中的每一阶段及其成桥后结构的荷载效应（即塔、梁、索的内力、应力）符合规范和设计要求（简称受力要求），确保施工安全和成桥质量。

要实现以上施工控制目标，就必须对桥梁的施工全过程进行仿真分析，对桥梁及其相关架设部分主要结构的空间坐标、主要结构截面的应变或应力、斜拉索的索力、温度及其影响进行现场监测与控制，对误差进行分析与控制，以确保施工控制最终目标的实现。

施工控制的目的是针对成桥状态的目标进行有效控制，修正在施工过程中影响成桥目标的参数误差对成桥目标的影响，确保成桥后结构受力和线形满足设计要求。

通过施工过程的检测、数据采集和优化控制，并结合施工中已建梁段的指标，预测未来梁段的指标，严格控制施工误差限值，定期标定索力等重要项目，尽可能减少施工方的索力调整工作量，缩短工期，节省投资。

### 6.1.2 施工控制原则

为了使斜拉桥主梁安全、优质和高速地建成，即确保主梁在施工中安全顺利地合拢，并在成桥后主梁的线形符合设计要求，结构恒载受力状态接近设计期望值，则在主桥施工过程中必须进行严格的施工监测和控制。

大跨度斜拉桥的设计与施工相关性很强，如所采用的施工方法、材料性能、浇筑程序、环境温度场、立模标高以及斜拉桥的安装索力等都直接影响成桥的理论设计线形与受力，而且施工的实际参数与理想设计参数的取值差异也是客观存在的，为此必须在施工现场中采集必要的数据，通过参数辨识后，对理论值进行修正计算，最后对浇筑主梁立模标高和斜拉桥的安装索力给以调整与控制。调控的原则是在满足结构受力的基础上以"线形为主，索力为辅"，来满足设计的要求。原则方面具体要求如下：

**1. 受力要求**

主梁、塔（墩）和索的三大部分的截面内力（或应力）反映了斜拉桥的主要受力内容。其中控制的关键因素是主梁的上、下缘正应力，在恒载已定的情况下，成桥的索力是影响主梁正应力的主要因素，成桥索力较小的变化都会对其产生较大影响。而主梁的应力与主梁截面轴力和弯矩有关，密索体系的斜拉桥在成桥后以受弯（活载）为主，所以成桥后弯矩又是主梁中起控制作用的因素。塔的情况与梁类似，只是索力对塔的影响没有梁敏感，塔中应力通常容易得到满足。索力除要满足最大、最小索力要求外（最大索力要求即钢丝强度要求，最小索力要求即拉索垂度要求），还要满足因振动等因素引起索的疲劳强度要求。

**2. 线形要求**

线形主要是指主梁的整体标高和局部平顺性要求。成桥后（通常是长期变形稳定后）主梁的标高要满足上述两方面的设计标高要求。

**3. 塔顶水平偏位要求**

塔顶水平偏位要求主要是指裸塔首先满足设计和公路工程质量评定要求，其次施工中和成桥后的不对称荷载、索力、局部温度等引起的塔的偏位，应区别对待并满足设计和相关规范的要求。

**4. 主梁平面位置要求**

主梁平面位置要求主要是指节段主梁的实际桥轴线与理论桥轴线值的偏差应符合设计和公路工程质量评定等。

**5. 调控策略**

对主梁和塔（墩）内力（或应力）的调整，最直接有效的手段是调整索力。由于索力较小的变化就会在主梁中引起较大的内力（或应力）的变化，而索力本身又有一定的变化宽容度（即最大、最小索力确定的索力允许变化范围），因此索力可作为成桥目标中受力的调控手段。

对于主梁线形的调整，最直接的手段是调整立模标高。将参数误差以及索力调整引起的主梁标高的变化通过立模标高的调整予以修正。成桥后的整体线形调整主要是采用全桥的调索方案。

索力调整和立模标高的调整分两步完成，即先进行索力调整，目标主要是梁、塔截面的弯矩，还可加入已建梁段的主梁标高。主梁弯矩控制截面可选为各施工梁段的典型截面（一般为受拉索锚固点局部应力影响较小处），塔的控制截面可只选塔底以及截面变化处等少数控制位置，主梁标高控制点可选为每个施工梁段前端点。

**6. 误差调整理论和方法**

本桥施工周期长、过程复杂，影响参数较多，如构件材料特性、截面特性、温度、混凝土的收缩徐变、施工荷载、施工误差等。计算施工控制参数的理论值时，一般假定这些参数值为桥梁规范的给定值。为了消除因设计参数取值误差所引起的施工设计中与实际的不一致性，监控组将在施工过程中对这些参数进行识别和预测，对于重大的设计参数误差，提交设计方进行理论设计值的修改，对于常规的参数误差，通过优化进行调整。具体流程见图 6.1。

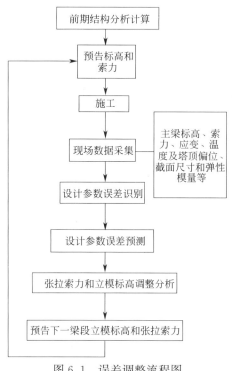

图 6.1　误差调整流程图

（1）设计参数识别

通过在典型施工状态下对状态变量（索力、位移和应力应变）实测值与理论值的比较，以及设计参数权重影响分析（或称参数敏感性分析），识别出设计参数误差量。

（2）设计参数预测

根据已施工梁段设计参数误差量，采用灰色模型的预测方法预测未来梁段的设计参数可能误差量。

（3）优化调整

施工监控主要以控制主梁标高、控制截面弯矩和斜拉索索力为主，优化调整也以这两个因素建立控制目标函数（和约束条件）。通过设计参数误差对桥梁变形和受力进行影响分析；应用加权最小二乘法或线性规划法等优化方法，调整本梁段与未来梁段安装索力以及未来梁段立模标高，使成桥状态最大限度地接近理想设计成桥状态，并且保证施工过程中受力安全；必要时，还可对已施工梁段的索力进行调整。

# 6.2　施工控制的主要工作内容

### 6.2.1　结构计算分析

所谓结构计算分析，就是复核设计计算中所确定的成桥状态和施工状态。按照设计文件和经监理批复的施工组织设计所确定的施工顺序以及设计所提供的基本参数，对施工过程进行正装计算，得到各施工状态以及成桥状态下的结构受力和变形等控制数据。在自我复核并与设计文件相互校对确认无误之后，再作为本桥的施工控制理论数据。

### 6.2.2　变形控制

为防止桥梁总体线形与目标线形偏差较大，使其不超过规定的差值范围，需对桥梁结构进行变形控制。主桥变形控制包括平面线形监测和挠度（高程）监测。由于本桥位于直线段上，因此，桥轴线线形不需调整，每个主梁节段浇筑时均应准确就位。

主梁高程控制是施工控制过程中的重点之一。高程控制的目标是准确提供每一个主梁节段的立模标高，以使成桥线形满足设计文件要求。

### 6.2.3　稳定控制

施工过程中不仅要对桥梁结构的变形、应力状态等进行监测控制，还需对结构稳定性进行监测控制，否则桥梁结构在施工过程中有发生失稳、倾覆的危险。结构的稳定性一般通过结构稳定性系数以及结构变形和应力情况进行综合判定。

### 6.2.4　索力控制

斜拉桥的索力控制是斜拉桥施工监控的重要环节。施工阶段斜拉索的索力状况及索力误差分布状况是评价、判断施工结构内力状况及施工质量的重要依据。

### 6.2.5　应力（应变）监测

为了保证结构安全与施工安全，需要对控制断面应力进行监测。由于主应力难以测量（不但有大小而且有方向），因此，应力测试通常针对截面正应力测试而言。按照设计文件或规范对截面应力做出的限定，进行应力预警，一旦超出限值则立刻通知相关各方查找原因并提出相关建议。

### 6.2.6　温度监测

桥梁施工过程中，环境温度的变化及日照温差会影响到结构体系内的内力分布。因此，温度监测将始终伴随施工控制的全过程，温度测试分为环境温度测试、构件表面温度监测和结构内部温度监测。

### 6.2.7　主塔偏位测量

塔的偏位测量有两方面作用：一方面是为了防止荷载不对称情况的发生（其会对主梁的标高及斜拉索的索力产生影响）；另一方面，通过测量值与理论计算值的比较，分析误差原因，修正计算模型各参数。

### 6.2.8　安全控制

为达到安全施工的目的，事前需采取一定的措施来防止施工过程中不确定因素的影响，即安全控制。它是以上所述变形控制、稳定控制、应力控制等控制的综合体现，以上所述各项内容得到有效控制，施工安全也就得到了有效控制。

# 6.3 施工控制实施方案

### 6.3.1 结构计算

#### 1. 计算方法及模型

理想状态下，施工全过程仿真计算的目的在于校核主要设计计算数据，掌握施工过程结构位移以及内力变化规律，确定出施工过程控制的关键点，为各施工阶段提供理想状态数据，以满足成桥的设计要求，同时保证安全施工，给施工提供指导性建议和意见。

本桥的仿真计算，利用 MIDAS Civil 有限元分析软件进行。全桥共划分 410 个单元、554 个节点，其中梁单元 298 个、斜拉索 112 个。按施工图设计文件提供的施工过程、步骤、荷载变化等情况划分受力阶段并逐阶段进行连续计算，全桥按照浇筑号块共划分为25 个施工阶段，每一施工阶段按照施工工序划分为若干施工步骤。结构计算模型如图 6.2所示。

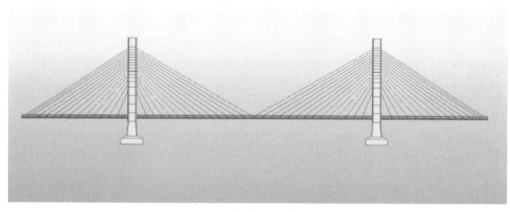

图 6.2 主航道桥主桥结构计算模型图

#### 2. 计算阶段划分

计算阶段的划分参照了设计单位施工图文件中的流程图，根据计算经验，暂且划分为如表 6.1 所示的施工阶段。

计算阶段划分                                 表 6.1

| 阶段号 | 施工阶段计算内容说明 |
|---|---|
| 1 | 基础、桥塔施工；支架浇筑 0 号、1 号块；张拉纵向、横向预应力；安装塔梁临时固结设施；安装并对称张拉 B1、M1 斜拉索 |
| 2 | 安装挂篮 |
| 3 | 安装 B2、M2 斜拉索并第一次张拉 |
| 4 | 浇筑 2 号块混凝土（挂篮加载 50%）并第二次张拉 B2、M2 斜拉索 |
| 5 | 浇筑 2 号块混凝土（挂篮加载 100%） |
| 6 | 安装 2 号块单元，张拉纵向、横向预应力；增加临时压重，斜拉索转移锚固至梁段并进行第三次张拉 |

续表

| 阶段号 | 施工阶段计算内容说明 |
|---|---|
| 7 | 移动挂篮至 3 号块 |
| 8 | 安装 B3、M3 斜拉索并第一次张拉 |
| 9 | 浇筑 3 号块混凝土(挂篮加载 50%)并第二次张拉 B3、M3 斜拉索 |
| 10 | 浇筑 3 号块混凝土(挂篮加载 100%) |
| 11 | 安装 3 号块单元,张拉纵向、横向预应力;增加临时压重,斜拉索转移锚固至梁段并进行第三次张拉 |
| 12 | 移动挂篮至 4 号块 |
| 13 | 安装 B4、M4 斜拉索并第一次张拉 |
| 14 | 浇筑 4 号块混凝土(挂篮加载 50%)并第二次张拉 B4、M4 斜拉索 |
| 15 | 浇筑 4 号块混凝土(挂篮加载 100%) |
| 16 | 安装 4 号块单元,张拉纵向、横向预应力;增加临时压重,斜拉索转移锚固至梁段并进行第三次张拉 |
| 17 | 移动挂篮至 5 号块 |
| 18 | 安装 B5、M5 斜拉索并第一次张拉 |
| 19 | 浇筑 5 号块混凝土(挂篮加载 50%)并第二次张拉 B5、M5 斜拉索 |
| 20 | 浇筑 5 号块混凝土(挂篮加载 100%) |
| 21 | 安装 5 号块单元,张拉纵向、横向预应力;斜拉索转移锚固至梁段并进行第三次张拉 |
| 22 | 移动挂篮至 6 号块 |
| 23 | 安装 B6、M6 斜拉索并第一次张拉 |
| 24 | 浇筑 6 号块混凝土(挂篮加载 50%)并第二次张拉 B6、M6 斜拉索 |
| 25 | 浇筑 6 号块混凝土(挂篮加载 100%) |
| 26 | 安装 6 号块单元,张拉纵向、横向预应力;斜拉索转移锚固至梁段并进行第三次张拉 |
| 27~41 | 重复施工阶段 22~26,直至 9 号块施工完毕 |
| 42 | 移动挂篮至 10 号块 |
| 43 | 安装 B10、M10 斜拉索并第一次张拉 |
| 44 | 浇筑 10 号块混凝土(挂篮加载 50%)并第二次张拉 B10、M10 斜拉索 |
| 45 | 浇筑 10 号块混凝土(挂篮加载 100%) |
| 46 | 安装 10 号块单元,张拉纵向、横向预应力;边跨 9 号、10 号块永久压重;斜拉索转移锚固至梁段并进行第三次张拉;拆除边跨挂篮 1、4,边跨合拢压重 130t;支架浇筑边跨现浇段 |
| 47 | 浇筑边跨合拢段混凝土,张拉边跨合拢段纵向、横向预应力;移动中跨挂篮至 11 号块 |
| 48 | 安装 B11、M11 斜拉索并第一次张拉,B11 斜拉索张拉到位 |
| 49 | 浇筑中跨 11 号块混凝土(挂篮加载 50%)并第二次张拉 M11 斜拉索 |
| 50 | 浇筑中跨 11 号块混凝土(挂篮加载 100%) |
| 51 | 安装中跨 11 号块单元,张拉纵向、横向预应力;边跨 7 号、8 号块永久压重;M11 斜拉索转移锚固至梁段并进行第三次张拉 |
| 52 | 移动中跨挂篮至 12 号块 |

续表

| 阶段号 | 施工阶段计算内容说明 |
|---|---|
| 53 | 安装 B12、M12 斜拉索并第一次张拉,B12 斜拉索张拉到位 |
| 54 | 浇筑中跨 12 号块混凝土(挂篮加载 50%)并第二次张拉 M12 斜拉索 |
| 55 | 浇筑中跨 12 号块混凝土(挂篮加载 100%) |
| 56 | 安装中跨 12 号块单元,张拉纵向、横向预应力;M12 斜拉索转移锚固至梁段并进行第三次张拉 |
| 57 | 移动中跨挂篮至 13 号块 |
| 58 | 安装 B13、M13 斜拉索并第一次张拉,B13 斜拉索张拉到位 |
| 59 | 浇筑中跨 13 号块混凝土(挂篮加载 50%)并第二次张拉 M12 斜拉索 |
| 60 | 浇筑中跨 13 号块混凝土(挂篮加载 100%) |
| 61 | 安装中跨 13 号块单元,张拉纵向、横向预应力;M13 斜拉索转移锚固至梁段并进行第三次张拉 |
| 62 | 移动中跨挂篮至 14 号块 |
| 63 | 安装 B14、M14 斜拉索并第一次张拉,B14 斜拉索张拉到位 |
| 64 | 浇筑中跨 14 号块混凝土(挂篮加载 50%)并第二次张拉 M14 斜拉索 |
| 65 | 浇筑中跨 14 号块混凝土(挂篮加载 100%) |
| 66 | 安装中跨 14 号块单元,张拉纵向、横向预应力;M14 斜拉索转移锚固至梁段并进行第三次张拉 |
| 67 | 拆除中跨挂篮;安装中跨合拢吊篮;中跨合拢压重 |
| 68 | 浇筑中跨合拢段混凝土,张拉中跨合拢段纵向、横向预应力;同步拆除中跨合拢压重、拆除中跨合拢吊篮;解除塔梁临时固结 |
| 69 | 二期恒载施工 |
| 70 | 10 年徐变 |

### 3. 计算模型的修正

本桥的施工监控方法拟采用自适应施工控制法。所谓自适应施工控制法,是指控制开始时,由于控制系统的某些设计参数与实际情况不完全相符,系统不能得到符合实际情况的计算结果,因此,在系统的运行过程中,通过系统识别或参数估计,不断地修正设计参数,使设计输出与实际输出相符,然后对实际问题进行控制,即使控制系统自动地适应实际控制问题,得到符合实际情况计算结果的控制方法。

对于预应力混凝土斜拉桥,虽然在设计时确定了每个施工过程的操作以及应达到的目标,但是由于在设计时不可能完全掌握施工系统的性能,更重要的原因是有限元计算模型中的计算参数取值(主要是混凝土的弹性模量、材料的容量、徐变系数、挂篮刚度等)与施工中的实际情况有一定的差距。当测量到的结构受力状态与理论计算结果不相符时,把误差输入到参数辨识算法中去调节计算模型的参数,使理论计算结果与实际测量相一致。计算模型经过参数修正后,重新计算各施工阶段的理想状态,根据此目标再按反控制的思路进行施工控制。计算模型在与实际结构磨合一段时间后,自动适应结构的物理力学规律,并对误差进行调整。

本桥采用悬臂浇筑的方法施工,主梁在塔根部的相对刚度较大,变形较小,因此,在控制初期,参数误差对全桥线形的影响较小,这对于上述自适应控制思路的应用是非常有利的。经过几个节段的施工后,计算参数已得到修正,为跨中变形较大节段的施工控制创造了良好的条件。

基于上述施工控制思路，在本桥施工控制的计算模型修正方面，主要分为以下几个步骤进行施工控制工作。

（1）对与施工控制有关的基础资料试验进行收集，主要包括以下几个方面：

1）混凝土收缩试验，测试混凝土不同时间的收缩应变。

2）混凝土龄期为 3d、7d、14d、28d、90d 的弹性模量试验以及按规定要求的强度试验。

3）气象资料：晴雨、气温、风向、风速。

4）实际工期与未来进度安排。

5）实际挂篮重量及其他施工荷载在桥上布置位置与数值。

（2）对以下设计参数进行误差分析和识别（参数敏感性分析）：

1）斜拉索张拉力误差对结构的影响；

2）挂篮刚度对标高的影响；

3）梁段自重误差对结构的影响；

4）梁、塔和索的刚度误差对结构的影响；

5）混凝土收缩徐变对结构的影响；

6）施工荷载变动对结构的影响；

7）温度的影响；

8）预应力误差的影响。

（3）结合实测数据进行跟踪计算并同步修正计算模型各参数的取值

计划每施工 5 个梁段，根据反馈数据分析对计算模型进行一次系统修正，定期向项目办（业主）及专家组做书面施工控制阶段报告，并对理论数据进行全面修正。

（4）主梁立模标高与斜拉索最终张拉力表

根据实测数据，对模型进行不断修正，并对未来梁段误差进行预估，从而形成最终的立模标高和各斜拉索最终张拉力值，在梁段施工前及时下达控制指令。

### 6.3.2　施工控制实施简述

施工一个梁段称为一个阶段，每标准梁段施工时采集以下 5 个工况的数据以便进行分析：

（1）挂篮前移并定位立模；

（2）第一次张拉前支点斜拉索；

（3）绑扎钢筋，浇筑 1/2 梁段混凝土，第二次张拉前支点斜拉索；

（4）浇筑完全部梁段混凝土，张拉主梁预应力束及横隔梁预应力束；

（5）临时压重（2～4 号块），第三次张拉前支点斜拉索，完成本梁段施工。

为方便施工同时保证采集数据的准确性，数据采集与分析工作均在夜间完成，即春秋季在夜间 9 点以后、夏季在夜间 11 点以后进行数据采集工作，在进行分析后于次日上午 9 点前下达施工控制指令，以利施工单位进行下一梁段施工。

下面分述如下：

（1）挂篮立模定位

施工方按施工控制指令表中的立模标高进行挂篮定位，然后通知监理和监控方检测其标高值。

测试内容：

1）主梁标高：前端 5 个梁段（包括挂篮上的测点）；

2）索力：前端 5 对索。

（2）第一次张拉前支点斜拉索

索力张拉到位后，由施工方通知监理和监控单位进行复核，复核内容为：

1）主梁标高：前 3 个梁段；

2）索力：前 3 对索。

（3）绑扎钢筋，浇筑 1/2 梁段混凝土，第二次张拉前支点斜拉索

测试内容：当前索力。

（4）浇筑完全部梁段混凝土，张拉梁段预应力束及横隔梁预应力束

测试内容：

1）主梁标高：前 5 个梁段；

2）索力：前 5 对索；

3）塔顶偏位。

（5）第三次张拉前支点斜拉索完成本梁段施工

测试内容：

1）主梁标高：前 5 个梁段；

2）索力：前 5 对索；

3）塔顶偏位；

4）控制截面应力应变。

标准梁段斜拉索第三次张拉完毕、挂篮移动前，是斜拉桥的一个阶段施工结束的标志。一个梁段完成后，由控制方汇集所有的观测资料，由施工控制工作小组下达下一梁段施工控制指令表，并对上一梁段的控制情况作简要评述。

斜拉桥施工 5 个梁段左右对施工的全部斜拉索的索力和全部主梁的标高进行数据采集并进行一次施工控制小结，对有关设计参数作一次系统调整。施工预拱度计算表及各施工阶段当前步骤位移图见附表 6.2、附图 6.1。

### 6.3.3 数据采集

**1. 变形监测**

（1）主梁线形监测

主梁高程控制是重点之一，高程控制的目标是准确提供每一个主梁节段的立模标高。由于施工中主梁挠度受材料重度、弹性模量、收缩徐变、日照温差、预应力、结构体系转换、施工荷载和桥墩变位等因素影响，导致主梁计算挠度与实测挠度有差异，因此，实际立模标高应根据挠度实测结果进行参数识别，正确分析每一个影响挠度的因素，然后给出合理的立模标高。对于影响因素的"灰色"部分，若不能正确分析，则采用预测分析手段，如灰色理论或线性回归方法。

主桥平面线形监控主要是监控每施工一个主梁节段的桥轴线实际平面坐标是否与设计平面坐标吻合。平面线形控制属常规测量监控，平面监控测点设在每梁段前端和尾部顶面中心，平面线形一般不调整，应准确就位。

1）测点布置

测点布置在距施工梁段端部 10cm 范围，临时测点用直径 16mm 钢筋制作，长度约 20mm，顶部磨圆，埋在主梁混凝土中，每个断面布置 3 个测点。主梁横桥向变形测点布置如图 6.3 所示。

2）测试方法

高程测量采用 Leica NA2 精密水准仪和水准尺测量。轴线点坐标（轴线偏位）测量采用 Leica 1800 全站仪测量，测量精度为 2mm＋2ppm（测距），2'（测角）。

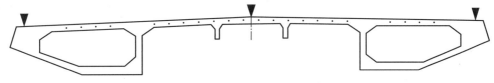

图 6.3　主梁变形测点布置图（mm）

（2）索塔偏位监测

索塔偏位测量采用全站仪测量。在索塔施工封顶完成后，在塔顶布置永久测点或在索塔表面布置反光标志膜片。斜拉索施工开始，每施工 4～5 个便对斜拉索测量一次，各施工阶段斜拉索索力值见附表 6.1。

**2. 索力监测**

斜拉桥的索力控制是斜拉桥施工监控的重要环节。施工阶段斜拉索的索力状况及索力误差分布状况是评价、判断施工结构内力状况及施工质量的重要依据。

斜拉桥的施工控制采用双控，即控制索力的同时还需控制主梁标高，因此，索力控制是施工控制的主要环节。

（1）索力测量原理

斜拉索索力测定的理论基础是弦振动理论，张紧的斜拉索并考虑其抗弯刚度，其动力平衡方程为：

$$\frac{\omega}{g} \cdot \frac{\partial^2 y}{\partial t^2} + EI \frac{\partial^4 y}{\partial x^4} - T \cdot \frac{\partial^2 y}{\partial x^2} = 0 \tag{6.1}$$

式中：$y$——横向坐标（垂直于索的长度方向）；

　　　$x$——纵向坐标（沿索的长度方向）；

　　　$\omega$——单位索长的重量；

　　　$g$——重力加速度；

　　　$T$——索的张力；

　　　$t$——时间；

$EI$——索的抗弯刚度。

假定索的两端是铰接的，则式（6.1）的解为：

$$T = \frac{4\omega l^2 f_n^2}{n^2 g} - \frac{n^2 EI \pi^2}{l^2} \tag{6.2}$$

式中：$f_n$——索的第 $n$ 阶频率；

　　　$l$——索长；

　　　　$n$——振动阶数；

　　　　$\omega$——单位索长的重量；

　　　　$EI$——索的抗弯刚度。

　　对于某一根确定的拉索，式（6.2）右边的 $w$、$l$、$g$ 都为已知，如果能确定 $f_n$，并确定相应的 $n$，便可求得索力 $T$。

　　（2）索力测试仪器

　　索力测试的主要仪器有：压力传感器、频率式索力动测仪（含探头）。

　　频率式索力动测仪采用长沙金码高科技实业有限公司生产的 JMM-268 型，该仪器是一种便携式微振动信号单（双）通道检测分析的智能仪器。

　　1）其测试原理为：

　　根据张力弦振动公式

$$F=\frac{1}{2L}\sqrt{\frac{\delta}{\rho}} \tag{6.3}$$

式中：$F$——弦的自振频率；

　　　　$L$——弦的长度；

　　　　$\delta$——弦的应力；

　　　　$\rho$——弦的材料密度。

　　明确了弦的材料和长度后，测量弦的振动频率就可确定弦的拉力。对于两端固定匀质受力的钢索也可近似作为弦。钢索的拉力 $T$ 与其基频 $F$ 有如下关系：

$$T=KF^2 \tag{6.4}$$

式中：$K$——比例系数；

　　　　$F$——钢索基频；

　　　　$T$——钢索拉力。

$$F=F_n/n \tag{6.5}$$

式中：$F_n$——钢索主振动频率；

　　　　$n$——钢索主振动频率阶次。

$$K=4\omega L^2/1000 \tag{6.6}$$

式中：$\omega$——钢索单位长度质量；

　　　　$L$——索长。

　　2）测量范围及精度

　　自振动频率：0.3～200Hz；

　　拉力：　　　　10～10000kN；

　　索长：　　　　2～500m；

　　直径：　　　　6～150mm；

　　频率精度：　　0.5%±0.001Hz；

　　拉力精度：　　由系数 $K$ 的精度决定，如 $K$ 的精度达到 1%，则测力精度为 2%。

　　（3）索力测试方法

　　1）索力采用压力传感器及频率式索力动测仪进行测量。压力传感器用于斜拉索张拉阶段对张拉斜拉索的索力测定，同时对索力动测仪的动测系数进行标定。频率式索力动测仪用于各施工阶段已形成的斜拉索进行索力测定。

2）为了能精确地量测恒载索力，索力的测定应在斜拉索减振器安装以前实施，但为了便于今后监测索力的变化，最好在拉索减振器安装完毕后再测一遍每一根拉索的频率，根据某一根拉索减振器安装前后两次测得的频率值就可算出该索的换算索长，以便日后在测得拉索频率后用以计算索力时考虑减振器对拉索的约束作用，取换算索长代替实际索长进行索力计算。

（4）测试工况

斜拉索每次张拉到位及重大工序完成后集中测试。

**3. 应力（应变）监测**

在施工控制中，需要在主梁和索塔的控制断面处埋设相应的应变传感器，以测定各施工阶段主梁和索塔的应变（应力）。把应力监测的结果与施工控制中其他项目（索力、线形等）的监测结果相结合，能更全面地判断全桥的内力状态，形成一个较好的预警机制，从而能更安全、可靠地保障桥梁施工。

在主梁悬臂施工状态下由斜拉索索力、自重和施工荷载等产生的水平分力差会在塔柱根部形成较大的弯矩，使塔柱根部混凝土出现较大的拉应力而引起开裂，且使成桥后塔根部内外侧压应力严重不均，导致成桥后塔柱内侧压应力超出设计值，影响桥塔使用寿命。因而在施工过程中进行有效控制是必不可少的。

主梁应力（应变）测试断面选择在施工过程中应力控制截面以及成桥后活载作用的控制截面。主梁截面上的测点布置重点是测试上、下缘处的应变值。所有的应变计均有可靠的标定数据，并采用相应读数仪读取数据。

（1）传感器的选择

目前应变传感器种类繁多、功能参差不齐。为了既能满足本桥施工监控的需要，又尽可能地降低施工监控成本，根据以往监控经验，对本工程施工结构采用振弦埋入式应变计，其特点是性能稳定，耐久性好，能够满足对公路运营时期桥梁状况的永久性监测工作要求；此外该传感器还内嵌测温元件和测点编号，省去了在布置应力测点位置时重复布置温度测点的繁琐，并且即使在外置测点编号遗失的情况下，进行数据采集工作时仍然能够辨认出该测点。

（2）应力（应变）测点的布置

主梁共设 11 个应力测试断面（边跨为合拢段、跨中、塔根部，中跨为 1/4、合拢段、塔根部断面），每个主梁断面上、下缘埋置 8 个高精度埋入式钢弦应变计，共 121 个应变计。主梁顺桥向及横桥向应力（应变）测点布置如图 6.4、图 6.5 所示。

塔柱在横梁处设两个应力测试断面，每个断面埋设 6 个埋入式钢弦应变计，双塔共埋置 24 个埋入式钢弦应变计。

（3）传感器的布设

应变传感器布设因需要在施工现场，故在具体操作时需要施工人员给予配合，暂且提出以下几点注意事项：

1）因埋入式应变传感器的所有测点均须在构件混凝土浇筑之前安装在相应位置的钢筋笼内，故需要施工方在钢筋笼主筋就位后及时通知现场监控人员，以便在混凝土浇筑前及时完成传感器的布设，另外在布设过程中还需要现场施工人员提供相应协助和配合，从

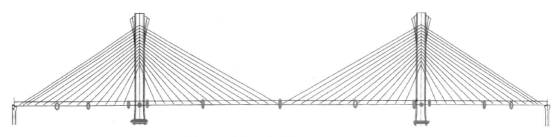

图 6.4　主梁顺桥向应力测点布置图

（只示出半桥断面，另半桥与之对称，断面编号依次递增）

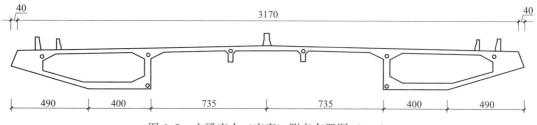

图 6.5　主梁应力（应变）测点布置图（mm）

而避免造成不必要的工期延误。需要特别指出的是在混凝土浇筑过程中，希望施工人员的振捣棒尽量避开传感器测点，因为振捣棒稍有不慎触碰到传感器就会造成传感元件的永久性损坏。在有传感器布设截面的梁段施工前，需要施工单位及时通知现场监控人员并配合进行布设。

2）所有应力（应变）传感器在初次布设完毕后应立即对其进行初读数并记录。

3）所有应力（应变）传感器在布设前均进行标定，埋设时要选择质量可靠、性能稳定的传感器。

4）本工程采用的应力（应变）传感器，其引出导线均应统一编号，以利于保护导线和拆模后能立即找到导线进行量测。同时施工人员需保护引出导线，尽量避免在施工过程中造成损坏，一旦引出线在构件的引出口位置断裂，将会造成无法弥补的严重后果。

5）在每次数据采集时应同时记录日期、天气及温度弦读数。

（4）监测方法

应力（应变）监测采用振弦埋入式应变计，量测采用与之相配套的数据采集设备振弦式读数仪。

（5）监测频率

斜拉索每次张拉到位及重大工序完成后集中量测。

**4. 温度监测**

桥梁施工过程中，环境温度的变化及日照温差会影响到结构体系内的内力分布。结构的温度变形还影响到测量的精度，虽然控制节段测量的时间均安排在清晨日出前进行（一天中温度较稳定的阶段），但是仍难以完全消除跨季节的体系温度差及主梁的顶底板温差。因此，需进行温度观测，用于施工控制分析中的温度效应修正。

温度测量包括：施工阶段环境温度，梁、塔、索构件的温度场分布。

环境温度的测量安排在各施工进行阶段即相应的线形测量阶段，利用温度计测量桥位处的大气环境温度。

构件温度场：梁塔截面的温度可由应变计内的温度弦测得，同时可以采用接触式点温度计辅助测量施工监控所关心的构件断面处表面温度，以形成较完整的施工桥位处各构件的温度分布场。

在施工控制实施中，针对特征季节（夏季、冬季）和特征天气状况（晴天、阴雨天），选择代表性的时段进行构件温度场的测量，同时进行环境温度的连续观测，以掌握该条件下的主梁、索塔和斜拉索的温度分布规律，模拟各个构件的特征数据温度场，为施工控制计算中温度修正计算提供科学的特征数据。

（1）测点布置

选取两个截面进行主梁温度测试，主梁温度测试截面选在塔根部截面和1/4截面。

主塔进行主塔截面温度测试，主塔温度测试截面与应变测试截面相同。

（2）测试方法及数据采集

梁塔截面的温度可由应变计内的温度弦测得（其精度为0.1℃）。

选择在不同季节（温差较大）对温度与主梁挠度进行间隔2h的连续24h观测，同时，对索力与温度间的关系进行摸索，以掌握该条件下的主梁、索塔和斜拉索的温度分布规律，模拟各构件的特征数据温度场，为之后进行的主梁斜拉索的施工控制摸索规律，并为施工控制计算中温度修正计算提供科学的特征数据以及为合拢时的时机选择提供参考。

## 6.3.4　预测分析和计算参数的修正

在施工过程中，由于施工条件的非理想化，会使结构不可避免地存在一定的误差。这些误差的合成效应将直接呈现在结构施工阶段状态上，从而给理论计算的准确性带来影响。因此，必须量测当前阶段结构施工后的初始参数，分析其对随后施工阶段的影响。若当前参数与理论值存在偏差，则以预测偏差值为依据反求当前状态下的控制调整值，使调整后的结构按顺序施工到成桥，以便结构的实际状态最大限度地逼近设计要求状态。

各工况中，在出现实测数据超限并有可能对结构安全产生不利的情况下，由监控方初步分析原因后，及时向施工方和监理方发出预警通知书，规范其施工，以避免危害施工安全的情况出现。

## 6.3.5　测试内容汇总

本桥各施工阶段测试内容见表6.2。

施工控制测试内容汇总表　　　　　　　　　　　　　　　　表6.2

| 施工阶段 | 施工内容 | 测试内容 |
| --- | --- | --- |
| 1 | 基础、桥塔施工；支架浇筑0号、1号块；张拉纵向、横向预应力；安装塔梁临时固结设施；安装并对称张拉B1、M1斜拉索 | 布设索塔塔柱及主梁传感器，布设标高点；采集应变、温度及标高数据；索力测试 |
| 2 | 安装挂篮 | 标高测量 |
| 3 | 安装B2、M2斜拉索并第一次张拉 | 标高测量、索力测试 |
| 4 | 浇筑2号块混凝土（挂篮加载50%）并第二次张拉B2、M2斜拉索 | 索力测试 |
| 5 | 浇筑2号块混凝土（挂篮加载100%） | 标高测量、索力测试、塔偏测量 |

| 施工阶段 | 施工内容 | 测试内容 |
|---|---|---|
| 6 | 安装 2 号块单元，张拉纵向、横向预应力；增加临时压重，斜拉索转移锚固至梁段并进行第三次张拉 | 标高测量、索力、应变、温度测试、塔偏测量 |
| 7 | 移动挂篮至 3 号块 | 标高测量 |
| 8 | 安装 B3、M3 斜拉索并第一次张拉 | 标高测量、索力测试 |
| 9 | 浇筑 3 号块混凝土（挂篮加载 50%）并第二次张拉 B3、M3 斜拉索 | 索力测试 |
| 10 | 浇筑 3 号块混凝土（挂篮加载 100%） | 标高测量、索力测试、塔偏测量 |
| 11 | 安装 3 号块单元，张拉纵向、横向预应力；增加临时压重，斜拉索转移锚固至梁段并进行第三次张拉 | 标高测量、索力、应变、温度测试、塔偏测量 |
| 12 | 移动挂篮至 4 号块 | 标高测量 |
| 13 | 安装 B4、M4 斜拉索并第一次张拉 | 标高测量、索力测试 |
| 14 | 浇筑 4 号块混凝土（挂篮加载 50%）并第二次张拉 B4、M4 斜拉索 | 索力测试 |
| 15 | 浇筑 4 号块混凝土（挂篮加载 100%） | 标高测量、索力测试、塔偏测量 |
| 16 | 安装 4 号块单元，张拉纵向、横向预应力；增加临时压重，斜拉索转移锚固至梁段并进行第三次张拉 | 标高测量、索力、应变、温度测试、塔偏测量 |
| 17 | 移动挂篮至 5 号块 | 标高测量 |
| 18 | 安装 B5、M5 斜拉索并第一次张拉 | 标高测量、索力测试 |
| 19 | 浇筑 5 号块混凝土（挂篮加载 50%）并第二次张拉 B5、M5 斜拉索 | 埋设边跨 1/4 断面传感器，索力测试 |
| 20 | 浇筑 5 号块混凝土（挂篮加载 100%） | 标高测量、索力测试、塔偏测量 |
| 21 | 安装 5 号块单元，张拉纵向、横向预应力；斜拉索转移锚固至梁段并进行第三次张拉 | 标高测量、索力、应变、温度测试、塔偏测量 |
| 22 | 移动挂篮至 6 号块 | 标高测量 |
| 23 | 安装 B6、M6 斜拉索并第一次张拉 | 标高测量、索力测试 |
| 24 | 浇筑 6 号块混凝土（挂篮加载 50%）并第二次张拉 B6、M6 斜拉索 | 埋设中跨 1/4 断面传感器，索力测试 |
| 25 | 浇筑 6 号块混凝土（挂篮加载 100%） | 标高测量、索力测试、塔偏测量 |
| 26 | 安装 6 号块单元，张拉纵向、横向预应力；斜拉索转移锚固至梁段并进行第三次张拉 | 标高测量、索力、应变、温度测试、塔偏测量 |
| 27~41 | 重复施工阶段 22~26，直至 9 号块施工完毕 | |
| 42 | 移动挂篮至 10 号块 | 标高测量 |
| 43 | 安装 B10、M10 斜拉索并第一次张拉 | 标高测量、索力测试 |
| 44 | 浇筑 10 号块混凝土（挂篮加载 50%）并第二次张拉 B10、M10 斜拉索 | 索力测试 |
| 45 | 浇筑 10 号块混凝土（挂篮加载 100%） | 标高测量、索力测试、塔偏测量 |

续表

| 施工阶段 | 施工内容 | 测试内容 |
|---|---|---|
| 46 | 安装 10 号块单元,张拉纵向、横向预应力;边跨 9 号、10 号块永久压重;斜拉索转移锚固至梁段并进行第三次张拉;拆除边跨挂篮 1、4,边跨合拢压重 130t;支架浇筑边跨现浇段 | 标高测量、索力、应变、温度测试、塔偏测量 |
| 47 | 浇筑边跨合拢段混凝土,张拉边跨合拢段纵向、横向预应力;移动中跨挂篮至 11 号块 | 埋设边跨合龙段断面传感器,标高测量 |
| 48 | 安装 B11、M11 斜拉索并第一次张拉,B11 斜拉索张拉到位 | 标高测量、索力测试 |
| 49 | 浇筑中跨 11 号块混凝土(挂篮加载 50%)并第二次张拉 M11 斜拉索 | 索力测试 |
| 50 | 浇筑中跨 11 号块混凝土(挂篮加载 100%) | 标高测量、索力测试、塔偏测量 |
| 51 | 安装中跨 11 号块单元,张拉纵向、横向预应力;边跨 7 号、8 号块永久压重;M11 斜拉索转移锚固至梁段并进行第三次张拉 | 标高测量、索力、应变、温度测试、塔偏测量 |
| 52 | 移动中跨挂篮至 12 号块 | 标高测量 |
| 53 | 安装 B12、M12 斜拉索并第一次张拉,B12 斜拉索张拉到位 | 标高测量、索力测试 |
| 54 | 浇筑中跨 12 号块混凝土(挂篮加载 50%)并第二次张拉 M12 斜拉索 | 索力测试 |
| 55 | 浇筑中跨 12 号块混凝土(挂篮加载 100%) | 标高测量、索力测试、塔偏测量 |
| 56 | 安装中跨 12 号块单元,张拉纵向、横向预应力;M12 斜拉索转移锚固至梁段并进行第三次张拉 | 标高测量、索力、应变、温度测试、塔偏测量 |
| 57 | 移动中跨挂篮至 13 号块 | 标高测量 |
| 58 | 安装 B13、M13 斜拉索并第一次张拉,B13 斜拉索张拉到位 | 标高测量、索力测试 |
| 59 | 浇筑中跨 13 号块混凝土(挂篮加载 50%)并第二次张拉 M13 斜拉索 | 索力测试 |
| 60 | 浇筑中跨 13 号块混凝土(挂篮加载 100%) | 标高测量、索力测试、塔偏测量 |
| 61 | 安装中跨 13 号块单元,张拉纵向、横向预应力;M13 斜拉索转移锚固至梁段并进行第三次张拉 | 标高测量、索力、应变、温度测试、塔偏测量 |
| 62 | 移动中跨挂篮至 14 号块 | 标高测量 |
| 63 | 安装 B14、M14 斜拉索并第一次张拉,B14 斜拉索张拉到位 | 标高测量、索力测试 |
| 64 | 浇筑中跨 14 号块混凝土(挂篮加载 50%)并第二次张拉 M14 斜拉索 | 索力测试 |
| 65 | 浇筑中跨 14 号块混凝土(挂篮加载 100%) | 标高测量、索力测试、塔偏测量 |
| 66 | 安装中跨 14 号块单元,张拉纵向、横向预应力;M14 斜拉索转移锚固至梁段并进行第三次张拉 | 标高测量、索力、应变、温度测试、塔偏测量 |
| 67 | 拆除中跨挂篮;安装中跨合拢吊篮;中跨合拢压重 | 埋设中跨合拢段断面传感器,标高测量 |
| 68 | 浇筑中跨合拢段混凝土,张拉中跨合拢段纵向、横向预应力;同步拆除中跨合拢压重、拆除中跨合拢吊篮;解除塔梁临时固结 | 标高测量、索力、应变、温度测试、塔偏测量 |

| 施工阶段 | 施工内容 | 测试内容 |
|---|---|---|
| 69 | 二期恒载施工 | 标高测量、索力、应变、温度测试、塔偏测量 |
| 70 | 10年徐变 | |

### 6.3.6 数据采集的准确性问题

本桥重要工况的数据采集时间均定为夜间（夏季为23时至凌晨6时前，冬季为21时至凌晨7时前），选择此时段有两个好处：一是采集的数据具有可比性；二是温度变化相对平稳，有利于数据的分析和工作准确的进行，并且此段时间施工单位的施工项目相对较少，对测试数据（索力、标高）的影响也最小，这能尽量减少对施工方的干扰，对双方均有好处，只是对施工单位的施工组织工作提出了一定的需求，需要很好地掌握施工节奏。

### 6.3.7 施工控制精度汇总

施工控制的精度，也即施工控制的目标应满足招标文件、施工图设计（设计文件）、《公路工程质量检验评定标准第一册 土建工程》JTG F8011—2017、《公路桥涵施工技术规范》JTG/T 3650—2020等技术文件及规范的要求。

（1）桥轴线平面偏差

偏差<5mm，具体测量要求：全站仪测距精度：±（2mm+2ppm）；测角精度：±2″。

（2）本桥塔柱的倾斜度

误差不大于1/3000，且塔柱轴线偏差不大于30mm；塔顶高程偏差不大于10mm；斜拉索锚固点高程偏差不大于10mm；斜拉索锚具轴线偏差不大于5mm；承台处塔柱轴线偏差不大于10mm。

（3）本桥索力的控制精度

张拉索力误差≤±2.5%；

每阶段施工中间过程索力的误差为5%；

系统误差（即已施工完斜拉索实测索力与理论值的差）小于10%；索力极值：符合设计规定，设计未规定时与设计值相差±10%。

（4）梁锚固点或梁顶高程

合拢后±$L$/5000，本桥为4cm。

（5）立模标高

误差为5mm；

当前梁段施工完成后标高误差与理论值的差为2cm；

系统误差（即已施工完梁段高程与理论值之差）为4cm（$L$/5000）。

## 6.4 施工控制的组织工作

### 6.4.1 施工控制任务安排

**1. 上部结构施工前的准备工作**

（1）与相关协作部门联系，取得进行施工控制所需的技术基础资料（施工图设计、施工组织设计等）；与业主、设计、监理和施工单位确定施工工艺并形成文件，在施工过程中任何一方不得随意更改；然后开始着手准备数据文件。

（2）将理论计算结果与设计单位数据进行核对，并根据实际施工情况进行优化或修改数据，向业主、设计或施工单位提出合理化建议。

**2. 施工过程中的工作任务**

（1）与施工进度同步，进行主梁及主塔的变形控制，其中包括挠度控制以及平面线形控制，力求达到相关技术标准的要求。当施工控制轨迹与理论轨迹超过允许偏差时，及时提供施工控制调整措施。

（2）根据施工情况进行应力测点的埋设，同时展开主梁及主塔的应力监测；在整个施工过程中，确保主梁应力在规范和设计文件允许的范围内。

（3）对所采集的标高数据、坐标数据以及应变数据及时进行分析、整理、计算和调整，保证施工控制资料的齐备、完整和可靠。

（4）及时提供监控指令，在各方认可后签发、执行，以便指导施工，确保施工安全和施工质量。

（5）定期向相关部门提供阶段监控报告或总结，汇报阶段监控成果。

（6）在整个施工过程中，积极配合业主、设计、监理以及施工单位的工作，忠实履行施工控制职责。

**3. 成桥后的工作任务**

全桥通车之后 3 个月内，提交施工监控总结报告及其他有关技术资料、报告。

## 6.4.2　施工控制参加人员及安排

主航道桥施工监控工作涉及结构计算、测量等技术，是一项较为复杂的系统工程。为切实做好大桥的施工监控工作，施工控制人员在索塔浇筑前进驻施工现场，并保证施工开始后有 2~3 人常驻现场。主梁施工时，索力测试组的人员和设备到位，直至施工结束。

## 6.4.3　现场结构组织方案

一个高效和信息通畅的组织机构对施工控制工作的顺利实施起着重要的推动作用，也是施工控制工作得以顺利开展的重要保障措施。施工控制是个高难度的施工技术问题，但不是孤立的施工技术问题，它涉及设计、施工、监理等单位的工作。为做好本主桥的监控工作，在组织形式上设立了施工控制领导小组与施工控制工作办公室。重大技术问题由领导小组讨论决定，具体工作则由施工控制工作办公室实施。其组织机构人员安排如下：

（1）施工控制领导小组

组长：业主；

副组长：一桥五方；

成员：一桥五方。

（2）施工控制工作办公室

主任：控制方；

副主任：一桥五方；

成员：一桥五方。

（3）监控方分组情况

联络组成员：一桥五方；

控制人员：控制方。

### 6.4.4 施工控制工作流程

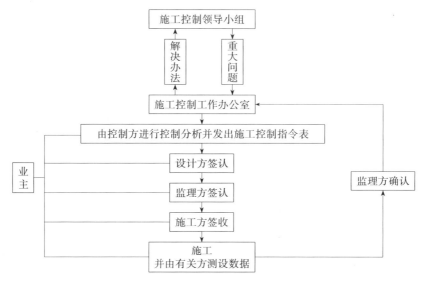

图 6.6 施工控制工作流程

## 6.5 施工控制方案的保证措施

### 6.5.1 人力方面

首先，安排后勤人员和技术人员进场。由后勤人员落实住房、购置现场生活用品，安排办公设备的入场以及交通车辆。技术人员则立即收集监控所必需的资料，包括完整的设计图纸、已有的设计变更文件、经监理批复的施工组织设计、挂篮设计图纸等。技术人员在仔细、深入了解设计图纸后，按照设计单位采用的基本参数和设计计算所确立的施工工序，对施工过程进行计算，得到各施工状态以及成桥状态下的结构受力和变形等控制数据，与设计和图审单位相互核对无误后，作为本桥施工监控的理论轨迹；然后，仔细研究施工组织设计中的施工流程是否与设计文件相吻合；同时，根据施工单位的施工组织设计，对计算模型进行修正。此外，应着手购买监控所需的元器件，做好标定工作并运至现场。

其次，根据施工进度，依次安排应力、温度、索力测试及测量人员和设备进场，同时进行相关工作的同步开展。

### 6.5.2 技术方面

本桥施工控制组有着近 14 年的施工监控经验，将把在其他桥梁施工监控中所积累的经验和技术毫无保留地应用到本桥的施工控制工作中去。

### 6.5.3　设备投入方面

监控设备清单如表 6.3 所示。表 6.3 中仪器及设备均无新购情况，并且设备一直处于良好的状态。按所监测中心要求，每年均需年检一次，测力设备还需增加检测次数，因而其精度和安全性完全可以满足本桥的施工监控工作。

**用于本项工程施工监控的仪器、设备及软件表**　　　　　　　　　表 6.3

| 1. 拟投入使用的仪器、设备、交通工具等 | | | | | |
|---|---|---|---|---|---|
| 名称 | 型号 | 精度 | 功能 | 使用年限及设备状态 | 备注 |
| 全站仪 | TC802 | 2mm＋2ppm | 坐标测量 | 一年，良好 | 瑞士徕卡 |
| 高精密水准仪 | NA2 | 1mm | 标高测量 | 两年，良好 | 瑞士徕卡 |
| 综合测试仪（2 台） | JMM-2006 | 1% | 应变测试 | 一年，良好 | 长沙金码 |
| 索力动测仪（2 套） | JMM-268 | 2% | 索力测试 | 一年，良好 | 长沙金码 |
| 压力传感器（400t 4 个） | — | 0.1kN | 索力测试 | 一年，良好 | 长沙金码 |
| 2. 拟在本项目工程中使用的软件 | | | | | |
| 软件名称 | 主要功能 | | | 研发单位 | 备注 |
| MIDAS | 用于桥梁有限元结构分析、三维模型计算等 | | | 迈达斯公司 | |
| 桥梁博士 V3.20 | 用于桥梁的二维计算、线形修正等 | | | 同济大学 | |

## 6.6　质量保证体系与措施

### 6.6.1　质量保证体系

项目将严格按照招标文件及有关规定做好质量管理，并深入开展贯彻质量保证标准和质量改进活动，建立项目的质量保证体系，把质量管理的每项工作具体落实到每个部门、每个人，使质量工作事事有人管、人人有职责、办事有标准、工作有检查、检查有落实，使全体人员都担负起质量责任。

成立以项目总负责人为组长的全面质量管理领导小组，副组长由项目负责人和技术负责人组成，组员由项目参加人员组成。质量保证体系见图 6.7。

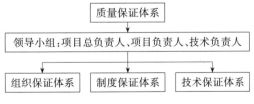

图 6.7　质量保证体系框图

### 6.6.2　组织保证体系

按照质量责任制的原则，建立项目总负责人、项目负责人、技术负责人、监控小组等各级组织体系，并建立与各级责权利相统一的运行机制。组织保证体系见图 6.8。

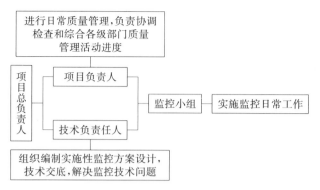

图 6.8　组织保证体系框图

### 6.6.3　制度保证体系

**1. 岗位责任制度**

将质量管理目标分解细化,实施岗位责任制。确保技术到位,责任到人。

（1）项目总负责人

项目总负责人履行对甲方的工程承包合同,组织贯彻执行项目质量方针、目标、质量手册和程序文件,确保质量体系的有效运行。

（2）项目负责人

1）负责本项目质量计划的实施,组织制定本项目各种质量管理办法。

2）负责本项目的组织分工,明确人员职责,发挥广大员工的积极性;负责本项目部员工的质量教育和培训。

3）主持对项目质量计划执行情况的检查,及时解决质保体系运行中的问题。

4）组织实施不合格项的纠正和落实预防措施。主持召开本项目部质量工作会议,积极开展各项管理活动,保证实现项目质量目标。

5）配合内、外部质量体系审核,对审核中发生的不合格项及时采取纠正措施。

6）认真贯彻落实上级管理评审纪要/决议。

7）根据项目部分工,由项目负责人分管质量部门质量计划的落实情况。负责了解和掌握分管部门职能的实施情况,检查本项目质量计划在职责范围内的实施效果,对质量体系运行状况提出改进意见。

（3）项目技术负责人

1）贯彻执行有关技术管理规定,组织实施项目部规定的技术措施,组织制定本项目有关质量管理办法。负责组织实施性施工控制技术文件的编制,确定本项目的特殊过程和关键过程,组织制订特殊控制措施,并确定作业指导书的编写,指导监控技术人员做好质量记录。

2）负责项目质量体系的有效运行,对施工控制过程中产生的问题进行处理,制定并组织实施纠正和预防措施。

3）积极配合内、外质量体系审核,负责审核中不合格项纠正措施的落实。

4）负责项目部技术、质量管理等人员素质的培养,监督检查其履行职责。

（4）监控小组

1）计算编写实施性施工控制技术文件。

2）负责监控方案的实施，对有关问题进行分析处理。

3）负责规范、标准、技术文件和资料日常管理。

4）负责本项目有关资料、记录的填写、收集和汇总工作。

**2. 设备仪器、材料管理制度**

（1）根据施工计划，设备、材料用量都要满足施工要求，开工前要做好设备、材料的采购工作。所有的仪器设备、材料生产厂家必须具有质量保证体系，进场前必须经抽样检验合格，并在进料全过程中，由验收人员进行质量检验。严把质量关，杜绝不合格产品用于工程中。

（2）加强设备、材料的管理。经常进行监控仪器设备的标定、材料的检验，确保设备的使用性能、仪器精度满足施工控制要求以及确保合格的材料用于工程中。杜绝由设备、仪器和材料原因而引起的工程质量事故。现场设备、材料的摆放要整齐划一、分门别类、堆码有序，不得出现混乱、杂乱无章的现象，避免误用设备、材料而导致影响工程质量情况的发生。

**3. 文件和资料管理制度**

（1）项目文件和资料的控制执行按有关规定，保证施工监控过程中使用有效的文件和资料。

（2）对一般管理性文件由技术负责人负责管理；对上级、外来或本部制定的技术文件和与质量管理有关的文件、资料、图纸、规范、规程、标准、质量记录等由监控技术人员负责统一管理。

（3）本项目部使用的各类文件要及时进行编号，并对"作废"文件按有关规定进行处理。

（4）现场使用的设计图、定型图等均经文件和资料保管人员检验，保证持有效版本。

（5）甲方、设计单位发来的变更设计图纸、文件等，由项目技术负责人负责通知每一个有关人员。

（6）向甲方、监理、设计等单位上报的文件和资料由项目负责人审批和签发。

**4. 质量管理制度**

（1）施工准备阶段的质量控制

1）图纸会审。对设计图纸认真审核，弄清设计意图，对图纸不明确的地方及时请教设计单位，予以澄清。

2）施工控制技术文件的制定。施工控制方案和施工控制仿真计算书是指导施工控制的全面性技术文件，控制方法的正确性以及控制计算的准确性是影响工程质量的重要因素。在工作中要严格执行技术复核制度，需对计算结果、控制方案进行多次审查核实，并做好开工前的各项技术交底工作。

3）根据施工控制的特点，制定施工控制质量预防措施，消除施工控制过程中潜在的不合格因素，消除质量通病。

（2）施工阶段的质量控制

1）严格做好技术交底，包括施工控制方案技术交底。

2）选派责任心强的技术人员，加强对整个工程的施工控制，严格执行质量管理制度。

3）严格按规定做好各项监控工作，建立健全自检体系，坚持复核制度。

4）要保证仪器设备的准确性。对各类仪器按期进行检查、维修和保养，保证仪器的精度和准确性，使其满足施工需要。

5）如出现质量事故，由技术负责人组织有关人员对事故原因进行分析，提出缺陷修复方案和质量整改措施，报监理工程师批准后实施。对事故责任者将予以经济处罚，通报批评，直至限令其离开工地，以杜绝类似事故的再次发生。

6）服从业主、监理单位、设计单位的检查、指导和监督，虚心接受他们提出的改进意见，积极与建设、设计、监理单位搞好配合工作。

7）建立工程监控技术档案，做好竣工资料的编制。平时注意资料的积累，工程竣工时按建设单位的要求，提交竣工文件。

**5. 教育和培训制度**

对进场的全体技术人员进行质量、技术规范化教育，由项目负责人或技术负责人进行培训、授课或技术交底，有计划地提高人员素质，确保工程质量。

### 6.6.4　技术保证体系

本工程的技术管理除了按管理权限及工作内容进行详细的分解并落实到所有技术管理人员外，我们还将实行如下的管理制度，确保工程质量。

**1. 施工监控方案审批及技术复核制度**

（1）施工控制技术文件由技术负责人组织编写。施工控制计算采用功能强大、计算结果可靠准确、应用成熟的专业软件。技术文件的编写实行严格的复核制度。

（2）施工控制技术文件必须经业主、设计等单位审批并按审批意见进行修改完善，经业主批准后方可实施。

**2. 技术、质量交底制度**

技术、质量的交底制度是技术管理的一项基本工作，通过技术交底，使得技术工作传递信息时，做到全面、准确。交底必须采用书面签证和语言表述相结合的形式，具体可分为以下几种情况：

（1）实施性施工监控方案编制完毕并审批后，由项目负责人牵头，技术负责人组织全体人员认真学习方案，并进行技术、质量、安全书面交底，列出监控部位及监控要点。

（2）在施工过程中，所有发生的技术方案、监控成果等在向基层进行信息传达的时候，都必须进行技术交底。

**3. 技术保证措施**

（1）设置的变形观测基准点必须稳定、可靠，并定期对其稳定性进行检查，加强对监测设施的保护。

（2）所有变形观测应在施工前读取初始值。应力及内力量测应在元件埋设好后，立即测出初始值。应力监测与变形观测同步进行。

（3）监控应按计划、有步骤地进行，严格按照施工监控方案实施，使用的仪器在监控过程中应保证其精度和可靠性。

（4）组织有经验的专业工程技术人员进行监控，做好监控的记录和资料保存。当发现超过预警监测值时，及时报告监理人员并及时采取补救措施。

（5）对大量的量测信息使用计算机和绘图软件进行计算、数据处理与绘图，及时利用量测信息反馈来指导工程施工，确保全过程安全施工。

### 各施工阶段各斜拉索索力值 附表 6.1

| 位置 | 单元 | 荷载 | 阶段 | 步骤 | 内力-I(kN) | 内力-J(kN) |
|------|------|------|------|------|-----------|-----------|
| B14 | 501 | 合计 | 14 块 | 001(开始) | 6580.9 | 6627.1 |
| B14 | 501 | 合计 | 14 块 | 002(最后) | 6566.7 | 6612.8 |
| B14 | 501 | 合计 | 中跨合拢前临时压重 | 001(开始) | 6544.2 | 6590.3 |
| B14 | 501 | 合计 | 中跨合拢前临时压重 | 002(用户 1) | 6999.5 | 7045.6 |
| B14 | 501 | 合计 | 中跨合拢前临时压重 | 003(最后) | 7020.7 | 7066.8 |
| B14 | 501 | 合计 | 中跨合拢 | 001(开始) | 7092.5 | 7138.6 |
| B14 | 501 | 合计 | 中跨合拢 | 002(最后) | 6528.1 | 6574.3 |
| B14 | 501 | 合计 | 解除塔梁固结 | 001(开始) | 6204.5 | 6250.6 |
| B14 | 501 | 合计 | 解除塔梁固结 | 002(最后) | 6113.1 | 6159.2 |
| B14 | 501 | 合计 | 二次压重 | 002(最后) | 6039.5 | 6085.6 |
| B14 | 501 | 合计 | 桥面铺装等 | 002(最后) | 6594.7 | 6640.8 |
| B14 | 501 | 合计 | 成桥 1000 | 002(最后) | 6311.4 | 6357.5 |
| B13 | 502 | 合计 | 13 块 | 001(开始) | 6277.8 | 6320.2 |
| B13 | 502 | 合计 | 13 块 | 002(最后) | 6261.0 | 6303.4 |
| B13 | 502 | 合计 | 14 块 | 001(开始) | 6016.1 | 6058.5 |
| B13 | 502 | 合计 | 14 块 | 002(最后) | 6002.3 | 6044.6 |
| B13 | 502 | 合计 | 中跨合拢前临时压重 | 001(开始) | 5981.5 | 6023.9 |
| B13 | 502 | 合计 | 中跨合拢前临时压重 | 002(用户 1) | 6409.0 | 6451.4 |
| B13 | 502 | 合计 | 中跨合拢前临时压重 | 003(最后) | 6428.7 | 6471.1 |
| B13 | 502 | 合计 | 中跨合拢 | 001(开始) | 6496.3 | 6538.7 |
| B13 | 502 | 合计 | 中跨合拢 | 002(最后) | 5963.4 | 6005.8 |
| B13 | 502 | 合计 | 解除塔梁固结 | 001(开始) | 5714.2 | 5756.6 |
| B13 | 502 | 合计 | 解除塔梁固结 | 002(最后) | 5637.9 | 5680.3 |
| B13 | 502 | 合计 | 二次压重 | 002(最后) | 5583.3 | 5625.7 |
| B13 | 502 | 合计 | 桥面铺装等 | 002(最后) | 6127.5 | 6169.9 |
| B13 | 502 | 合计 | 成桥 1000 | 002(最后) | 5883.5 | 5925.9 |
| B12 | 503 | 合计 | 12 块 | 001(开始) | 6065.6 | 6104.4 |
| B12 | 503 | 合计 | 12 块 | 002(最后) | 6047.2 | 6086.1 |
| B12 | 503 | 合计 | 13 块 | 001(开始) | 5807.4 | 5846.2 |
| B12 | 503 | 合计 | 13 块 | 002(最后) | 5791.4 | 5830.3 |
| B12 | 503 | 合计 | 14 块 | 001(开始) | 5562.7 | 5601.5 |

续表

| 位置 | 单元 | 荷载 | 阶段 | 步骤 | 内力-I（kN） | 内力-J（kN） |
|------|------|------|------|------|------------|------------|
| B12 | 503 | 合计 | 14 块 | 002（最后） | 5549.4 | 5588.3 |
| B12 | 503 | 合计 | 中跨合拢前临时压重 | 001（开始） | 5530.3 | 5569.1 |
| B12 | 503 | 合计 | 中跨合拢前临时压重 | 002（用户 1） | 5930.8 | 5969.6 |
| B12 | 503 | 合计 | 中跨合拢前临时压重 | 003（最后） | 5948.8 | 5987.7 |
| B12 | 503 | 合计 | 中跨合拢 | 001（开始） | 6012.4 | 6051.3 |
| B12 | 503 | 合计 | 中跨合拢 | 002（最后） | 5510.4 | 5549.3 |
| B12 | 503 | 合计 | 解除塔梁固结 | 001（开始） | 5331.0 | 5369.9 |
| B12 | 503 | 合计 | 解除塔梁固结 | 002（最后） | 5269.0 | 5307.8 |
| B12 | 503 | 合计 | 二次压重 | 002（最后） | 5232.0 | 5270.9 |
| B12 | 503 | 合计 | 桥面铺装等 | 002（最后） | 5765.2 | 5804.1 |
| B12 | 503 | 合计 | 成桥 1000 | 002（最后） | 5558.7 | 5597.6 |
| B11 | 504 | 合计 | 11 块 | 002（最后） | 5069.3 | 5100.0 |
| B11 | 504 | 合计 | 12 块 | 001（开始） | 4856.5 | 4887.2 |
| B11 | 504 | 合计 | 12 块 | 002（最后） | 4839.8 | 4870.6 |
| B11 | 504 | 合计 | 13 块 | 001（开始） | 4647.6 | 4678.3 |
| B11 | 504 | 合计 | 13 块 | 002（最后） | 4635.5 | 4666.3 |
| B11 | 504 | 合计 | 14 块 | 001（开始） | 4451.1 | 4481.9 |
| B11 | 504 | 合计 | 14 块 | 002（最后） | 4441.1 | 4471.9 |
| B11 | 504 | 合计 | 中跨合拢前临时压重 | 001（开始） | 4425.8 | 4456.6 |
| B11 | 504 | 合计 | 中跨合拢前临时压重 | 002（用户 1） | 4750.4 | 4781.2 |
| B11 | 504 | 合计 | 中跨合拢前临时压重 | 003（最后） | 4764.7 | 4795.4 |
| B11 | 504 | 合计 | 中跨合拢 | 001（开始） | 4816.4 | 4847.1 |
| B11 | 504 | 合计 | 中跨合拢 | 002（最后） | 4407.6 | 4438.4 |
| B11 | 504 | 合计 | 解除塔梁固结 | 001（开始） | 4351.3 | 4382.0 |
| B11 | 504 | 合计 | 解除塔梁固结 | 002（最后） | 4316.7 | 4347.4 |
| B11 | 504 | 合计 | 二次压重 | 002（最后） | 4310.9 | 4341.6 |
| B11 | 504 | 合计 | 桥面铺装等 | 002（最后） | 4789.9 | 4820.6 |
| B11 | 504 | 合计 | 成桥 1000 | 002（最后） | 4674.7 | 4705.4 |
| B10 | 505 | 合计 | 10 块 | 001（开始） | 4582.3 | 4611.7 |
| B10 | 505 | 合计 | 10 块 | 002（最后） | 4674.4 | 4703.8 |
| B10 | 505 | 合计 | 11 块 | 002（最后） | 4836.7 | 4866.1 |
| B10 | 505 | 合计 | 12 块 | 001（开始） | 4636.7 | 4666.2 |

续表

| 位置 | 单元 | 荷载 | 阶段 | 步骤 | 内力-I(kN) | 内力-J(kN) |
|------|------|------|------|------|-----------|-----------|
| B10 | 505 | 合计 | 12 块 | 002(最后) | 4620.4 | 4649.8 |
| B10 | 505 | 合计 | 13 块 | 001(开始) | 4438.5 | 4467.9 |
| B10 | 505 | 合计 | 13 块 | 002(最后) | 4429.1 | 4458.5 |
| B10 | 505 | 合计 | 14 块 | 001(开始) | 4253.8 | 4283.2 |
| B10 | 505 | 合计 | 14 块 | 002(最后) | 4246.6 | 4276.0 |
| B10 | 505 | 合计 | 中跨合拢前临时压重 | 001(开始) | 4232.2 | 4261.6 |
| B10 | 505 | 合计 | 中跨合拢前临时压重 | 002(用户 1) | 4541.7 | 4571.1 |
| B10 | 505 | 合计 | 中跨合拢前临时压重 | 003(最后) | 4554.0 | 4583.4 |
| B10 | 505 | 合计 | 中跨合拢 | 001(开始) | 4603.5 | 4633.0 |
| B10 | 505 | 合计 | 中跨合拢 | 002(最后) | 4211.6 | 4241.0 |
| B10 | 505 | 合计 | 解除塔梁固结 | 001(开始) | 4234.1 | 4263.5 |
| B10 | 505 | 合计 | 解除塔梁固结 | 002(最后) | 4214.8 | 4244.2 |
| B10 | 505 | 合计 | 二次压重 | 002(最后) | 4231.5 | 4260.9 |
| B10 | 505 | 合计 | 桥面铺装等 | 002(最后) | 4749.9 | 4779.3 |
| B10 | 505 | 合计 | 成桥 1000 | 002(最后) | 4687.7 | 4717.1 |
| B9 | 506 | 合计 | 9 块 | 002(最后) | 4557.2 | 4585.3 |
| B9 | 506 | 合计 | 10 块 | 001(开始) | 4739.6 | 4767.7 |
| B9 | 506 | 合计 | 10 块 | 002(最后) | 4814.6 | 4842.7 |
| B9 | 506 | 合计 | 11 块 | 002(最后) | 4971.9 | 5000.0 |
| B9 | 506 | 合计 | 12 块 | 001(开始) | 4788.3 | 4816.4 |
| B9 | 506 | 合计 | 12 块 | 002(最后) | 4773.0 | 4801.1 |
| B9 | 506 | 合计 | 13 块 | 001(开始) | 4604.7 | 4632.8 |
| B9 | 506 | 合计 | 13 块 | 002(最后) | 4598.8 | 4626.9 |
| B9 | 506 | 合计 | 14 块 | 001(开始) | 4435.9 | 4464.0 |
| B9 | 506 | 合计 | 14 块 | 002(最后) | 4432.3 | 4460.3 |
| B9 | 506 | 合计 | 中跨合拢前临时压重 | 001(开始) | 4419.1 | 4447.2 |
| B9 | 506 | 合计 | 中跨合拢前临时压重 | 002(用户 1) | 4706.9 | 4734.9 |
| B9 | 506 | 合计 | 中跨合拢前临时压重 | 003(最后) | 4716.2 | 4744.2 |
| B9 | 506 | 合计 | 中跨合拢 | 001(开始) | 4762.3 | 4790.4 |
| B9 | 506 | 合计 | 中跨合拢 | 002(最后) | 4395.3 | 4423.4 |
| B9 | 506 | 合计 | 解除塔梁固结 | 001(开始) | 4488.4 | 4516.5 |
| B9 | 506 | 合计 | 解除塔梁固结 | 002(最后) | 4482.8 | 4510.9 |

| 位置 | 单元 | 荷载 | 阶段 | 步骤 | 内力-I(kN) | 内力-J(kN) |
|------|------|------|------|------|-----------|-----------|
| B9 | 506 | 合计 | 二次压重 | 002(最后) | 4518.4 | 4546.5 |
| B9 | 506 | 合计 | 桥面铺装等 | 002(最后) | 5074.5 | 5102.5 |
| B9 | 506 | 合计 | 成桥1000 | 002(最后) | 5057.6 | 5085.7 |
| B8 | 507 | 合计 | 8块 | 002(最后) | 4389.4 | 4416.2 |
| B8 | 507 | 合计 | 9块 | 002(最后) | 4295.8 | 4322.5 |
| B8 | 507 | 合计 | 10块 | 001(开始) | 4477.9 | 4504.7 |
| B8 | 507 | 合计 | 10块 | 002(最后) | 4532.9 | 4559.7 |
| B8 | 507 | 合计 | 11块 | 002(最后) | 4676.8 | 4703.5 |
| B8 | 507 | 合计 | 12块 | 001(开始) | 4512.6 | 4539.3 |
| B8 | 507 | 合计 | 12块 | 002(最后) | 4499.3 | 4526.0 |
| B8 | 507 | 合计 | 13块 | 001(开始) | 4347.6 | 4374.4 |
| B8 | 507 | 合计 | 13块 | 002(最后) | 4345.6 | 4372.4 |
| B8 | 507 | 合计 | 14块 | 001(开始) | 4198.2 | 4224.9 |
| B8 | 507 | 合计 | 14块 | 002(最后) | 4198.5 | 4225.3 |
| B8 | 507 | 合计 | 中跨合拢前临时压重 | 001(开始) | 4186.9 | 4213.7 |
| B8 | 507 | 合计 | 中跨合拢前临时压重 | 002(用户1) | 4446.2 | 4473.0 |
| B8 | 507 | 合计 | 中跨合拢前临时压重 | 003(最后) | 4451.8 | 4478.5 |
| B8 | 507 | 合计 | 中跨合拢 | 001(开始) | 4493.5 | 4520.3 |
| B8 | 507 | 合计 | 中跨合拢 | 002(最后) | 4159.5 | 4186.3 |
| B8 | 507 | 合计 | 解除塔梁固结 | 001(开始) | 4314.0 | 4340.7 |
| B8 | 507 | 合计 | 解除塔梁固结 | 002(最后) | 4320.3 | 4347.0 |
| B8 | 507 | 合计 | 二次压重 | 002(最后) | 4370.3 | 4397.0 |
| B8 | 507 | 合计 | 桥面铺装等 | 002(最后) | 4960.5 | 4987.3 |
| B8 | 507 | 合计 | 成桥1000 | 002(最后) | 4980.5 | 5007.2 |
| B7 | 508 | 合计 | 7块 | 001(开始) | 4115.3 | 4140.7 |
| B7 | 508 | 合计 | 7块 | 002(最后) | 4196.5 | 4221.9 |
| B7 | 508 | 合计 | 8块 | 002(最后) | 4172.4 | 4197.8 |
| B7 | 508 | 合计 | 9块 | 002(最后) | 4109.4 | 4134.8 |
| B7 | 508 | 合计 | 10块 | 001(开始) | 4281.1 | 4306.5 |
| B7 | 508 | 合计 | 10块 | 002(最后) | 4309.9 | 4335.3 |
| B7 | 508 | 合计 | 11块 | 002(最后) | 4428.9 | 4454.3 |
| B7 | 508 | 合计 | 12块 | 001(开始) | 4288.2 | 4313.6 |

续表

| 位置 | 单元 | 荷载 | 阶段 | 步骤 | 内力-I(kN) | 内力-J(kN) |
|------|------|------|------|------|-----------|-----------|
| B7 | 508 | 合计 | 12 块 | 002(最后) | 4278.0 | 4303.4 |
| B7 | 508 | 合计 | 13 块 | 001(开始) | 4146.7 | 4172.1 |
| B7 | 508 | 合计 | 13 块 | 002(最后) | 4149.3 | 4174.7 |
| B7 | 508 | 合计 | 14 块 | 001(开始) | 4020.8 | 4046.2 |
| B7 | 508 | 合计 | 14 块 | 002(最后) | 4025.7 | 4051.1 |
| B7 | 508 | 合计 | 中跨合拢前临时压重 | 001(开始) | 4015.9 | 4041.3 |
| B7 | 508 | 合计 | 中跨合拢前临时压重 | 002(用户 1) | 4238.6 | 4264.0 |
| B7 | 508 | 合计 | 中跨合拢前临时压重 | 003(最后) | 4239.4 | 4264.8 |
| B7 | 508 | 合计 | 中跨合拢 | 001(开始) | 4275.3 | 4300.7 |
| B7 | 508 | 合计 | 中跨合拢 | 002(最后) | 3984.5 | 4009.9 |
| B7 | 508 | 合计 | 解除塔梁固结 | 001(开始) | 4201.5 | 4226.9 |
| B7 | 508 | 合计 | 解除塔梁固结 | 002(最后) | 4218.4 | 4243.8 |
| B7 | 508 | 合计 | 二次压重 | 002(最后) | 4280.0 | 4305.4 |
| B7 | 508 | 合计 | 桥面铺装等 | 002(最后) | 4904.5 | 4929.9 |
| B7 | 508 | 合计 | 成桥 1000 | 002(最后) | 4955.3 | 4980.7 |
| B6 | 509 | 合计 | 6 块 | 001(开始) | 3997.7 | 4020.3 |
| B6 | 509 | 合计 | 6 块 | 002(最后) | 4070.6 | 4093.1 |
| B6 | 509 | 合计 | 7 块 | 001(开始) | 3821.8 | 3844.3 |
| B6 | 509 | 合计 | 7 块 | 002(最后) | 3881.6 | 3904.1 |
| B6 | 509 | 合计 | 8 块 | 002(最后) | 3879.0 | 3901.5 |
| B6 | 509 | 合计 | 9 块 | 002(最后) | 3842.5 | 3865.0 |
| B6 | 509 | 合计 | 10 块 | 001(开始) | 3984.0 | 4006.5 |
| B6 | 509 | 合计 | 10 块 | 002(最后) | 3987.8 | 4010.3 |
| B6 | 509 | 合计 | 11 块 | 002(最后) | 4070.1 | 4092.6 |
| B6 | 509 | 合计 | 12 块 | 001(开始) | 3960.8 | 3983.3 |
| B6 | 509 | 合计 | 12 块 | 002(最后) | 3955.0 | 3977.5 |
| B6 | 509 | 合计 | 13 块 | 001(开始) | 3852.0 | 3874.5 |
| B6 | 509 | 合计 | 13 块 | 002(最后) | 3858.5 | 3881.1 |
| B6 | 509 | 合计 | 14 块 | 001(开始) | 3757.0 | 3779.5 |
| B6 | 509 | 合计 | 14 块 | 002(最后) | 3765.5 | 3788.1 |
| B6 | 509 | 合计 | 中跨合拢前临时压重 | 001(开始) | 3758.1 | 3780.6 |
| B6 | 509 | 合计 | 中跨合拢前临时压重 | 002(用户 1) | 3930.0 | 3952.5 |

续表

| 位置 | 单元 | 荷载 | 阶段 | 步骤 | 内力-I(kN) | 内力-J(kN) |
|---|---|---|---|---|---|---|
| B6 | 509 | 合计 | 中跨合拢前临时压重 | 003(最后) | 3926.4 | 3948.9 |
| B6 | 509 | 合计 | 中跨合拢 | 001(开始) | 3954.2 | 3976.7 |
| B6 | 509 | 合计 | 中跨合拢 | 002(最后) | 3725.5 | 3748.0 |
| B6 | 509 | 合计 | 解除塔梁固结 | 001(开始) | 3976.2 | 3998.7 |
| B6 | 509 | 合计 | 解除塔梁固结 | 002(最后) | 3998.2 | 4020.7 |
| B6 | 509 | 合计 | 二次压重 | 002(最后) | 4060.7 | 4083.2 |
| B4 | 511 | 合计 | 13 块 | 001(开始) | 3176.0 | 3192.8 |
| B4 | 511 | 合计 | 13 块 | 002(最后) | 3187.2 | 3204.0 |
| B4 | 511 | 合计 | 14 块 | 001(开始) | 3130.0 | 3146.9 |
| B4 | 511 | 合计 | 14 块 | 002(最后) | 3142.3 | 3159.1 |
| B4 | 511 | 合计 | 中跨合拢前临时压重 | 001(开始) | 3138.4 | 3155.2 |
| B4 | 511 | 合计 | 中跨合拢前临时压重 | 002(用户 1) | 3230.0 | 3246.8 |
| B4 | 511 | 合计 | 中跨合拢前临时压重 | 003(最后) | 3221.7 | 3238.5 |
| B4 | 511 | 合计 | 中跨合拢 | 001(开始) | 3236.5 | 3253.3 |
| B4 | 511 | 合计 | 中跨合拢 | 002(最后) | 3108.0 | 3124.8 |
| B4 | 511 | 合计 | 解除塔梁固结 | 001(开始) | 3391.5 | 3408.3 |
| B4 | 511 | 合计 | 解除塔梁固结 | 002(最后) | 3412.2 | 3429.0 |
| B4 | 511 | 合计 | 二次压重 | 002(最后) | 3461.4 | 3478.2 |
| B4 | 511 | 合计 | 桥面铺装等 | 002(最后) | 3978.7 | 3995.5 |
| B4 | 511 | 合计 | 成桥 1000 | 002(最后) | 4018.3 | 4035.1 |
| B3 | 512 | 合计 | 3 块 | 001(开始) | 3556.2 | 3571.8 |
| B3 | 512 | 合计 | 3 块 | 002(最后) | 3591.6 | 3607.1 |
| B3 | 512 | 合计 | 4 块 | 001(开始) | 3269.7 | 3285.3 |
| B3 | 512 | 合计 | 4 块 | 002(最后) | 3306.7 | 3322.3 |
| B3 | 512 | 合计 | 5 块 | 001(开始) | 3079.0 | 3094.5 |
| B3 | 512 | 合计 | 5 块 | 002(最后) | 3106.9 | 3122.4 |
| B3 | 512 | 合计 | 6 块 | 001(开始) | 2980.4 | 2995.9 |
| B3 | 512 | 合计 | 6 块 | 002(最后) | 2997.1 | 3012.6 |
| B3 | 512 | 合计 | 7 块 | 001(开始) | 2946.1 | 2961.6 |
| B3 | 512 | 合计 | 7 块 | 002(最后) | 2950.2 | 2965.7 |
| B3 | 512 | 合计 | 8 块 | 002(最后) | 2956.9 | 2972.5 |
| B3 | 512 | 合计 | 9 块 | 002(最后) | 2954.4 | 2969.9 |

| 位置 | 单元 | 荷载 | 阶段 | 步骤 | 内力-I(kN) | 内力-J(kN) |
|---|---|---|---|---|---|---|
| B3 | 512 | 合计 | 10 块 | 001(开始) | 2988.2 | 3003.7 |
| B3 | 512 | 合计 | 10 块 | 002(最后) | 2953.6 | 2969.1 |
| B3 | 512 | 合计 | 11 块 | 002(最后) | 2933.5 | 2949.0 |
| B3 | 512 | 合计 | 12 块 | 001(开始) | 2886.1 | 2901.6 |
| B3 | 512 | 合计 | 12 块 | 002(最后) | 2891.4 | 2906.9 |
| B3 | 512 | 合计 | 13 块 | 001(开始) | 2846.0 | 2861.5 |
| B3 | 512 | 合计 | 13 块 | 002(最后) | 2857.8 | 2873.4 |
| B3 | 512 | 合计 | 14 块 | 001(开始) | 2812.8 | 2828.3 |
| B3 | 512 | 合计 | 14 块 | 002(最后) | 2825.3 | 2840.9 |
| B3 | 512 | 合计 | 中跨合拢前临时压重 | 001(开始) | 2822.3 | 2837.8 |
| B3 | 512 | 合计 | 中跨合拢前临时压重 | 002(用户 1) | 2891.5 | 2907.0 |
| B3 | 512 | 合计 | 中跨合拢前临时压重 | 003(最后) | 2882.8 | 2898.3 |
| B3 | 512 | 合计 | 中跨合拢 | 001(开始) | 2893.9 | 2909.4 |
| B3 | 512 | 合计 | 中跨合拢 | 002(最后) | 2793.5 | 2809.0 |
| B3 | 512 | 合计 | 解除塔梁固结 | 001(开始) | 3105.8 | 3121.3 |
| B3 | 512 | 合计 | 解除塔梁固结 | 002(最后) | 3124.7 | 3140.2 |
| B3 | 512 | 合计 | 二次压重 | 002(最后) | 3166.0 | 3181.5 |
| B3 | 512 | 合计 | 桥面铺装等 | 002(最后) | 3639.0 | 3654.5 |
| B3 | 512 | 合计 | 成桥 1000 | 002(最后) | 3660.4 | 3675.9 |
| B2 | 513 | 合计 | 2 块 | 002(最后) | 3540.5 | 3554.3 |
| B2 | 513 | 合计 | 3 块 | 001(开始) | 3240.2 | 3254.1 |
| B2 | 513 | 合计 | 3 块 | 002(最后) | 3258.3 | 3272.1 |
| B2 | 513 | 合计 | 4 块 | 001(开始) | 3049.6 | 3063.4 |
| B2 | 513 | 合计 | 4 块 | 002(最后) | 3068.5 | 3082.4 |
| B2 | 513 | 合计 | 5 块 | 001(开始) | 2936.5 | 2950.3 |
| B2 | 513 | 合计 | 5 块 | 002(最后) | 2946.4 | 2960.3 |
| B2 | 513 | 合计 | 6 块 | 001(开始) | 2886.8 | 2900.6 |
| B2 | 513 | 合计 | 6 块 | 002(最后) | 2887.9 | 2901.7 |
| B2 | 513 | 合计 | 7 块 | 001(开始) | 2876.2 | 2890.1 |
| B2 | 513 | 合计 | 7 块 | 002(最后) | 2867.8 | 2881.6 |
| B2 | 513 | 合计 | 8 块 | 002(最后) | 2865.9 | 2879.7 |
| B2 | 513 | 合计 | 9 块 | 002(最后) | 2861.9 | 2875.7 |

续表

| 位置 | 单元 | 荷载 | 阶段 | 步骤 | 内力-I（kN） | 内力-J（kN） |
|------|------|------|------|------|------|------|
| B2 | 513 | 合计 | 10 块 | 001（开始） | 2858.3 | 2872.1 |
| B2 | 513 | 合计 | 10 块 | 002（最后） | 2819.8 | 2833.6 |
| B2 | 513 | 合计 | 11 块 | 002（最后） | 2767.8 | 2781.6 |
| B2 | 513 | 合计 | 12 块 | 001（开始） | 2729.2 | 2743.0 |
| B2 | 513 | 合计 | 12 块 | 002（最后） | 2735.4 | 2749.3 |
| B2 | 513 | 合计 | 13 块 | 001（开始） | 2699.0 | 2712.9 |
| B2 | 513 | 合计 | 13 块 | 002（最后） | 2709.5 | 2723.3 |
| B2 | 513 | 合计 | 14 块 | 001（开始） | 2673.8 | 2687.6 |
| B2 | 513 | 合计 | 14 块 | 002（最后） | 2684.5 | 2698.3 |
| B2 | 513 | 合计 | 中跨合拢前临时压重 | 001（开始） | 2682.2 | 2696.0 |
| B2 | 513 | 合计 | 中跨合拢前临时压重 | 002（用户 1） | 2733.0 | 2746.8 |
| B2 | 513 | 合计 | 中跨合拢前临时压重 | 003（最后） | 2725.3 | 2739.2 |
| B2 | 513 | 合计 | 中跨合拢 | 001（开始） | 2733.4 | 2747.2 |
| B2 | 513 | 合计 | 中跨合拢 | 002（最后） | 2656.1 | 2669.9 |
| B2 | 513 | 合计 | 解除塔梁固结 | 001（开始） | 2997.2 | 3011.0 |
| B2 | 513 | 合计 | 解除塔梁固结 | 002（最后） | 3015.0 | 3028.8 |
| B2 | 513 | 合计 | 二次压重 | 002（最后） | 3046.9 | 3060.8 |
| B2 | 513 | 合计 | 桥面铺装等 | 002（最后） | 3442.4 | 3456.3 |
| B2 | 513 | 合计 | 成桥 1000 | 002（最后） | 3435.7 | 3449.5 |
| B1 | 514 | 合计 | 1 块 | 001（开始） | 4554.3 | 4567.7 |
| B1 | 514 | 合计 | 1 块 | 002（最后） | 4674.5 | 4687.9 |
| B1 | 514 | 合计 | 2 块 | 002（最后） | 4363.3 | 4376.7 |
| B1 | 514 | 合计 | 3 块 | 001（开始） | 4170.2 | 4183.6 |
| B1 | 514 | 合计 | 3 块 | 002（最后） | 4173.0 | 4186.4 |
| B1 | 514 | 合计 | 4 块 | 001（开始） | 4062.1 | 4075.5 |
| B1 | 514 | 合计 | 4 块 | 002（最后） | 4062.4 | 4075.8 |
| B1 | 514 | 合计 | 5 块 | 001（开始） | 4011.3 | 4024.7 |
| B1 | 514 | 合计 | 5 块 | 002（最后） | 4004.9 | 4018.3 |
| B1 | 514 | 合计 | 6 块 | 001（开始） | 3999.6 | 4013.0 |
| B1 | 514 | 合计 | 6 块 | 002（最后） | 3986.5 | 3999.9 |
| B1 | 514 | 合计 | 7 块 | 001（开始） | 4004.8 | 4018.2 |
| B1 | 514 | 合计 | 7 块 | 002（最后） | 3984.8 | 3998.2 |

续表

| 位置 | 单元 | 荷载 | 阶段 | 步骤 | 内力-I(kN) | 内力-J(kN) |
|------|------|------|------|------|-----------|-----------|
| B1 | 514 | 合计 | 8 块 | 002(最后) | 3969.5 | 3982.8 |
| B1 | 514 | 合计 | 9 块 | 002(最后) | 3958.1 | 3971.5 |
| B1 | 514 | 合计 | 10 块 | 001(开始) | 3915.2 | 3928.6 |
| B1 | 514 | 合计 | 10 块 | 002(最后) | 3871.5 | 3884.8 |
| B1 | 514 | 合计 | 11 块 | 002(最后) | 3780.7 | 3794.1 |
| B1 | 514 | 合计 | 12 块 | 001(开始) | 3742.2 | 3755.6 |
| B1 | 514 | 合计 | 12 块 | 002(最后) | 3747.4 | 3760.7 |
| B1 | 514 | 合计 | 13 块 | 001(开始) | 3711.9 | 3725.3 |
| B1 | 514 | 合计 | 13 块 | 002(最后) | 3719.2 | 3732.6 |
| B1 | 514 | 合计 | 14 块 | 001(开始) | 3685.1 | 3698.5 |
| B1 | 514 | 合计 | 14 块 | 002(最后) | 3692.5 | 3705.9 |
| B1 | 514 | 合计 | 中跨合拢前临时压重 | 001(开始) | 3690.4 | 3703.7 |
| B1 | 514 | 合计 | 中跨合拢前临时压重 | 002(用户1) | 3731.3 | 3744.6 |
| B1 | 514 | 合计 | 中跨合拢前临时压重 | 003(最后) | 3725.5 | 3738.9 |
| B1 | 514 | 合计 | 中跨合拢 | 001(开始) | 3731.7 | 3745.1 |
| B1 | 514 | 合计 | 中跨合拢 | 002(最后) | 3666.1 | 3679.5 |
| B1 | 514 | 合计 | 解除塔梁固结 | 001(开始) | 4076.1 | 4089.5 |
| B1 | 514 | 合计 | 解除塔梁固结 | 002(最后) | 4096.9 | 4110.3 |
| B1 | 514 | 合计 | 二次压重 | 002(最后) | 4122.5 | 4135.9 |
| B1 | 514 | 合计 | 桥面铺装等 | 002(最后) | 4450.7 | 4464.1 |
| B1 | 514 | 合计 | 成桥 1000 | 002(最后) | 4413.0 | 4426.3 |
| M1 | 515 | 合计 | 1 块 | 001(开始) | 4622.3 | 4635.7 |
| M1 | 515 | 合计 | 1 块 | 002(最后) | 4737.5 | 4750.9 |
| M1 | 515 | 合计 | 2 块 | 002(最后) | 4351.4 | 4364.8 |
| M1 | 515 | 合计 | 3 块 | 001(开始) | 4080.9 | 4094.3 |
| M1 | 515 | 合计 | 3 块 | 002(最后) | 4080.7 | 4094.1 |
| M1 | 515 | 合计 | 4 块 | 001(开始) | 3898.6 | 3912.0 |
| M1 | 515 | 合计 | 4 块 | 002(最后) | 3901.8 | 3915.2 |
| M1 | 515 | 合计 | 5 块 | 001(开始) | 3788.9 | 3802.3 |
| M1 | 515 | 合计 | 5 块 | 002(最后) | 3791.6 | 3805.0 |
| M1 | 515 | 合计 | 6 块 | 001(开始) | 3747.2 | 3760.6 |
| M1 | 515 | 合计 | 6 块 | 002(最后) | 3746.6 | 3760.0 |

续表

| 位置 | 单元 | 荷载 | 阶段 | 步骤 | 内力-I(kN) | 内力-J(kN) |
|------|------|------|------|------|-----------|-----------|
| M1 | 515 | 合计 | 7块 | 001(开始) | 3744.9 | 3758.3 |
| M1 | 515 | 合计 | 7块 | 002(最后) | 3740.9 | 3754.3 |
| M1 | 515 | 合计 | 8块 | 002(最后) | 3771.7 | 3785.1 |
| M1 | 515 | 合计 | 9块 | 002(最后) | 3802.1 | 3815.5 |
| M1 | 515 | 合计 | 10块 | 001(开始) | 3881.6 | 3895.0 |
| M1 | 515 | 合计 | 10块 | 002(最后) | 3879.2 | 3892.6 |
| M1 | 515 | 合计 | 11块 | 002(最后) | 3954.5 | 3967.9 |
| M1 | 515 | 合计 | 12块 | 001(开始) | 4008.7 | 4022.1 |
| M1 | 515 | 合计 | 12块 | 002(最后) | 3986.5 | 3999.9 |
| M1 | 515 | 合计 | 13块 | 001(开始) | 4030.6 | 4044.0 |
| M1 | 515 | 合计 | 13块 | 002(最后) | 4009.1 | 4022.5 |
| M1 | 515 | 合计 | 14块 | 001(开始) | 4049.1 | 4062.4 |
| M1 | 515 | 合计 | 14块 | 002(最后) | 4028.5 | 4041.9 |
| M1 | 515 | 合计 | 中跨合拢前临时压重 | 001(开始) | 4041.2 | 4054.6 |
| M1 | 515 | 合计 | 中跨合拢前临时压重 | 002(用户1) | 3919.6 | 3933.0 |
| M1 | 515 | 合计 | 中跨合拢前临时压重 | 003(最后) | 3918.3 | 3931.7 |
| M1 | 515 | 合计 | 中跨合拢 | 001(开始) | 3905.1 | 3918.5 |
| M1 | 515 | 合计 | 中跨合拢 | 002(最后) | 4018.7 | 4032.1 |
| M1 | 515 | 合计 | 解除塔梁固结 | 001(开始) | 3677.1 | 3690.5 |
| M1 | 515 | 合计 | 解除塔梁固结 | 002(最后) | 3678.6 | 3692.0 |
| M1 | 515 | 合计 | 二次压重 | 002(最后) | 3667.4 | 3680.8 |
| M1 | 515 | 合计 | 桥面铺装等 | 002(最后) | 4047.7 | 4061.1 |
| M1 | 515 | 合计 | 成桥1000 | 002(最后) | 4109.9 | 4123.3 |
| M2 | 516 | 合计 | 2块 | 002(最后) | 3650.9 | 3664.7 |
| M2 | 516 | 合计 | 3块 | 001(开始) | 3259.8 | 3273.6 |
| M2 | 516 | 合计 | 3块 | 002(最后) | 3270.6 | 3284.4 |
| M2 | 516 | 合计 | 4块 | 001(开始) | 2973.6 | 2987.5 |
| M2 | 516 | 合计 | 4块 | 002(最后) | 2990.8 | 3004.6 |
| M2 | 516 | 合计 | 5块 | 001(开始) | 2777.2 | 2791.1 |
| M2 | 516 | 合计 | 5块 | 002(最后) | 2791.9 | 2805.8 |
| M2 | 516 | 合计 | 6块 | 001(开始) | 2675.9 | 2689.8 |
| M2 | 516 | 合计 | 6块 | 002(最后) | 2686.6 | 2700.4 |

续表

| 位置 | 单元 | 荷载 | 阶段 | 步骤 | 内力-I(kN) | 内力-J(kN) |
|---|---|---|---|---|---|---|
| M2 | 516 | 合计 | 7 块 | 001(开始) | 2637.4 | 2651.2 |
| M2 | 516 | 合计 | 7 块 | 002(最后) | 2642.8 | 2656.7 |
| M2 | 516 | 合计 | 8 块 | 002(最后) | 2650.2 | 2664.0 |
| M2 | 516 | 合计 | 9 块 | 002(最后) | 2670.6 | 2684.4 |
| M2 | 516 | 合计 | 10 块 | 001(开始) | 2737.5 | 2751.3 |
| M2 | 516 | 合计 | 10 块 | 002(最后) | 2733.6 | 2747.4 |
| M2 | 516 | 合计 | 11 块 | 002(最后) | 2797.4 | 2811.2 |
| M2 | 516 | 合计 | 12 块 | 001(开始) | 2850.7 | 2864.5 |
| M2 | 516 | 合计 | 12 块 | 002(最后) | 2829.4 | 2843.3 |
| M2 | 516 | 合计 | 13 块 | 001(开始) | 2876.0 | 2889.8 |
| M2 | 516 | 合计 | 13 块 | 002(最后) | 2855.4 | 2869.2 |
| M2 | 516 | 合计 | 14 块 | 001(开始) | 2899.7 | 2913.5 |
| M2 | 516 | 合计 | 14 块 | 002(最后) | 2880.3 | 2894.1 |
| M2 | 516 | 合计 | 中跨合拢前临时压重 | 001(开始) | 2896.7 | 2910.5 |
| M2 | 516 | 合计 | 中跨合拢前临时压重 | 002(用户 1) | 2795.4 | 2809.2 |
| M2 | 516 | 合计 | 中跨合拢前临时压重 | 003(最后) | 2790.7 | 2804.6 |
| M2 | 516 | 合计 | 中跨合拢 | 001(开始) | 2784.7 | 2798.5 |
| M2 | 516 | 合计 | 中跨合拢 | 002(最后) | 2835.9 | 2849.8 |
| M2 | 516 | 合计 | 解除塔梁固结 | 001(开始) | 2594.6 | 2608.4 |
| M2 | 516 | 合计 | 解除塔梁固结 | 002(最后) | 2612.0 | 2625.9 |
| M2 | 516 | 合计 | 二次压重 | 002(最后) | 2606.6 | 2620.4 |
| M2 | 516 | 合计 | 桥面铺装等 | 002(最后) | 3050.7 | 3064.5 |
| M2 | 516 | 合计 | 成桥 1000 | 002(最后) | 3113.6 | 3127.5 |
| M3 | 517 | 合计 | 3 块 | 001(开始) | 3739.2 | 3754.8 |
| M3 | 517 | 合计 | 3 块 | 002(最后) | 3762.5 | 3778.0 |
| M3 | 517 | 合计 | 4 块 | 001(开始) | 3330.4 | 3345.9 |
| M3 | 517 | 合计 | 4 块 | 002(最后) | 3359.5 | 3375.0 |
| M3 | 517 | 合计 | 5 块 | 001(开始) | 3023.7 | 3039.3 |
| M3 | 517 | 合计 | 5 块 | 002(最后) | 3050.2 | 3065.7 |
| M3 | 517 | 合计 | 6 块 | 001(开始) | 2843.6 | 2859.2 |
| M3 | 517 | 合计 | 6 块 | 002(最后) | 2865.1 | 2880.6 |
| M3 | 517 | 合计 | 7 块 | 001(开始) | 2752.7 | 2768.3 |

续表

| 位置 | 单元 | 荷载 | 阶段 | 步骤 | 内力-I(kN) | 内力-J(kN) |
|------|------|------|------|------|-----------|-----------|
| M3 | 517 | 合计 | 7块 | 002(最后) | 2767.2 | 2782.7 |
| M3 | 517 | 合计 | 8块 | 002(最后) | 2740.0 | 2755.5 |
| M3 | 517 | 合计 | 9块 | 002(最后) | 2742.2 | 2757.7 |
| M3 | 517 | 合计 | 10块 | 001(开始) | 2793.2 | 2808.7 |
| M3 | 517 | 合计 | 10块 | 002(最后) | 2789.5 | 2805.0 |
| M3 | 517 | 合计 | 11块 | 002(最后) | 2843.2 | 2858.8 |
| M3 | 517 | 合计 | 12块 | 001(开始) | 2895.3 | 2910.9 |
| M3 | 517 | 合计 | 12块 | 002(最后) | 2874.7 | 2890.2 |
| M3 | 517 | 合计 | 13块 | 001(开始) | 2923.7 | 2939.2 |
| M3 | 517 | 合计 | 13块 | 002(最后) | 2903.1 | 2918.7 |
| M3 | 517 | 合计 | 14块 | 001(开始) | 2951.8 | 2967.3 |
| M3 | 517 | 合计 | 14块 | 002(最后) | 2932.3 | 2947.9 |
| M3 | 517 | 合计 | 中跨合拢前临时压重 | 001(开始) | 2953.1 | 2968.6 |
| M3 | 517 | 合计 | 中跨合拢前临时压重 | 002(用户1) | 2869.8 | 2885.3 |
| M3 | 517 | 合计 | 中跨合拢前临时压重 | 003(最后) | 2860.8 | 2876.4 |
| M3 | 517 | 合计 | 中跨合拢 | 001(开始) | 2862.1 | 2877.6 |
| M3 | 517 | 合计 | 中跨合拢 | 002(最后) | 2850.3 | 2865.8 |
| M3 | 517 | 合计 | 解除塔梁固结 | 001(开始) | 2671.3 | 2686.8 |
| M3 | 517 | 合计 | 解除塔梁固结 | 002(最后) | 2699.9 | 2715.4 |
| M3 | 517 | 合计 | 二次压重 | 002(最后) | 2698.0 | 2713.5 |
| M3 | 517 | 合计 | 桥面铺装等 | 002(最后) | 3227.1 | 3242.6 |
| M3 | 517 | 合计 | 成桥1000 | 002(最后) | 3294.4 | 3310.0 |
| M4 | 518 | 合计 | 4块 | 001(开始) | 3945.6 | 3962.4 |
| M4 | 518 | 合计 | 4块 | 002(最后) | 3985.7 | 4002.5 |
| M4 | 518 | 合计 | 5块 | 001(开始) | 3529.4 | 3546.3 |
| M4 | 518 | 合计 | 5块 | 002(最后) | 3565.0 | 3581.8 |
| M4 | 518 | 合计 | 6块 | 001(开始) | 3260.3 | 3277.1 |
| M4 | 518 | 合计 | 6块 | 002(最后) | 3292.3 | 3309.2 |
| M4 | 518 | 合计 | 7块 | 001(开始) | 3105.0 | 3121.8 |
| M4 | 518 | 合计 | 7块 | 002(最后) | 3128.7 | 3145.5 |
| M4 | 518 | 合计 | 8块 | 002(最后) | 3054.7 | 3071.6 |
| M4 | 518 | 合计 | 9块 | 002(最后) | 3027.6 | 3044.4 |

续表

| 位置 | 单元 | 荷载 | 阶段 | 步骤 | 内力-I(kN) | 内力-J(kN) |
|---|---|---|---|---|---|---|
| M4 | 518 | 合计 | 10 块 | 001(开始) | 3052.1 | 3068.9 |
| M4 | 518 | 合计 | 10 块 | 002(最后) | 3050.8 | 3067.6 |
| M4 | 518 | 合计 | 11 块 | 002(最后) | 3088.8 | 3105.7 |
| M4 | 518 | 合计 | 12 块 | 001(开始) | 3132.6 | 3149.5 |
| M4 | 518 | 合计 | 12 块 | 002(最后) | 3114.4 | 3131.3 |
| M4 | 518 | 合计 | 13 块 | 001(开始) | 3160.1 | 3177.0 |
| M4 | 518 | 合计 | 13 块 | 002(最后) | 3141.0 | 3157.9 |
| M4 | 518 | 合计 | 14 块 | 001(开始) | 3188.5 | 3205.3 |
| M4 | 518 | 合计 | 14 块 | 002(最后) | 3170.1 | 3187.0 |
| M4 | 518 | 合计 | 中跨合拢前临时压重 | 001(开始) | 3193.8 | 3210.6 |
| M4 | 518 | 合计 | 中跨合拢前临时压重 | 002(用户 1) | 3141.1 | 3157.9 |
| M4 | 518 | 合计 | 中跨合拢前临时压重 | 003(最后) | 3128.1 | 3145.0 |
| M4 | 518 | 合计 | 中跨合拢 | 001(开始) | 3137.9 | 3154.7 |
| M4 | 518 | 合计 | 中跨合拢 | 002(最后) | 3053.3 | 3070.1 |
| M4 | 518 | 合计 | 解除塔梁固结 | 001(开始) | 2925.9 | 2942.7 |
| M4 | 518 | 合计 | 解除塔梁固结 | 002(最后) | 2959.8 | 2976.6 |
| M4 | 518 | 合计 | 二次压重 | 002(最后) | 2960.4 | 2977.2 |
| M4 | 518 | 合计 | 桥面铺装等 | 002(最后) | 3550.1 | 3566.9 |
| M4 | 518 | 合计 | 成桥 1000 | 002(最后) | 3620.6 | 3637.4 |
| M5 | 519 | 合计 | 5 块 | 001(开始) | 4199.5 | 4220.5 |
| M5 | 519 | 合计 | 5 块 | 002(最后) | 4248.5 | 4269.4 |
| M5 | 519 | 合计 | 6 块 | 001(开始) | 3790.6 | 3811.6 |
| M5 | 519 | 合计 | 6 块 | 002(最后) | 3836.7 | 3857.6 |
| M5 | 519 | 合计 | 7 块 | 001(开始) | 3530.8 | 3551.7 |
| M5 | 519 | 合计 | 7 块 | 002(最后) | 3568.5 | 3589.5 |
| M5 | 519 | 合计 | 8 块 | 002(最后) | 3422.2 | 3443.2 |
| M5 | 519 | 合计 | 9 块 | 002(最后) | 3348.1 | 3369.1 |
| M5 | 519 | 合计 | 10 块 | 001(开始) | 3337.6 | 3358.6 |
| M5 | 519 | 合计 | 10 块 | 002(最后) | 3342.0 | 3362.9 |
| M5 | 519 | 合计 | 11 块 | 002(最后) | 3364.9 | 3385.9 |
| M5 | 519 | 合计 | 12 块 | 001(开始) | 3399.3 | 3420.3 |
| M5 | 519 | 合计 | 12 块 | 002(最后) | 3383.5 | 3404.4 |

| 位置 | 单元 | 荷载 | 阶段 | 步骤 | 内力-I(kN) | 内力-J(kN) |
|------|------|------|------|------|-----------|-----------|
| M5 | 519 | 合计 | 13 块 | 001(开始) | 3426.6 | 3447.6 |
| M5 | 519 | 合计 | 13 块 | 002(最后) | 3408.2 | 3429.2 |
| M5 | 519 | 合计 | 14 块 | 001(开始) | 3456.1 | 3477.1 |
| M5 | 519 | 合计 | 14 块 | 002(最后) | 3437.7 | 3458.7 |
| M5 | 519 | 合计 | 中跨合拢前临时压重 | 001(开始) | 3466.1 | 3487.0 |
| M5 | 519 | 合计 | 中跨合拢前临时压重 | 002(用户 1) | 3451.3 | 3472.2 |
| M5 | 519 | 合计 | 中跨合拢前临时压重 | 003(最后) | 3432.8 | 3453.8 |
| M5 | 519 | 合计 | 中跨合拢 | 001(开始) | 3454.1 | 3475.1 |
| M5 | 519 | 合计 | 中跨合拢 | 002(最后) | 3272.3 | 3293.2 |
| M5 | 519 | 合计 | 解除塔梁固结 | 001(开始) | 3172.0 | 3193.0 |
| M5 | 519 | 合计 | 解除塔梁固结 | 002(最后) | 3210.3 | 3231.3 |
| M5 | 519 | 合计 | 二次压重 | 002(最后) | 3212.5 | 3233.5 |
| M5 | 519 | 合计 | 桥面铺装等 | 002(最后) | 3921.9 | 3942.9 |
| M5 | 519 | 合计 | 成桥 1000 | 002(最后) | 3997.0 | 4017.9 |
| M6 | 520 | 合计 | 6 块 | 001(开始) | 4332.7 | 4355.3 |
| M6 | 520 | 合计 | 6 块 | 002(最后) | 4386.8 | 4409.3 |
| M6 | 520 | 合计 | 7 块 | 001(开始) | 3985.0 | 4007.5 |
| M6 | 520 | 合计 | 7 块 | 002(最后) | 4032.1 | 4054.6 |
| M6 | 520 | 合计 | 8 块 | 002(最后) | 3817.5 | 3840.0 |
| M6 | 520 | 合计 | 9 块 | 002(最后) | 3692.2 | 3714.7 |
| M6 | 520 | 合计 | 10 块 | 001(开始) | 3635.6 | 3658.1 |
| M6 | 520 | 合计 | 10 块 | 002(最后) | 3648.4 | 3670.9 |
| M6 | 520 | 合计 | 11 块 | 002(最后) | 3648.0 | 3670.5 |
| M6 | 520 | 合计 | 12 块 | 001(开始) | 3660.6 | 3683.1 |
| M6 | 520 | 合计 | 12 块 | 002(最后) | 3651.5 | 3674.0 |
| M6 | 520 | 合计 | 13 块 | 001(开始) | 3680.5 | 3703.0 |
| M6 | 520 | 合计 | 13 块 | 002(最后) | 3667.0 | 3689.5 |
| M6 | 520 | 合计 | 14 块 | 001(开始) | 3703.6 | 3726.1 |
| M6 | 520 | 合计 | 14 块 | 002(最后) | 3688.9 | 3711.4 |
| M6 | 520 | 合计 | 中跨合拢前临时压重 | 001(开始) | 3716.6 | 3739.1 |
| M6 | 520 | 合计 | 中跨合拢前临时压重 | 002(用户 1) | 3757.9 | 3780.4 |
| M6 | 520 | 合计 | 中跨合拢前临时压重 | 003(最后) | 3737.2 | 3759.7 |
| M6 | 520 | 合计 | 中跨合拢 | 001(开始) | 3769.1 | 3791.6 |
| M6 | 520 | 合计 | 中跨合拢 | 002(最后) | 3500.4 | 3522.9 |

续表

| 位置 | 单元 | 荷载 | 阶段 | 步骤 | 内力-I（kN） | 内力-J（kN） |
|------|------|------|------|------|------------|------------|
| M6 | 520 | 合计 | 解除塔梁固结 | 001（开始） | 3432.1 | 3454.6 |
| M6 | 520 | 合计 | 解除塔梁固结 | 002（最后） | 3465.1 | 3487.6 |
| M6 | 520 | 合计 | 二次压重 | 002（最后） | 3467.9 | 3490.4 |
| M6 | 520 | 合计 | 桥面铺装等 | 002（最后） | 4196.4 | 4218.9 |
| M6 | 520 | 合计 | 成桥 1000 | 002（最后） | 4261.7 | 4284.2 |
| M7 | 521 | 合计 | 7 块 | 001（开始） | 4448.3 | 4473.7 |
| M7 | 521 | 合计 | 7 块 | 002（最后） | 4507.0 | 4532.5 |
| M7 | 521 | 合计 | 8 块 | 002（最后） | 4199.7 | 4225.1 |
| M7 | 521 | 合计 | 9 块 | 002（最后） | 4005.0 | 4030.4 |
| M7 | 521 | 合计 | 10 块 | 001（开始） | 3887.8 | 3913.3 |
| M7 | 521 | 合计 | 10 块 | 002（最后） | 3913.1 | 3938.5 |
| M7 | 521 | 合计 | 11 块 | 002（最后） | 3883.9 | 3909.3 |
| M7 | 521 | 合计 | 12 块 | 001（开始） | 3867.3 | 3892.7 |
| M7 | 521 | 合计 | 12 块 | 002（最后） | 3866.7 | 3892.1 |
| M7 | 521 | 合计 | 13 块 | 001（开始） | 3876.4 | 3901.8 |
| M7 | 521 | 合计 | 13 块 | 002（最后） | 3869.0 | 3894.4 |
| M7 | 521 | 合计 | 14 块 | 001（开始） | 3890.0 | 3915.4 |
| M7 | 521 | 合计 | 14 块 | 002（最后） | 3879.5 | 3904.9 |
| M7 | 521 | 合计 | 中跨合拢前临时压重 | 001（开始） | 3905.7 | 3931.1 |
| M7 | 521 | 合计 | 中跨合拢前临时压重 | 002（用户 1） | 4021.1 | 4046.6 |
| M7 | 521 | 合计 | 中跨合拢前临时压重 | 003（最后） | 3998.8 | 4024.2 |
| M7 | 521 | 合计 | 中跨合拢 | 001（开始） | 4044.1 | 4069.5 |
| M7 | 521 | 合计 | 中跨合拢 | 002（最后） | 3666.2 | 3691.6 |
| M7 | 521 | 合计 | 解除塔梁固结 | 001（开始） | 3617.7 | 3643.1 |
| M7 | 521 | 合计 | 解除塔梁固结 | 002（最后） | 3643.0 | 3668.4 |
| M7 | 521 | 合计 | 二次压重 | 002（最后） | 3645.8 | 3671.2 |
| M7 | 521 | 合计 | 桥面铺装等 | 002（最后） | 4427.3 | 4452.7 |
| M7 | 521 | 合计 | 成桥 1000 | 002（最后） | 4482.6 | 4508.0 |
| M8 | 522 | 合计 | 8 块 | 002（最后） | 4599.4 | 4626.2 |
| M8 | 522 | 合计 | 9 块 | 002（最后） | 4337.6 | 4364.4 |
| M8 | 522 | 合计 | 10 块 | 001（开始） | 4156.7 | 4183.4 |
| M8 | 522 | 合计 | 10 块 | 002（最后） | 4195.3 | 4222.0 |
| M8 | 522 | 合计 | 11 块 | 002（最后） | 4132.5 | 4159.3 |
| M8 | 522 | 合计 | 12 块 | 001（开始） | 4078.3 | 4105.0 |

续表

| 位置 | 单元 | 荷载 | 阶段 | 步骤 | 内力-I(kN) | 内力-J(kN) |
|---|---|---|---|---|---|---|
| M8 | 522 | 合计 | 12块 | 002(最后) | 4088.8 | 4115.5 |
| M8 | 522 | 合计 | 13块 | 001(开始) | 4070.2 | 4097.0 |
| M8 | 522 | 合计 | 13块 | 002(最后) | 4071.5 | 4098.3 |
| M8 | 522 | 合计 | 14块 | 001(开始) | 4067.5 | 4094.3 |
| M8 | 522 | 合计 | 14块 | 002(最后) | 4063.4 | 4090.2 |
| M8 | 522 | 合计 | 中跨合拢前临时压重 | 001(开始) | 4083.3 | 4110.1 |
| M8 | 522 | 合计 | 中跨合拢前临时压重 | 002(用户1) | 4281.5 | 4308.3 |
| M8 | 522 | 合计 | 中跨合拢前临时压重 | 003(最后) | 4261.5 | 4288.2 |
| M8 | 522 | 合计 | 中跨合拢 | 001(开始) | 4317.7 | 4344.5 |
| M8 | 522 | 合计 | 中跨合拢 | 002(最后) | 3853.1 | 3879.8 |
| M8 | 522 | 合计 | 解除塔梁固结 | 001(开始) | 3822.6 | 3849.4 |
| M8 | 522 | 合计 | 解除塔梁固结 | 002(最后) | 3834.7 | 3861.4 |
| M8 | 522 | 合计 | 二次压重 | 002(最后) | 3836.7 | 3863.4 |
| M8 | 522 | 合计 | 桥面铺装等 | 002(最后) | 4608.1 | 4634.9 |
| M8 | 522 | 合计 | 成桥1000 | 002(最后) | 4645.6 | 4672.3 |
| M9 | 523 | 合计 | 9块 | 002(最后) | 4690.9 | 4719.0 |
| M9 | 523 | 合计 | 10块 | 001(开始) | 4441.5 | 4469.6 |
| M9 | 523 | 合计 | 10块 | 002(最后) | 4493.2 | 4521.3 |
| M9 | 523 | 合计 | 11块 | 002(最后) | 4392.9 | 4421.0 |
| M9 | 523 | 合计 | 12块 | 001(开始) | 4294.5 | 4322.6 |
| M9 | 523 | 合计 | 12块 | 002(最后) | 4317.8 | 4345.9 |
| M9 | 523 | 合计 | 13块 | 001(开始) | 4264.5 | 4292.6 |
| M9 | 523 | 合计 | 13块 | 002(最后) | 4276.3 | 4304.4 |
| M9 | 523 | 合计 | 14块 | 001(开始) | 4240.5 | 4268.6 |
| M9 | 523 | 合计 | 14块 | 002(最后) | 4244.2 | 4272.3 |
| M9 | 523 | 合计 | 中跨合拢前临时压重 | 001(开始) | 4254.4 | 4282.5 |
| M9 | 523 | 合计 | 中跨合拢前临时压重 | 002(用户1) | 4544.3 | 4572.4 |
| M9 | 523 | 合计 | 中跨合拢前临时压重 | 003(最后) | 4529.1 | 4557.2 |
| M9 | 523 | 合计 | 中跨合拢 | 001(开始) | 4595.4 | 4623.5 |
| M9 | 523 | 合计 | 中跨合拢 | 002(最后) | 4054.4 | 4082.5 |
| M9 | 523 | 合计 | 解除塔梁固结 | 001(开始) | 4037.8 | 4065.9 |
| M9 | 523 | 合计 | 解除塔梁固结 | 002(最后) | 4034.5 | 4062.6 |
| M9 | 523 | 合计 | 二次压重 | 002(最后) | 4035.3 | 4063.4 |
| M9 | 523 | 合计 | 桥面铺装等 | 002(最后) | 4781.9 | 4810.0 |

续表

| 位置 | 单元 | 荷载 | 阶段 | 步骤 | 内力-I(kN) | 内力-J(kN) |
|---|---|---|---|---|---|---|
| M9 | 523 | 合计 | 成桥 1000 | 002(最后) | 4796.9 | 4825.0 |
| M10 | 524 | 合计 | 10 块 | 001(开始) | 4660.3 | 4689.7 |
| M10 | 524 | 合计 | 10 块 | 002(最后) | 4723.6 | 4753.0 |
| M10 | 524 | 合计 | 11 块 | 002(最后) | 4580.7 | 4610.1 |
| M10 | 524 | 合计 | 12 块 | 001(开始) | 4431.9 | 4461.3 |
| M10 | 524 | 合计 | 12 块 | 002(最后) | 4469.6 | 4499.0 |
| M10 | 524 | 合计 | 13 块 | 001(开始) | 4375.1 | 4404.6 |
| M10 | 524 | 合计 | 13 块 | 002(最后) | 4399.0 | 4428.5 |
| M10 | 524 | 合计 | 14 块 | 001(开始) | 4324.8 | 4354.2 |
| M10 | 524 | 合计 | 14 块 | 002(最后) | 4337.6 | 4367.0 |
| M10 | 524 | 合计 | 中跨合拢前临时压重 | 001(开始) | 4334.6 | 4364.0 |
| M10 | 524 | 合计 | 中跨合拢前临时压重 | 002(用户 1) | 4722.7 | 4752.1 |
| M10 | 524 | 合计 | 中跨合拢前临时压重 | 003(最后) | 4715.0 | 4744.4 |
| M10 | 524 | 合计 | 中跨合拢 | 001(开始) | 4789.4 | 4818.8 |
| M10 | 524 | 合计 | 中跨合拢 | 002(最后) | 4187.8 | 4217.2 |
| M10 | 524 | 合计 | 解除塔梁固结 | 001(开始) | 4182.3 | 4211.8 |
| M10 | 524 | 合计 | 解除塔梁固结 | 002(最后) | 4163.3 | 4192.7 |
| M10 | 524 | 合计 | 二次压重 | 002(最后) | 4162.8 | 4192.3 |
| M10 | 524 | 合计 | 桥面铺装等 | 002(最后) | 4870.6 | 4900.0 |
| M10 | 524 | 合计 | 成桥 1000 | 002(最后) | 4859.7 | 4889.1 |
| M11 | 525 | 合计 | 11 块 | 002(最后) | 4742.3 | 4773.0 |
| M11 | 525 | 合计 | 12 块 | 001(开始) | 4538.2 | 4569.0 |
| M11 | 525 | 合计 | 12 块 | 002(最后) | 4589.9 | 4620.6 |
| M11 | 525 | 合计 | 13 块 | 001(开始) | 4448.4 | 4479.1 |
| M11 | 525 | 合计 | 13 块 | 002(最后) | 4485.8 | 4516.5 |
| M11 | 525 | 合计 | 14 块 | 001(开始) | 4366.6 | 4397.4 |
| M11 | 525 | 合计 | 14 块 | 002(最后) | 4389.8 | 4420.5 |
| M11 | 525 | 合计 | 中跨合拢前临时压重 | 001(开始) | 4369.7 | 4400.5 |
| M11 | 525 | 合计 | 中跨合拢前临时压重 | 002(用户 1) | 4859.6 | 4890.4 |
| M11 | 525 | 合计 | 中跨合拢前临时压重 | 003(最后) | 4861.5 | 4892.3 |
| M11 | 525 | 合计 | 中跨合拢 | 001(开始) | 4941.7 | 4972.5 |
| M11 | 525 | 合计 | 中跨合拢 | 002(最后) | 4300.5 | 4331.3 |
| M11 | 525 | 合计 | 解除塔梁固结 | 001(开始) | 4304.9 | 4335.6 |
| M11 | 525 | 合计 | 解除塔梁固结 | 002(最后) | 4271.3 | 4302.1 |
| M11 | 525 | 合计 | 二次压重 | 002(最后) | 4269.8 | 4300.5 |
| M11 | 525 | 合计 | 桥面铺装等 | 002(最后) | 4926.3 | 4957.0 |

附表6.2

施工预拱度计算表

| 项目 | 137号 | 0号块 | 1号块 | 2号块 | 3号块 | 4号块 | 5号块 | 6号块 | 7号块 | 8号块 | 9号块 | 10号块 | 11号块 | 现浇段5 | 现浇段4 | 现浇段3 | 现浇段2 | 现浇段1 |
|---|---|---|---|---|---|---|---|---|---|---|---|---|---|---|---|---|---|---|
| 主塔横梁以上 | 12 | 24 | 32 | | | | | | | | | | | | | | | |
| 0~1块 | 9 | 21 | 29 | | | | | | | | | | | | | | | |
| 拉1号索 | 9 | 23 | 37 | 46 | | | | | | | | | | | | | | |
| 2块 | 10 | 25 | 42 | 57 | 67 | | | | | | | | | | | | | |
| 3块 | 9 | 25 | 45 | 65 | 82 | 94 | | | | | | | | | | | | |
| 4块 | 9 | 25 | 47 | 70 | 92 | 111 | 125 | | | | | | | | | | | |
| 5块 | 8 | 25 | 47 | 73 | 99 | 123 | 145 | 160 | | | | | | | | | | |
| 6块 | 8 | 24 | 47 | 74 | 102 | 130 | 157 | 179 | 194 | | | | | | | | | |
| 7块 | 7 | 23 | 46 | 73 | 102 | 132 | 162 | 188 | 209 | 221 | | | | | | | | |
| 8块 | 7 | 22 | 44 | 69 | 97 | 125 | 153 | 178 | 199 | 212 | 216 | | | | | | | |
| 9块 | 6 | 21 | 42 | 67 | 93 | 121 | 148 | 173 | 195 | 210 | 217 | 216 | | | | | | |
| 10块 | 6 | 19 | 37 | 58 | 79 | 100 | 120 | 138 | 150 | 156 | 154 | 146 | 132 | 55 | 40 | 27 | 14 | 0 |
| 11块 | 6 | 17 | 32 | 48 | 64 | 80 | 94 | 104 | 108 | 106 | 97 | 83 | 63 | 55 | 40 | 26 | 14 | 0 |
| 12块 | 6 | 16 | 29 | 44 | 59 | 74 | 87 | 97 | 103 | 101 | 94 | 81 | 62 | 54 | 40 | 27 | 14 | 0 |
| 13块 | 5 | 15 | 27 | 40 | 54 | 68 | 81 | 91 | 97 | 97 | 91 | 79 | 62 | 54 | 40 | 27 | 14 | 0 |
| 14块 | 5 | 14 | 25 | 37 | 50 | 63 | 75 | 86 | 92 | 93 | 88 | 78 | 61 | 54 | 40 | 27 | 14 | 0 |
| 中跨合拢前临时压重 | 5 | 16 | 29 | 43 | 57 | 72 | 85 | 95 | 100 | 99 | 93 | 80 | 62 | 54 | 41 | 27 | 14 | 0 |
| 中跨合拢 | 5 | 14 | 25 | 36 | 49 | 63 | 75 | 86 | 92 | 93 | 88 | 78 | 61 | 54 | 40 | 27 | 14 | 0 |
| 解除塔梁固结 | 5 | 6 | 10 | 16 | 24 | 31 | 39 | 45 | 50 | 50 | 48 | 41 | 32 | 28 | 21 | 14 | 8 | 0 |
| 二次压重 | 5 | 6 | 9 | 14 | 20 | 26 | 32 | 37 | 41 | 41 | 38 | 33 | 26 | 22 | 17 | 11 | 6 | 0 |
| 桥面铺装等 | 3 | 5 | 7 | 10 | 14 | 17 | 21 | 23 | 25 | 26 | 24 | 21 | 16 | 14 | 11 | 7 | 4 | 0 |
| 成桥1000 | 0 | 0 | 0 | 0 | 0 | 0 | 0 | 0 | 0 | 0 | 0 | 0 | 0 | 0 | 0 | 0 | 0 | 0 |

续表

| 137号 | 0号块 | 1号块 | 2号块 | 3号块 | 4号块 | 5号块 | 6号块 | 7号块 | 8号块 | 9号块 | 10号块 | 11号块 | 12号块 | 13号块 | 14号块 | 14号块 | 13号块 | 12号块 |
|---|---|---|---|---|---|---|---|---|---|---|---|---|---|---|---|---|---|---|
| 12 | -4 | -31 |  |  |  |  |  |  |  |  |  |  |  |  |  |  |  |  |
| 9 | -7 | -34 | -55 |  |  |  |  |  |  |  |  |  |  |  |  |  |  |  |
| 9 | -5 | -26 | -42 | -74 |  |  |  |  |  |  |  |  |  |  |  |  |  |  |
| 10 | -3 | -19 | -32 | -56 | -90 |  |  |  |  |  |  |  |  |  |  |  |  |  |
| 9 | -2 | -15 | -24 | -42 | -67 | -103 |  |  |  |  |  |  |  |  |  |  |  |  |
| 9 | -2 | -12 | -19 | -31 | -48 | -74 | -110 |  |  |  |  |  |  |  |  |  |  |  |
| 8 | -2 | -11 | -17 | -25 | -37 | -55 | -81 | -117 |  |  |  |  |  |  |  |  |  |  |
| 8 | -2 | -10 | -16 | -22 | -30 | -42 | -60 | -86 | -121 |  |  |  |  |  |  |  |  |  |
| 7 | -3 | -11 | -14 | -18 | -22 | -29 | -41 | -58 | -83 | -115 |  |  |  |  |  |  |  |  |
| 7 | -3 | -10 | -14 | -16 | -19 | -23 | -30 | -42 | -58 | -81 | -111 |  |  |  |  |  |  |  |
| 6 | -3 | -10 | -7 | -6 | -5 | -4 | -5 | -10 | -18 | -31 | -48 | -72 |  |  |  |  |  |  |
| 6 | -2 | -6 | 0 | 5 | 10 | 15 | 19 | 21 | 20 | 15 | 7 | -5 | -21 |  |  |  |  |  |
| 6 | 0 | -2 | 2 | 8 | 15 | 22 | 28 | 33 | 36 | 36 | 34 | 30 | 24 | 18 |  |  |  |  |
| 6 | 0 | -1 | 4 | 11 | 18 | 27 | 35 | 42 | 47 | 52 | 55 | 56 | 58 | 62 | 68 |  |  |  |
| 5 | 0 | 0 | 6 | 13 | 21 | 31 | 40 | 49 | 57 | 65 | 73 | 81 | 91 | 103 | 121 |  |  |  |
| 5 | 0 | 1 | 6 | 13 | 21 | 31 | 40 | 49 | 57 | 65 | 73 | 81 | 91 | 103 | 121 |  |  |  |
| 5 | -1 | 1 | 0 | 4 | 9 | 13 | 16 | 16 | 13 | 7 | -2 | -14 | -26 | -37 | -42 | -42 | -37 | -26 |
| 5 | 0 | 2 | 8 | 17 | 28 | 41 | 53 | 65 | 76 | 84 | 90 | 93 | 94 | 93 | 92 | 92 | 93 | 94 |
| 5 | 7 | 14 | 24 | 35 | 49 | 63 | 77 | 92 | 105 | 117 | 126 | 133 | 137 | 138 | 138 | 138 | 138 | 137 |
| 5 | 8 | 15 | 25 | 38 | 51 | 66 | 81 | 96 | 110 | 122 | 132 | 139 | 144 | 146 | 146 | 146 | 146 | 144 |
| 3 | 1 | 0 | 1 | 1 | 3 | 4 | 6 | 7 | 8 | 9 | 8 | 7 | 6 | 4 | 3 | 3 | 4 | 6 |
| 0 | 0 | 0 | 0 | 0 | 0 | 0 | 0 | 0 | 0 | 0 | 0 | 0 | 0 | 0 | 0 | 0 | 0 | 0 |

续表

| 3号块 | 2号块 | 1号块 | 0号块 | 138号 | 0号块 | 1号块 | 2号块 | 3号块 | 4号块 | 5号块 | 6号块 | 7号块 | 8号块 | 9号块 | 10号块 | 11号块 | 12号块 |
|---|---|---|---|---|---|---|---|---|---|---|---|---|---|---|---|---|---|
|  |  | 32 | 24 |  | -4 | -31 |  |  |  |  |  |  |  |  |  |  |  |
|  |  | 29 | 21 | 12 | -7 | -34 |  |  |  |  |  |  |  |  |  |  |  |
|  | 46 | 37 | 23 | 9 | -5 | -26 | -55 |  |  |  |  |  |  |  |  |  |  |
| 67 | 57 | 42 | 25 | 9 | -3 | -19 | -42 | -74 |  |  |  |  |  |  |  |  |  |
| 82 | 65 | 45 | 25 | 10 | -2 | -15 | -32 | -56 | -90 |  |  |  |  |  |  |  |  |
| 92 | 70 | 47 | 25 | 9 | -2 | -12 | -24 | -42 | -67 | -103 |  |  |  |  |  |  |  |
| 99 | 73 | 47 | 25 | 9 | -2 | -11 | -19 | -31 | -48 | -74 | -110 |  |  |  |  |  |  |
| 102 | 74 | 47 | 24 | 8 | -2 | -10 | -17 | -25 | -37 | -55 | -81 | -117 |  |  |  |  |  |
| 102 | 73 | 46 | 23 | 8 | -3 | -11 | -16 | -22 | -30 | -42 | -60 | -86 | -121 |  |  |  |  |
| 97 | 69 | 44 | 22 | 7 | -3 | -10 | -14 | -18 | -22 | -29 | -41 | -58 | -83 | -115 |  |  |  |
| 93 | 67 | 42 | 21 | 7 | -3 | -10 | -14 | -16 | -19 | -23 | -30 | -42 | -58 | -81 | -111 |  |  |
| 79 | 58 | 37 | 19 | 6 | -2 | -6 | -7 | -6 | -5 | -4 | -5 | -10 | -18 | -31 | -48 | -72 |  |
| 64 | 48 | 32 | 17 | 6 | 0 | -2 | 0 | 5 | 10 | 15 | 19 | 21 | 20 | 15 | 7 | -5 | -21 |
| 59 | 44 | 29 | 16 | 6 | 0 | -1 | 2 | 8 | 15 | 22 | 28 | 33 | 36 | 36 | 34 | 30 | 24 |
| 54 | 40 | 27 | 15 | 6 | 0 | 0 | 4 | 11 | 18 | 27 | 35 | 42 | 47 | 52 | 55 | 56 | 58 |
| 50 | 37 | 25 | 14 | 5 | 0 | 1 | 6 | 13 | 21 | 31 | 40 | 49 | 57 | 65 | 73 | 81 | 91 |
| 57 | 43 | 29 | 16 | 5 | -1 | -2 | 0 | 4 | 9 | 13 | 16 | 16 | 13 | 7 | -2 | -14 | -26 |
| 49 | 36 | 25 | 14 | 5 | 0 | 2 | 8 | 17 | 28 | 41 | 53 | 65 | 76 | 84 | 90 | 93 | 94 |
| 24 | 16 | 10 | 6 | 5 | 7 | 14 | 24 | 35 | 49 | 63 | 77 | 92 | 105 | 117 | 126 | 133 | 137 |
| 20 | 14 | 9 | 6 | 5 | 8 | 15 | 25 | 38 | 51 | 66 | 81 | 96 | 110 | 122 | 132 | 139 | 144 |
| 14 | 10 | 7 | 5 | 3 | 1 | 0 | 1 | 1 | 3 | 4 | 6 | 7 | 8 | 9 | 8 | 7 | 6 |
| 0 | 0 | 0 | 0 | 0 | 0 | 0 | 0 | 0 | 0 | 0 | 0 | 0 | 0 | 0 | 0 | 0 | 0 |

续表

| 3号块 | 4号块 | 5号块 | 6号块 | 7号块 | 8号块 | 9号块 | 10号块 | 11号块 | 现浇段4 | 现浇段3 | 现浇段2 | 现浇段1 | 现浇段0 |
|---|---|---|---|---|---|---|---|---|---|---|---|---|---|
| 67 | | | | | | | | | | | | | |
| 82 | 94 | | | | | | | | | | | | |
| 92 | 111 | 125 | | | | | | | | | | | |
| 99 | 123 | 145 | 160 | | | | | | | | | | |
| 102 | 130 | 157 | 179 | 194 | | | | | | | | | |
| 102 | 132 | 162 | 188 | 209 | 221 | | | | | | | | |
| 97 | 125 | 153 | 178 | 199 | 212 | 216 | | | | | | | |
| 93 | 121 | 148 | 173 | 195 | 210 | 217 | 216 | | | | | | |
| 79 | 100 | 120 | 138 | 150 | 156 | 154 | 146 | 132 | 55 | 40 | 27 | 14 | |
| 64 | 80 | 94 | 104 | 108 | 106 | 97 | 83 | 63 | 55 | 40 | 26 | 14 | 0 |
| 59 | 74 | 87 | 97 | 103 | 101 | 94 | 81 | 62 | 54 | 40 | 27 | 14 | 0 |
| 50 | 63 | 75 | 86 | 92 | 93 | 88 | 78 | 61 | 54 | 40 | 27 | 14 | 0 |
| 57 | 72 | 85 | 95 | 100 | 99 | 93 | 80 | 62 | 54 | 41 | 27 | 14 | 0 |
| 49 | 63 | 75 | 86 | 92 | 93 | 88 | 78 | 61 | 54 | 40 | 27 | 14 | 0 |
| 24 | 31 | 39 | 45 | 50 | 50 | 48 | 41 | 32 | 28 | 21 | 14 | 8 | 0 |
| 20 | 26 | 32 | 37 | 41 | 41 | 38 | 33 | 26 | 22 | 17 | 11 | 6 | 0 |
| 14 | 17 | 21 | 23 | 25 | 26 | 24 | 21 | 16 | 14 | 11 | 7 | 4 | 0 |

（a）主塔下横梁以下施工当前步骤位移云图

（b）主塔上横梁以上施工当前步骤位移云

（c）支架现浇施工当前步骤位移云图

（d）张拉1号斜拉索施工当前步骤位移云图

（e）主梁7号块施工当前步骤位移云图

（f）中跨合龙前临时压重施工当前步骤位移云图

（g）中跨合龙施工当前步骤位移云图

（h）成桥1000d

附图6.1　各施工阶段当前步骤位移图（彩图见文末）

# 第四篇

## 提升篇

# 第7章 基于全过程风险控制的岩溶区全护筒桩基溶洞施工技术

## 7.1 施工区岩溶概况

山东省是高速公路建设起步较早的省份之一，高速公路通车里程曾长期占据全国第一，但随后增速有所放缓。"十三五"期间开启新一轮高速公路建设热潮。到 2020 年要实现高速公路通车里程达到 7600km 的任务目标，新建市场需求近 2300km。"十三五"规划提出"市市通高铁、县县通高速"的目标。根据《山东省高速公路中长期规划（2014—2030 年）》调整方案要求，到 2020 年实现高速公路通车里程达到 7600km，到 2030 年，全省高速公路网实现"九纵五横一环七连"（简称"9517 网"）布局，总里程约 8300km。

2018 年国务院正式批复《山东新旧动能转换综合试验区建设总体方案》，在原有国道、高速公路、铁路的基础上，山东省的基础建设将直接影响其他产业的发展，而该地区的岩溶地质给基础建设带来了很多困难，如图 7.1 所示。枣菏高速微山湖特大桥主要跨越白马河、京杭运河主航道和京杭运河西航道，全长 9889m，是山东省最大的跨湖桥梁。这座双塔斜拉桥主跨跨径为 210m，通航净空为 7m，可以确保船只正常通航，作为北方最大的淡水湖，在南四湖水域修建特大桥，不仅桥梁线路长，而且结构复杂、施工难度大。

主航道桥为双塔双索面三跨预应力混凝土斜拉桥，跨径布置为 95＋210＋95＝400m，双索面布置，主梁全宽 32.5m，采用双边箱断面混凝土主梁。桥塔采用 H 形钢筋混凝土塔，分为上塔柱和下塔柱，上塔柱高 66.2m，下塔柱高分别为 13.7m 和 11.5m，横梁采用单箱单室截面，预应力混凝土结构。横梁长 41.1m，宽 6.8m，高 4m，顶底腹板壁厚均为 1m，斜拉索呈平面扇形分布，每个索塔共有 14 对拉索，前 6 对拉索塔上锚固区采用混凝土锚块构造，塔壁四周布置环向预应力，后 8 对索采用钢锚梁。桥塔塔座高 2m，塔座顶面尺寸为横桥向 8.4m，顺桥向 12m，底面尺寸为横桥向 12.4m，顺桥向 16m。桥塔采用分高式基础，每个基础采用直径 2m 的钻孔灌注桩，承台厚 4.5m，承台横桥向宽 13.5m，顺桥向长 18.6m，每个承台下设 12 根桩。

根据钻孔揭露深度范围内，岩溶主要分布在桥位 K40＋605～K43＋125、K44＋530～K46＋300 段的寒武—奥陶灰岩岩层中，该岩层岩溶发育，溶洞大小不一，半填充、半填充—全填充，局部溶洞有掉钻现象，溶洞填充物主要为黏性土和少量片石，土质均匀，但均存在漏浆情况。

根据地质报告主要存在溶洞的桥梁为东侧接线引桥（60×35m 预制小箱梁）、跨白马河桥（75＋130＋75m 预应力混凝土连续梁）、东侧滩内引桥（63×35m＋10×33m

预制小箱梁），跨京杭运河主航道桥（95＋210＋95m 双塔斜拉桥），主要分布
1～148 号墩之间，根据地质报告涉及溶洞桩基 160 个，其中可能存在较大溶洞（4m 以
上）主要有 3 号、4 号、126 号、137 号、138 号、139 号、140 号，其余均为一般或较
小溶洞。

在浅覆盖岩溶地区的建筑，其基础形式多采用桩基础，桩端坐落在完整灰岩之上。在
桩基施工过程中经常遇到岩溶地质危害：如钻孔灌注桩施工时桩孔突然涌水，轻则淹没桩
孔，无法继续施工，重则造成人员伤亡。钻孔灌注桩有的在钻孔时，冲洗液大量漏失，造
成孔壁严重坍塌、地面凹陷、钻机歪斜埋住钻具，无法继续钻进冲孔；有的桩孔互相连
通，造成排渣、清孔困难或者混凝土灌注时互相干扰，严重影响桩的质量，所有这些危害
都与岩溶发育和岩溶地下水有关。如何治理这些危害，是关系桩基施工质量及建筑物安全
的大问题[4]。

对于不同地质的岩溶，采用不同的方法进行治理，尤其在岩溶分布广泛、发育成熟的
区域，路基基底的岩溶处置直接关系工程质量的高低。我国幅员辽阔，高速公路的通车里
程已达世界前列，但是在我国的部分地区，岩溶地质遍布，在高速公路建设过程中就会遇
到很多棘手的岩溶问题。很多道路即使是在通过后也会出现塌陷、下沉等情况。这都是没
有及时准确地查明岩溶地质状况导致的结果，利用传统的封堵等技术往往不能从根本上解
决问题[5]。

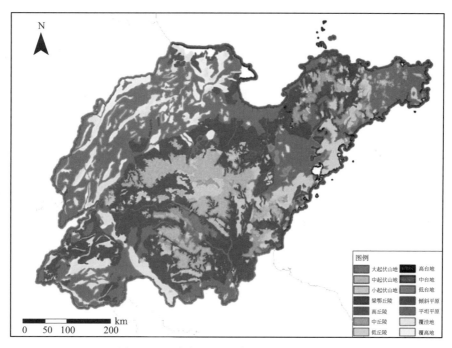

图 7.1　山东省地形地貌图（彩图见文末）

岩溶地区地基处理方面积累了大量的经验，尤其在处理地基塌陷、溶洞问题方面成就
显著。但是就目前国内外的岩溶地基处理的研究状况看，还需要对岩溶地基处理的风险分
析理论进一步的完善，不能单靠经验与工程结合的方法进行处理。

岩溶地区的桥梁桩基，由于岩体的岩性不同，溶洞的发展、发育情况不同（如：溶

洞数量、形状、尺寸、位置的随机性及多样性），以及填充物的复杂性和多样性，决定了岩溶地段桩基在遭遇不同荷载时容易发生较大位移而影响上部结构稳定还有其他次生灾害。在经济迅速发展的今天，世界各地对岩溶区资源开发日益加强。因此诱发的岩溶塌陷也日益频繁，成为岩溶区主要环境地质灾害。桥梁桩基施工作为大型的土木工程项目，因其施工阶段的诸多因素的不确定性，使得桥梁桩基风险分析成为摆在桥梁工作者面前的一个主要课题[6-8]。由于我国目前对风险管理没有引起足够的重视和对风险管理知识的匮乏，使得我国企业整体对驾驭风险的能力较弱，近些年来，桥梁桩基施工事故频发不断。这些事故的教训一再要求我们重视建立施工控制和风险管理体系的重要性。

纵观国内外学者及工程技术人员对于嵌岩桩的研究方法，主要可以归结为以下三种方法：数值分析法、原位测试法和室内试验法。

目前我国岩溶地区冲孔灌注桩的设计施工中没有固定的参考规范，只是参考普通地区的冲孔灌注桩的设计，再加上一定的安全系数，这样的设计只是依据经验来表示，无法保证项目的安全及稳定性。如果过于保守，势必会造成浪费，使工程造价增大，浪费人力物力。因此，岩溶地区的冲孔桩的设计是个急需研究的课题。目前的研究已经取得了一些成果。例如：有关研究中对于溶洞顶板的厚度做了估计，要求溶洞顶板厚度控制在 5m 左右。

鉴于微山湖特大桥桩基施工场地岩溶发育，溶洞大小不一，半填充、半填充—全填充，局部溶洞有掉钻现象，充分利用该岩溶深桩基础大规模施工平台，成功地开展研究桩基础岩溶处理课题，必将对同类型地质情况的桥梁建设产生深远的影响。结合实际工程建设，对不同桩长、不同岩溶地质情况下，采取不同的施工方法，进行系统总结研究，对其施工理论及方法进行探讨，对承载机理进行理论研究，并进行工程实践应用研究，具有科学探索和工程应用双重价值：对岩溶桩基从勘探、设计、施工三个阶段进行风险识别、分析、控制、提前预警与应急，确保桩基施工质量，减少工程事故的发生，杜绝桩基施工中的重大工程质量事故。该研究不仅对完善依托工程设计、确保施工质量等具有直接作用，而且对其他同类桥梁桩基础的施工具有理论指导作用，并能为国内岩溶强发育地区深桩基础理论的研究、设计理论的发展、施工技术的进步、关键控制数据的确定等提供经验，促进我国岩溶强发育地区深桩基础的健康发展。

# 7.2 主要研究内容

## 7.2.1 课题主要研究内容

结合工程概况本项目将以下 7 点作为主要的研究内容，并提出主要的技术创新点。

**1. 岩溶区不同溶洞类型下的桩基施工技术研究**

基于不同溶洞状态与地质条件下的桩基施工。采取不同的施工处理方法，考虑经济性、工期要求，优化施工方法，有针对性地开展岩溶区桩基施工。

**2. 岩溶区桩基施工技术风险控制**

（1）全过程风险识别

对岩溶区桩基技术的勘察、设计、施工三个阶段中的所有风险进行识别。

（2）识别确认

建立枣菏高速微山湖特大桥桩基工程建设的风险评价结构体系。

（3）风险评价

对岩溶区护筒桩基施工的风险进行定性和定量的评价，估算各个风险发生的概率及其可能导致的损失大小，确定指标的权重。

（4）综合评价

在对单个风险因素发生概率和影响后果进行估计的基础上，计算出不同层次风险的严重程度，找到该项目的关键风险，为重点防范这些风险提供科学依据。

（5）总结检查

风险管理随着工程总结周总结，回顾风险识别，风险估计、评价、控制和防范是否有效，以修正风险管理。

**3. 岩溶区桩基在竖向力、水平力、弯矩共同作用下承载特性、稳定性分析**

研究岩溶区单桩在竖向力、水平力及弯矩共同作用下，基于不同溶洞几何尺寸。不同桩径，不同岩石特性及不同成桩工艺，对桩基承载特性、变形性状及稳定性进行研究。

**4. 桩身应力监测，对比不同承载状态溶洞对桩基的影响**

选取具有不同代表性的摩擦桩、端承桩、超长桩进行应力监测，研究溶洞存在对桩基的影响。

**5. 复杂几何形状下的桩-土-溶洞试验、数值分析**

基于 ABAQUS 建立桩-土-溶洞数值分析模型，通过参数对比分析，获得溶洞数量、溶洞半径、溶洞高度以及溶洞间竖向相对距离等影响因素对桩身荷载传递、沉降和稳定性的影响规律，结合电测、声测所得出的溶洞形状，通过对空间分布的复杂几何形状进行溶洞承载力模拟，以期用以指导岩溶区桩基设计。

**6. 护筒和预注浆溶洞处理方法对比分析**

结合现场实际工程参数，对选用的护筒和预注浆技术进行对比分析。实际过程中接触面对承载力影响很大，参数的选取尤为关键，通过室内试验来取得相关的接触面参数及特性，反映溶洞处理后承载力变化情况。

**7. 岩溶区超长深桩关键施工技术研究**

结合工程实际通过工程物探、岩溶预处理、后压浆等过程处理，研究岩溶强发育区深桩基础施工的最优方案，确保工程质量、安全和进度。为促进桥梁的发展，针对特殊环境研发新的施工技术。

### 7.2.2　课题主要创新点

主要的创新点如下：

（1）针对溶洞处理的护筒技术，研究施工过程中护筒下沉机理，优化护筒技术，桩基施工建立岩溶区桩基勘察、设计、施工技术指南。

（2）对桩基工程技术的勘察、设计、施工三个阶段进行风险管理和控制，建立枣菏高速微山湖特大桥工程桩基施工风险管理控制体系。

（3）通过理论研究，结合室内模型试验及数值模拟分析结果，获得岩溶区桩基竖向承载力计算方法的参数获取方法，建立岩溶区桩基竖向承载特性的计算理论和分析方法。

# 7.3 岩溶桩基及护筒施工技术

## 7.3.1 桩基施工技术

首先介绍桩基施工，国内最为成熟且应用最广的桩基施工工艺，主要有以下两大类：

**1. 预制桩施工**

钢筋混凝土预制桩是土木工程中传统的主要桩型。施工时，通过打入或其他方法将预制好的钢筋混凝土桩沉入到设计位置。预制桩不易穿透较厚的砂土等硬夹层（除非采用预钻孔、射水等辅助沉桩措施），只能进入砂、砾、硬黏土、强风化岩等坚实持力层不大的深度。沉桩方法一般采用锤击，由此产生的振动、噪声污染必须加以考虑。一般来说，预制桩施工质量较稳定，但沉桩过程中产生的挤土效应，特别是在饱和软黏土地区沉桩可能导致周围建筑物、道路、管线等的损坏[9]。此外，预制桩由于承受运输、起吊、打击应力，要求配置较多钢筋，混凝土强度等级也相应提高，因此造价往往高于灌注桩。

**2. 灌注桩施工**

目前灌注桩在我国已形成多种成桩工艺、多类桩型，使用范围已扩及到土木工程的各个领域。灌注桩施工过程无大的噪声和振动（沉管灌注桩除外），并可根据土层分布情况任意变化桩长，根据同一建筑物的荷载分布与土层情况采用不同桩径。对于承受侧向荷载的桩，还可设计成有利于提供横向承载力的异形桩或变截面桩，即在受弯矩较大的上部采用较大的截面。灌注桩可穿过各种软、硬夹层，将桩端置于坚实土层或嵌入基层，还可扩大桩底以充分发挥桩身强度和持力层的承载力。桩身钢筋则可根据荷载大小与性质、荷载沿深度的传递特征以及土层的变化来配置，无需像预制桩那样配置起吊、运输、打击应力筋。此外，灌注桩配筋率远低于预制桩，其造价为预制桩的 $40\%\sim70\%$。

常用的桩基施工技术有以下五种：

（1）人工挖孔桩施工技术

人工挖孔桩施工技术在实际应用过程中具有操作程序简单且所需要的设备也比较简单、适应环境能力强、对施工现场要求低以及施工过程噪声低等多种优势。在桥梁桩基施工过程中采用这种技术可以使得护筒比附近的地面高一些，这样就可以避免其他杂物进入到孔隙当中。

（2）钻孔施工技术

这种施工技术在桥梁桩基施工体系当中比较常见，在钻孔过程中一定要对各种影响因素进行详细分析，并充分结合工程实际需求进行科学合理的安排，对施工道路还有用水管道进行合理的布置，一定要避免与其他线路发生冲突，确保钻机底座的平衡性和钻机在整个作业过程中运作的有效性。钻孔操作完成之后，还应该在孔口安装钢筋，然后分析钢筋上浮状况。在利用冲钻进行钻孔的过程中，还需要利用辅助绳索对钻架进行固定，在混凝土浇筑前一定要确保搅拌机等相关设备的良好运作，控制好原材料质量和配合比例。

（3）灌注桩施工技术

与其他施工技术相比较而言，灌注桩施工技术更加复杂，桩身质量要求也比较高，但是却可以节约一定的施工材料，并且工程的适用性更好。在实际灌注过程当中，想要不断提升坑壁的稳定性一定要做好泥浆灌注作业，将杂物排除干净，并在孔内安装相应的钢筋骨架，不断提升孔桩的坚固性和稳定性。在实际应用过程中，由于灌注桩具有一定的不稳定性[10]，所以，应该做好质量抽检工作，不断优化施工技术，降低施工难度，保证工程建设质量。

（4）植筋加固技术

植筋加固技术应用过程中需要采用非常专业的钻孔设备和施工技术，同时还需要对孔道进行彻底的清洁和烘干处理，然后结合加固实际需求在孔道内注入一定量的植筋胶[10]。加固过程如下：首先，将钢筋固定在混凝土结构内以提升桩基整体受力承载力；其次，在钻孔的时候一定要严格按照施工图纸进行操作，特别是钻孔位置一定要进行准确的标记，将偏差控制在合理的范围之内。

（5）声测管施工技术

这种施工技术主要包括超声波透射法和低应变法两种，分别适用于不同的施工环境。相比较而言，低应变法适用更加广泛，但是检测精度却不是非常好；而超声波投射法检测精度比较高，但检测成本也比较高[11]。

在不同地质条件下采用不同的岩溶施工方法：

（1）预注浆法

使用超前地质钻探不仅可以提前探明溶洞发育情况，还可以提前对溶洞补浆，将空溶洞灌满，这样可以防止钻孔过程中溶洞的顶板被击穿，保证不会因水头下降而塌孔的危害。因为塌孔时间迅速，很难快速补救，所以利用地质孔提前注浆可以有效地预防。

（2）抛填法

处理溶洞、斜孔，卡钻最常见的方法是探明溶洞后回填石块、黏土，并多次充填。对于一些小规模溶洞、裂隙，可以采用抛填片石、黏土、水泥等填堵溶洞。

当钻孔施工接近溶洞顶部时，可以在加大泥浆密度的同时采取小冲程冲击，保持冲击钻头击破溶洞顶板的平稳状态，这样可以有效地防止卡钻，也可以延长泥浆渗透的时间，为抛填填充物和补充泥浆做了准备。注意观察孔内的泥浆面的高度变化，发现泥浆面下沉，需要尽快提升钻头，防止塌孔、埋钻，及时补浆和回填黏土，待泥浆面稳定后再进行施工。

（3）灌注混凝土法

对于较大的溶洞，尤其是半填充或无填充溶洞，采用抛填片石、黏土、水泥等方法难以成孔，或者成孔后灌注水下混凝土时孔壁被挤垮，这时用灌注低强度等级混凝土的方法处理。

施工时先抛填片石、黏土，用小冲程冲击片石，挤压到溶洞边形成泥浆片石护壁，反复冲挤，待溶洞填注基本饱满时，再灌注低强度等级的混凝土至溶洞顶以上，待混凝土达到一定强度后，继续冲孔穿过溶洞。

（4）双液注浆法

水泥水玻璃双液注浆技术适用于 10m 以下半填充或全填充溶洞、岩溶裂隙非常发育、串珠状溶洞或大型溶洞及相邻桩位溶洞连通的桩基，双液注浆采用水泥浆液与水玻璃同时注喷的方式，使混合浆液迅速絮凝，在一定范围内形成水泥固结体，填塞溶洞。

施工时在桩基周边环形均匀布置 6 个注浆孔，注浆孔中心至桩基中心间距为 $D$，$R+$ 30cm $<D<R+$50cm，$R$ 为桩基半径。注浆孔内插入直径 10cm 的注浆钢管，注浆管上每

隔 20cm 设置直径 10cm 出浆孔。

### 7.3.2 护筒施工技术

#### 1. 全护筒跟进处理技术

首先介绍覆盖层全护筒跟进处理技术，在溶洞较大、串珠状溶洞、洞内无填充或有流塑充填物、漏水严重或与暗河连通时采用抛填片石及灌注低强度等级混凝土无效时，宜采用钢护筒跟进法。钢护筒跟进法就是一边冲孔，一边接高护筒，使用振动锤将其振动下沉至已钻成的孔内或溶洞内，用以阻断溶洞内流塑填充物或水的流动，便于钻孔施工。适用于直径为 600～2500mm 的钻孔灌注桩，钻孔灌注桩长度不宜大于 40m 的桩基工程。或地下水位较高，易塌孔，使用普通泥浆及化学泥浆无法成孔的地层（如卵石土层、角砾石土层、砂层等），可进行嵌岩桩施工。其特点为：

1）全护筒钻孔灌注桩施工不采用膨润土或化学泥浆护壁，对地下水没有污染，施工现场整洁，不影响周围居民及企业的正常工作和生活，满足高环保要求。

2）在传统钻孔灌注桩因地层、环保原因无法成孔的情况下，保证桩基工程施工的顺利进行。

3）相比较其他护壁形式的钻孔灌注桩施工工艺，不需要配置泥浆，没有护壁泥皮对承载力的影响，承载力可靠，桩体质量满足规范要求。

4）施工速度比传统工艺快一倍以上，施工效率高，为整体工程的顺利施工打下良好的基础。

（1）工艺流程

全护筒钻孔灌注桩施工工艺流程如图 7.2 所示。

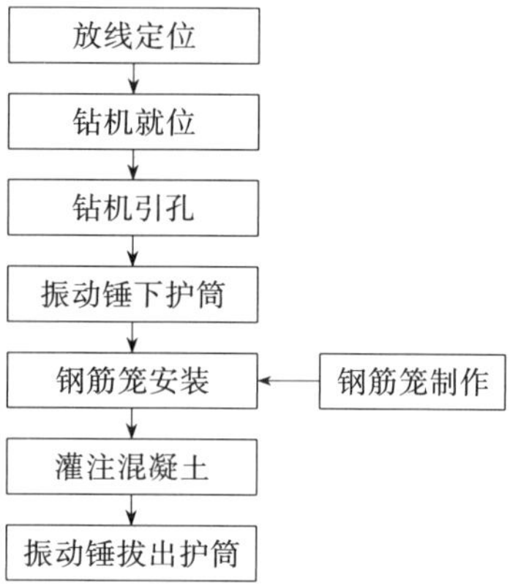

（2）操作要点

1）放线定位

按桩位设计图纸要求，测设桩位并做好标记，以桩位为中心用白灰画一个半径 45cm 的圆，对桩位复核无误后方可开孔。

2）钻机就位

钻机就位后，保持钻机平稳，旋挖机钻尖对准桩位中心。

图 7.2　全护筒钻孔灌注桩
施工工艺流程图

3）钻机引孔

钻机引孔选用钻头为 800mm，引孔至 5m。引孔的作用包括以下几个方面：

①克服浅层障碍物的影响。工程钻机可以有效克服障碍物的影响，无法钻穿的障碍物应采用挖掘机挖出，防止对护筒的卷边损坏；

②引孔部位可以使护筒准确定位，防止护筒偏差造成桩位偏差较大；

③引孔段可以使护筒顺利入孔，减小了护筒下放的摩擦力，保证护筒入孔的稳定性，减少护筒插入时间，保证护筒顺利插入。

4）振动锤下护筒

本工程根据灌注桩孔深及地质情况，护筒下放至进入灰岩 20cm。护筒最深插入深度 35m。

①振动锤设备

振动锤采用 360°挖掘机加装液压振动锤设备而成，使用履带行走方便，地质环境适应性强。该振动锤下放和起拔护筒速度快，在成孔时可用干式成孔法或天然水降低造浆成本。并且可以一次插入单节护筒 12m，大大提高施工效率。

②钢护筒的特殊要求

a. 钢护筒宜采用 10mm 或 12mm 的螺旋管制作。采用 10mm 壁厚以下的钢护筒，在施工过程中容易造成卷边、凹凸，导致钢护筒的周转次数下降，成本增加；采用 12mm 壁厚以上的钢护筒，钢护筒重量大大增加，造成施工不便，增加操作人员的施工难度，降低施工效率。

b. 最下面一节钢护筒宜设置内口的刃脚，减小护筒下放的阻力，保证护筒顺利下放到位。

c. 护筒与护筒之间采用钢强度的螺栓螺母进行连接。如果采用焊接，焊接时间较长，影响施工进度。

d. 振动锤加紧护筒，锁定装置锁定后方可起吊护筒，保证使用安全可控。

e. 护筒起吊后，由施工人员指挥入孔。入孔后不加力，靠护筒自重下沉，技术人员用经纬仪或者铅坠随时调整护筒垂直度，保证入孔顺直。

f. 靠自重护筒无法下沉时，开启振动锤加压下沉，如遇阻力无法下沉，应查明原因后继续操作，不能强行加压，防止护筒下边缘卷边或弯折，导致护筒损坏，以及后期拔护筒过程中泥土进入桩体，造成桩体夹泥。插拔护筒过程如图 7.3 所示。

图 7.3　插拔护筒过程

g. 应根据振动锤功率大小及护筒入土产生的侧摩阻力确定钢护筒的壁厚，一般护筒壁厚应采用≥10mm 的优质钢板制作。宜春东站初期施工过程中，采用壁厚 8mm 的钢护筒，施工过程中护筒卷边、弯折变形严重，损耗率较高，降低了钢护筒周转使用次数。

**145**

5）钻机成孔

护筒到达预定深度后，成孔钻机重新就位，钻头直径采用 780mm，施钻至设计桩底标高。

6）下放钢筋笼、灌注混凝土

组织施工作业人员下放钢筋笼，钢筋笼下放完毕后进行孔底二清，保证沉渣符合设计要求后，及时进行混凝土灌注，混凝土采用汽车泵结合水下灌注混凝土施工工艺进行灌注。

7）振动锤拔除护筒

混凝土灌注满足要求后，振动锤设备重新就位，将护筒拔出桩孔，护筒循环使用。拔护筒控制要点：

① 拔除护筒过程中，振动锤应匀速操作，防止提拔速度过快，导致混凝土密实度下降，影响桩体质量。

② 护筒拔出应保持垂直，在施工人员指挥下完成，保证护筒垂直度，防止护筒垂直度变化造成桩体局部夹泥。

③ 为保证桩头质量，混凝土应超灌 1500mm。护筒拔至最后一节时，应检查护筒内混凝土标高，如果混凝土桩顶标高不够，应将护筒内泥浆清理干净，进行二次灌注。

**2. 双护筒法处理桩基溶洞施工方案**

（1）施工原理

采用双护筒处理方案，对薄弱地层进行有效支护，即使遇到溶洞，泥浆骤然大量损失后，护筒周围薄弱地层不会坍塌，经多次抛填黏土、片石，反复钻进成孔后，将溶洞位置充填密实，确保桩基钻进成孔。

（2）施工方法

1）对于中型溶洞：先对溶洞顶部成孔，再跟进钢护筒至溶洞顶基岩，然后用小冲程凿穿溶洞顶板，若钻进过程中泥浆损失，应及时补充泥浆，并多次抛填片石、黏土块、水泥或混凝土充填挤实后再钻进成孔。

2）对于溶洞高度较大，或糖葫芦串珠状的溶洞，先采用 1）方法治理，如效果不明显，必要时可采用多层钢护筒递进的方法钻进。

（3）护筒选材

1）1.5m 桩基

外护筒：直径 2.3m，钢板厚度 12mm，护筒长度以确保 2m 桩基成孔为准（根据地质资料，暂定为 6m，施工时根据实际情况予以适当调整）。

内护筒：直径 1.8m，钢板厚度 12～16mm，护筒嵌入溶洞顶基岩 1m 以上（根据地质资料，暂定为 30m，施工时根据实际情况予以适当调整）。

2）2m 桩基

外护筒：直径 2.8m，钢板厚度 16mm，护筒长度以确保 2m 桩基成孔为准（根据地质资料，暂定为 6m，施工时根据实际情况予以适当调整）。

内护筒：直径 2.3m，钢板厚度 12～18mm，护筒嵌入溶洞顶基岩 1m 以上（根据地质资料，暂定为 30m，施工时根据实际情况予以适当调整）。

（4）施工工序

场地平整、定位→埋设（或打设）外钢护筒→冲扩大孔至溶洞顶基岩 0.5m→下放内钢护筒→封闭外护筒与扩大桩间隙（碎石压浆固结）→冲设计孔→经多次抛填挤压钻进至桩底标高（大型溶洞可采用多层护筒递进的方法钻进）。

（5）护筒下放方式

外护筒：采取振动锤打设。

内护筒：采用履带式起重机下放。

（6）垂直度控制

外护筒：设置导向设施。

内护筒：每 2m 焊接 6 个定位钢筋。

（7）扩大桩基与内护筒间隙处理

下放内护筒时，护筒外侧同时下放 4 根压浆管（PVC 管），护筒下放完毕后，首先采用碎石填充桩基与内护筒间隙，随后压浆固结处理。

（8）钢护筒跟进施工控制

本工程下置内钢护筒的目的：主要是防止贯通溶槽的漏浆而造成砂质覆土层的塌孔，通过下置内护筒的作用，即可顺利穿越溶槽层至设计桩底标高，达到顺利终孔的要求。

首先，采用振动锤打设外护筒（图 7.4），将 $\phi1.5m$（$\phi2.0m$）的钻头扩大至 $\phi2.0m$（$\phi2.5m$），钻进至入岩 1m 以上，采用 50t 履带式起重机，将内钢护筒分节吊放至孔内，护筒周围均布 4 根 PVC 注浆管，并保证钢护筒位置准确性，将护筒固定牢固（图 7.5）。

图 7.4　外护筒插打　　　　　　　　　　图 7.5　扩大孔冲孔

然后，在护筒与扩大孔之间采用碎石固结。在下沉钢护筒的施工过程中，必须保证护筒的垂直度和中心偏位满足要求，尽可能避免因偏心造成护筒产生偏斜。可采用水平尺严格控制好各节护筒连接的垂直度，不得超过施工规范要求的 1/200，力求钢护筒垂直入孔。若一旦发现有偏斜的趋势，马上进行纠正，将可能发生偏斜的不利因素消除在萌芽状态中。

各节内钢护筒的连接焊缝全部采用双面开坡口进行满焊，两节护筒的接缝除施焊外，必要时可焊接加强带。以保证其尺寸准确，使护筒体顺直度达到要求，整个内护筒的竖向壁成一直线。对其控制好质量的环节上起到关键的作用。

（9）钢护筒垂直度控制

两节钢护筒焊接过程中的控制：下部钢护筒用垫铁调平（用吊车调节），用水平尺检测达到水平要求后，在外部卡具范围内将上部钢护筒初步就位，接口对齐，用经纬仪测量垂直度，如垂直度超规范要求，则接口部位采用垫铁调平，然后将两节钢护筒点焊，初步稳定后再进行满焊。焊缝冷却后进行钢护筒的下放施工（图7.6），上述工序循环进行。

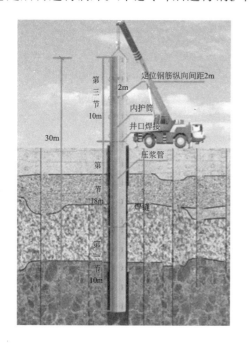

图7.6　内护筒下放

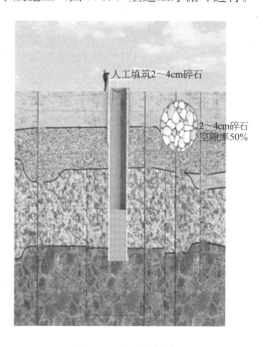

图7.7　人工填筑碎石

（10）碎石填注压浆固结

内护筒下放到位后（嵌入溶洞顶基岩0.5m），内护筒与扩大孔间隙采用人工填筑2~4cm碎石（图7.7），利用内护筒外侧预留的4根PVC管压浆固结2~4cm碎石（图7.8）。压浆固结前，内护筒里回填不小于10m的黏土并采用锤头压实，避免浆液从护筒内流失（图7.9）。

（11）质量保证措施

钢护筒的加工尺寸必须严格控制，护筒上下节的连接缝除必须焊接牢固，护筒水平接缝所成平面与护筒竖向垂直，使整个钢护筒的垂直度符合要求，各节下沉的护筒必须严格控制垂直度。

钢护筒吊装专项方案：

1）起重机械的选择

施工组织要求本工程钻孔桩分项工程的内钢护筒吊装工作应安全、及时和准确，结合现场场地的具体情况以及机械使用等综合考虑选用50t履带式起重机进行吊装。

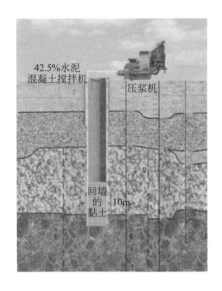

图 7.8　压浆施工

图 7.9　桩基混凝土灌注

2）钢丝绳的选择

根据现场钢丝绳主要用于起重作业中捆扎各种物件、设备等，考虑其承载能力以及吊装重荷要求，选用交互捻的麻芯钢丝绳（$6 \times 37 + NF$），直径 $d = 32.5mm$。钢丝绳的根数为两根，长度根据现场施工需求现定。

3）吊钩

吊钩是专用吊具中的重要组成部分，除要承受吊物的重量外，还要受到起升和制动时产生的冲击荷载作用。所以，吊钩必须具有较高的机械强度和冲击韧性，一般选用 20 号优质碳素钢经锻打等热处理加工制作而成。在起重吊装作业中，吊钩必须装设防止脱钩的安全保险装置。本吊装方案中根据施工要求，其吊车的吊钩须设主、副吊钩。

吊钩使用要求如下：

①吊钩应是按吊钩的技术条件和安全规范要求生产制造的，应具有质量合格证书，否则不允许使用。

②吊钩在使用中应按起重机械安全规范要求进行检查、维修，达到报废标准的必须立即更换。

③吊钩不得超负荷进行作业。

④起重机械不得使用铸造的吊钩。

⑤吊钩表面应光洁，无毛刺、裂纹、锐角和剥裂，使用过程中应经常检查吊钩有无裂纹或严重变形，有无严重腐蚀及磨损现象。

⑥吊钩上有缺陷的不得以补焊来修补，吊钩达到报废要求需更换时，新吊钩应有制造单位的合格证和其他技术证明文件，方可投入使用。

4）卸扣

卸扣是起重吊装作业中广泛使用的轻便、灵活的连接工具。方案中卸扣形式选择 D 型卸扣，在使用时只能垂直受力不得横向（两侧）起重受力。其材质采用 20 号钢锻造而成，锻制后经过退火处理消除残余应力，以增加其强度及韧性，增加其承载能力。

卸扣使用注意事项如下：

①使用卸扣必须注意其受力方向，正确的安装方式是力的作用点在卸扣本身的弯曲部分和横销上；否则，作用力使卸扣本体的开口扩大，横销的螺纹可能会因此损坏。

②卸扣不得超负荷进行使用。

③安装卸扣的横销时，应在螺纹旋足后再向相反方向旋半圈，以防止螺纹旋得过紧而使横销无法退出。

④起重作业完成后，不允许将拆除的卸扣从高空向下抛掷，以防卸扣变形及内部产生不易发觉的裂纹和损伤。

⑤卸扣不用时，应将其横销的螺纹部分涂上油，保证其润滑不生锈；卸扣要存放在干燥处，并用木板将其垫好。

⑥当卸扣任何部位产生裂纹、塑性变形、螺纹脱扣、销轴和扣体断面磨损达原尺寸的3％～5％时应报废，及时更换。

5）吊装施工

①吊装前准备

起重司机和起重指挥人员必须做好吊装作业前的准备。包括作业前的技术准备，明确和掌握作业内容及作业安全技术要求、听取技术与安全交底、掌握吊装钢护筒的吊点位置和捆绑方法；认真检查并落实作业所需工具、索具的规格、件数及完好程度。对作业现场进行观察，熟悉作业场地、排除作业的障碍物，检查地面平整及耐压程度，实地检查有无影响钢护筒吊升的因素。掌握钢护筒的重量、重心。

吊装设备及钢护筒的到位准备。作业现场地面平整程度及耐压程度在满足起重作业要求后，确定吊装设备作业的具体位置。钢护筒从加工场平移到安装下放位置的作业准备。

在夜晚作业时，应准备足够的照明条件。

②吊装钢护筒的捆绑

根据钢护筒的长度，确定钢护筒的吊点个数（两个或三个）。在确定吊点后钢护筒的捆绑采用卡绳捆绑法，即将吊索（钢丝绳）从钢护筒的挂钩孔穿过，一头绳头用卸扣锁在钢丝吊索上，另一头绳头挂在吊钩上的捆绑法。钢护筒在吊离地面采用两个或三个吊点时，利用两根或三根钢丝绳使用卡绳法捆绑钢筋笼，用吊车的主钩进行提升。钢护筒的竖直作业采用一根钢丝绳同样使用卡绳捆绑法，用吊车副钩在钢护筒完全提升一定高度后进行竖直作业。

捆绑钢筋笼时注意的事项：

a. 注意钢护筒的捆绑点在起吊过程中不得发生滑动现象，要求捆绑点钢丝绳须卡紧；

b. 捆绑点不得对钢丝绳有切割或其他损坏现象。

③具体起吊作业

在起重指挥人员的指挥下，完成钢护筒的捆绑和挂钩作业后，起重指挥应组织司机进行起重机的检查、注油、空转和必要时的试吊。在确定吊装作业区内没有其他人员停留后，指挥人员正确运用包括手势、音响、旗语等指挥信号，组织起重机司机吊升钢护筒，到达一定高度时，竖直钢护筒。整个竖直过程应在钢护筒脱离地面的情况下进行。当钢护筒完全竖直后，应校正就位并下放基桩内。

吊装过程注意事项：

a. 指挥人员及起重司机应严格执行钢护筒的起重吊运方案及技术、安全措施；

b. 严禁超负荷使用起重机与工具和钢丝绳；

c. 在吊装过程中，任何人不得停留在已吊起的钢护筒下方；

d. 因故停止作业，须采取安全可靠的防护措施，保护钢护筒与吊车安全及不受损伤，严禁钢护筒长时间悬挂空中；

e. 吊升过程应平稳，避免振动和摆动，钢护筒必须加设溜绳；

f. 在作业过程中，如发生异常，起重司机应及时报告起重指挥；

g. 在露天作业时，遇有 6 级及以上大风、大雾、雨雪等不良天气应停止作业。

④钢护筒打入

钢护筒下放基桩后，采用汽车式起重机辅助振动锤等打入设备，将钢护筒分节打入土层中至岩面。

**3. 施工方案选择**

溶洞处理方案选择时应根据勘探结果针对性处理，根据不同桩孔的溶洞大小情况选择有不同侧重点的综合处置方案。桩基施工过程按照溶洞处理由难到易的原则，合理组织施工机械、安排施工顺序，保证处理效果的同时加快施工进度。

桩基施工顺序与桩底溶洞大小、类型及分布情况密切相关，施工时按照以下原则确定：

（1）先大后小。同一层溶洞上，先处理有大溶洞的桩基，再处理有小溶洞的桩基，先难后易。

（2）先内后外。同一层溶洞，大小和深度相近时，溶洞间有连通的可能性，施工时先处理靠中间位置的溶洞，再处理相邻溶洞，防止串孔。

（3）先周边后中部。对于 137 号、138 号群桩基总体施工顺序，在以上条件无限定的情况下，先施工周边桩基，有利于将溶洞处理工程量限定在承台范围内。

（4）对角跳钻施工。以上条件均无限制时应遵循基本的跳钻施工原则，避免串孔发生。

### 7.3.3　岩溶区桩基础施工中常见的问题及主要对策

对于岩溶区桩基础施工中常见的问题主要对策有以下几点：

岩溶裂隙及小型溶洞的处理，对岩溶裂隙及小型尺寸定义为 0.5m 以下的岩溶裂隙及小型溶洞的处理。一般冲击钻孔施工通过溶蚀裂隙发育密集段时，工艺上要求通常进尺一段深度时必须回填一定量黏土，在冲锤冲击作用下挤入裂隙堵塞桩孔周边溶蚀裂隙，同时可以保持泥浆密度。裂隙对钻孔桩施工造成的主要危害是漏浆。主要处理措施为：

（1）改进护筒埋置方法，如加大护筒入土深度。

（2）入岩前，准备充足的水源和 1~2 台水泵，同时准备足够的黏土、片石。

（3）密切注意护筒内泥浆面的变化情况，当泥浆面迅速下降时，证明在漏浆，首先要赶快补水，然后将黏土和片石按大约 1:1 的比例往下投 2~3m，再重新开钻。当再次漏浆时，仍按上述方法处理，即可逐步解决裂隙漏浆的问题。

一般溶洞的处理，一般溶洞是指洞高小于 4m（或 2 层以下）的连通性较差的溶洞。一般溶洞施工以做好预防为主。钻孔前在附近储备大量黏土、片石及一定数量的袋装水泥，钻孔施工过程中，要求配备水泵和充足的水源，保证一旦漏浆，可以立即进行补水、补浆。

对于空溶洞或半充填的溶洞，应根据溶洞的大小和洞内的填充物采取不同的技术措施。准备好片石、黏土按适当的比例抛入、必要时投以袋装水泥。

大型溶洞处理，溶洞洞高大于 4m 以上，对于大型溶洞应根据溶洞大小相应采取回填封堵漏浆、覆盖层钢护筒跟进等相适宜的方法，对大型溶洞多次回填效果不佳，采用 C20 混凝土封填，到达一定强度后冲击成孔。

多层复杂溶洞处理，对于多层复杂溶洞（3 层溶洞以上），如根据 138 号墩 24 个桩地勘资料可知，该处桩基均为多层溶洞，覆盖层厚，溶洞复杂，存在 2～5 层连续溶洞，且存在大型溶洞，采用覆盖层全护筒跟进法，回填片石、黏土、水泥及混凝土的综合施工工艺。

主航道桥成桩后桩基采用桩底、桩侧后压浆技术。加强协调力度，积极与地方主动沟通，确保电力供应；与材料供应商积极沟通，确保材料供应；与业主及建设各方密切沟通，及时汇报现场处理情况，及时确认工程量，保证资金供应。

全面开工后，对于本工程较多的协调工作面，项目部将采取统一管理，科学指挥协调，成立溶洞处理专项领导小组，全程控制和管理每一单位工程，协调解决问题，坚持抓住重点、解决难点，跟进控制点的原则保证完成生产任务。

本书所讨论的具体的施工方案有超前钻探、覆盖层全护筒处理技术，超前钻探是指地质勘探未逐墩、逐桩进行勘探，为指导桩基施工，充分了解桥区桩位所遇溶洞的发育规律、基本形态、规模大小、溶穴顶板岩层厚度、完整性、洞内充填物形状等情况，为指导岩溶区桩基的施工，确保岩溶区桩基施工方案准确有效，对岩溶发育区的桩基，采用超前钻孔方法进行综合预报，以便采取相应措施处理。

对于较大溶洞填充状态较差、漏浆严重、溶洞复杂、存在多层溶洞的桩基采用覆盖层全护筒处理技术，主要针对有 3 层及以上或存在 4m 以上的大型溶洞。在实际施工操作过程中的步骤为：场地平整、定位→埋设（或打设）外钢护筒→冲扩大孔至溶洞顶基岩 1m→下放内钢护筒→封闭外护筒与扩大桩间隙→冲设计孔→经多次抛填挤压钻进至桩底标高。

钢护筒壁厚 $\delta=12～18mm$ 的钢板，钢板厚度根据孔深及孔径具体确定，钢护筒在加工厂用机械集中卷制加工制作，焊缝全部为双面坡口，每节制作长度为 10～15m，制作内钢护筒的内径 $D'=d+20cm$（$d$ 为设计桩径），外护筒内径 $D=d+70cm$（$d$ 为设计桩径）。

下置钢护筒的目的：主要是防止贯通溶槽的漏浆而造成砂质覆土层以及地表层的塌孔。首先采用扩孔钻进，正常钻进至嵌岩 1m 以上，采用起重设备将钢护筒分节下放到位，内护筒与扩大孔之间进行碎石固结，然后采用设计锤头钻进成孔。

采用 70t 吊机，将内钢护筒分节吊放至孔内，护筒周围均布 4 根 PVC 注浆管，并保证钢护筒位置准确性，将护筒固定牢固，然后在护筒与扩大孔之间采用碎石注浆固结。在下沉钢护筒的施工过程中，必须保证护筒的垂直度和中心偏位满足要求，尽可能避免因偏心造成护筒产生偏斜。可采用水平尺严格控制好各节护筒连接的垂直度，不得超过施工规范要求的 1/200，力求钢护筒垂直入孔。若一旦发现有偏斜的趋势，马上进行纠正，将可能发生偏斜的不利因素消除在萌芽状态，具体保证措施如下：①在护筒外侧每隔 2m 沿护筒周均匀布置定位钢筋，定位间距 50cm，采用 $\phi12mm$ 钢筋焊接；②在护筒下放过程中随时用成孔检测仪检测护筒的垂直度情况，存在偏差及时调整。

小型溶洞采用回填黏土及片石挤密封堵，一般溶洞回填黏土、片石混合料及袋装水泥挤密封堵，大型溶洞回填黏土、片石混合料及袋装水泥及 C20 混凝土综合治理方法。针对岩溶区桩基施工，为防止塌孔、缩孔等现象，使用的泥浆相对密度应相应调高，加强泥浆护壁的黏结力，提高泥浆的胶体度和稳定性，采用高效膨胀土配置泥浆。泥浆相对密度控制在 1.3~1.4，泥浆的含砂率应严格控制不大于 2%。施工示意图如图 7.10 所示。

（a）外护筒施工

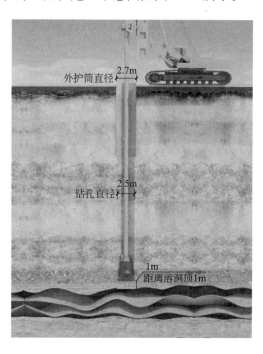

（b）旋挖钻扩大成孔

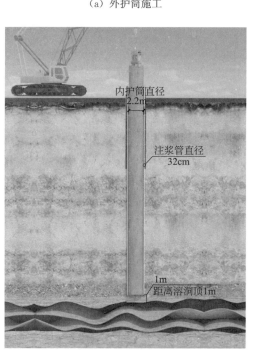

（c）下内护筒

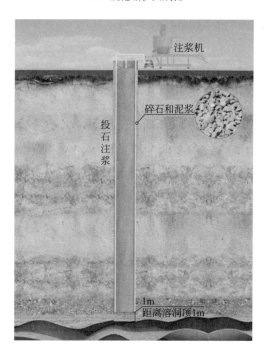

（d）扩大钻孔与内护筒回填碎石注浆固结

图 7.10　施工示意图（一）

（e）冲击钻击穿溶洞　　　　　　　　　　　（f）按照溶洞类别逐一处理成孔

图 7.10　施工示意图（二）

出现的病害问题有：岩溶通道串浆、串孔。

岩溶通道串浆、串孔形成原因及易发部位：

连通孔是指由于场地岩溶裂隙发育，地下水丰富，有连通性好的溶洞存在，使得相邻的桩孔在桩身某个部位被溶洞贯穿。相邻桩在成孔和灌注混凝土时有相互干扰现象，其中一个桩孔冲孔时，相邻桩孔内水面或淤泥面相应翻动；钻孔暂时停钻或终孔时，由于受邻桩孔钻进影响，冲洗液相互串通，使岩粉和沉渣增多；在灌注混凝土时，混凝土有时会通过溶隙流入邻近正在施工的桩孔内，影响临近桩孔的正常施工。

遇到此种情况停止向下施工，仔细查看地质资料，对于小溶洞，可采取向孔内回填黏土片石混合料，使其形成具有一定强度和厚度的护壁，阻隔两孔，使之无法串通；对于较大溶洞，采用将大块黏土片石混合料抛入孔内，并分层加入一定量的整包水泥，防止施工过程中出现漏浆、塌孔现象。对于勘探资料显示相邻桩基溶洞分布深度与洞高相近的大型溶洞，很可能存在连通性，处理时先施工位置靠中间的溶洞，洞顶击穿后及时补浆、提钻、下导管向孔内灌注混凝土至溶洞顶以上 1m 位置，待混凝土达到 20MPa 时，重新冲击成孔。此时的混凝土能够阻隔相邻孔的流通路线，对串孔有较好的防治作用。

为避免相邻桩孔在成孔和灌注混凝土时相互干扰，采用间隔施工，协调好各个施工钻机之间的先后关系，当一个桩孔终孔进行清孔灌注混凝土时，相邻有干扰关系的桩孔施工必须暂停并提升钻具，以防止清孔不干净影响混凝土的成桩质量。为防止混凝土进入相邻桩孔，在不灌注的孔内投入黏土封堵，待相邻孔混凝土灌注完 12h 后，清理本孔内的黏土，继续钻进成孔。

成孔施工工艺要点是，31～50 号、60～63 号、137 号、140～148 号墩采用 XR280D

型旋挖钻机配合 CZ-8 型冲击钻机接力钻进成孔。先使用旋挖钻机进行钻进，到溶洞上方岩层位置处换为冲击钻机进行钻进，此时降低钻进的速度，直至击穿溶洞顶板。

回填封堵施工要点：

（1）采用正常施工方法冲进至溶洞顶约 2m 处时，采用小冲程施工，防止冲击过程中突然击穿溶洞而出现卡钻现象，冲程高度不得大于 1.5m，冲进至溶洞范围内若出现孔内漏浆，迅速用大功率泥浆泵补浆补水，及时提冲击锤，防止冲击锤被埋，同时采用挖掘机、装载机将准备好的黏土、片石混合物料快速投入桩孔，每次回填厚度应根据溶洞大小超过溶洞顶 3～5m。

（2）投放后观察孔内泥浆是否还在继续下降，若无下降，则采用小冲程进行反复冲砸，让钻锤击碎黏土和片石并挤入溶洞内壁发挥护壁作用。若仍在继续下降，应继续抛投片石、黏土混合物。

（3）在钻进过程中，若冲钻至溶洞位置处再次出现孔内泥浆急剧下降，则证明溶洞空隙较大，先前填的黏土片石未能有效封堵住溶洞，为增加堵洞固结强度，在溶洞处形成强度较好的护壁，需要在黏土片石混合物中添加 20％的袋装水泥，水泥应分层整袋投入。投入完成后，使用冲锤将孔底的混合物冲散，反复回填冲孔 3 次，静置 6～8h 后，再按照正常施工方法冲进，若施工中再次出现孔内漏浆情况，则重复按照以上步骤，直至穿过溶洞达到设计孔底标高。

# 7.4　岩溶区护筒桩基施工风险评估要素分析

风险评估是指，在风险事件发生之前或之后（但还没有结束），该事件给人们的生活、生命、财产等各个方面造成的影响和损失的可能性进行量化评估的工作，即风险评估就是量化测评某一事件或事物带来的影响或损失的可能程度[12]。

从信息安全的角度来讲，风险评估是对资产（即某事件或事物所具有的信息集）所面临的威胁、存在的弱点、造成的影响，以及三者综合作用所带来风险的可能性的评估。作为风险管理的基础，风险评估是组织确定信息安全需求的一个重要途径，属于组织信息安全管理体系策划的过程[13,14]。

风险评估的主要步骤如下：

**1. 定义系统问题，并选择方法**

系统界限和系统水平会对风险分析的步骤和方法的选择产生重要的影响。首先必须分析涉及的范围和问题。为给一个系统建模，必须要了解系统的功能与组成，以及对系统进行操作、检测、维修的程序。此外，还应选定系统与其他有关联的系统及物理环境之间的关系，即确定物理的和功能的边界条件。在此基础上明确所要分析的系统及面对的问题。

**2. 危险源识别（风险识别）**

危险源识别的目的在于找出所有可能的危险，这些潜在的危险往往是导致系统发生严重事件的诱因，可能其中某些危险本身就是严重的事件。常用于识别危险的方法有 HAZOP、FMEA 等。目前没有一种方法可以保证能进行彻底的危险源识别，一般依赖于良好的工程判断力和丰富的经验相结合。

**3. 原因及后果分析**

原因分析的目的是估计每一种危险产生的原因及其发生的概率。主要是依靠观测记录、事故调查报告、统计资料、工程经验或是直接从以往的统计分析得到，也可以通过故障树分析来建立危险产生的逻辑模型，进而找出详细的原因并计算危险发生的概率。而对于一些特殊问题，诸如动态过程或人的行为，需要用到一些特殊的方法。

后果分析是要找出由于某种触发事件导致严重事故的发展历程，形成对每一种事故的描述，并估计每一事故情况的发生概率以及可能造成的严重后果。在描述事故时，事件树分析是常用的有效方法，它的每一分支代表了一种事故情况。

在因果分析过程中，对于那些发生可能性很小，且可能造成的后果又很轻微的危险因素，应在进一步分析之前及时排除，减少不必要的工作。

**4. 系统风险的估算（风险分析）**

系统总体的风险评估要通过综合原因分析和后果分析这两者的结果来进行，一般来说应当建立起对系统风险损失的概率描述。对重要的不确定性因素应该进行敏感性分析，这与系统可靠性分析中的敏感性分析不同，在风险评估中的敏感性应该是针对后果的。

事件产生的后果可以分为经济损失、人员伤亡、环境破坏、对公众的影响等。有的后果可以用量化指标来衡量，有的只能用定性的方式衡量。

**5. 结果输出**

结果以图表（如 faT、mer 曲线、风险矩阵）、报告等形式给出。

岩溶区各阶段工程活动中存在大量的工程风险，其主要原因如下：

（1）工程项目所具有的一次性、单件性等特点，使得从项目研究到竣工运营等各个阶段都存在大量的不确定因素，并且人们对这种不确定性的认识是有限的。

（2）大型土木工程由于自然、社会、环境等方面的原因，存在着许多不可预见的干扰与障碍。如杭州湾跨海大桥工程会由于气象、水文、地质、工程技术和施工组织以及社会环境的原因而存在许多风险因素。

（3）由于工程周期长，涉及范围广，受各种不确定因素的影响可能性大。因此，重大工程风险的存在具有客观性和普遍性，尽管人们一直希望认识和控制风险，但事实上只能在有限的空间和时间内改变风险存在和发生的条件，降低其发生的频率，减少损失程度，不可能完全消除风险。同时又表现为具体某一风险发生的偶然性和大量风险发生的必然性。风险的发生是诸多风险因素和其他因素共同作用的结果，表现为随机性。但大量风险的发生条件都有明显的规律性，使得应用现代概率统计方法和风险分析方法去分析和计算风险事故发生的概率成为可能。

工程项目的庞大复杂使得对项目风险的分解变的必不可少。首先按图 7.11 中对项目风险进行分类，进而通过对本项目施工管理、施工方法、原材料和施工环境的了解，以及项目风险的相互关系，将整个工程项目分解成若干个子系统，而且分解的深度是以使人们较为容易地识别出项目的风险，使项目风险具有较高的准确性、完整性和系统性。每个子系统熟悉各个施工程序和采用的技术措施，然后按照施工顺序逐项查找风险源。

风险因素指引起或促使风险事故发生的条件以及风险事故发生时，致使损失增加或扩大的条件。风险因素是风险事故发生的潜在条件。风险因素按不同的分类标准有不同的分类方法。

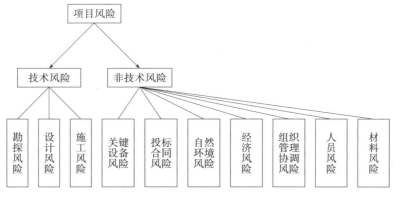

图 7.11　风险分类

其中勘探阶段风险要点包括：建设场址、地基基础。设计阶段风险要点包括：地基基础、岩溶区嵌岩桩破坏风险。而非技术风险要点主要包括：全护筒技术关键设备风险、投标合同风险、自然环境风险、经济风险、组织管理协调风险、人员风险和材料风险。

## 7.5　岩溶区护筒桩基施工过程风险模型建立

工程建设项目的特点决定了工程施工过程中会面临许多风险，而这些风险可以通过建立数学模型来加以定量描述和统一明显的判断。本课题将模糊综合评判法应用到项目的风险评价中，主要是根据风险的含义 $R_f = f(P_f, C_f,)$，表示风险或风险量。通过建立项目风险评价指标体系，应用层次分析法确定项目风险指标权重，进行各个风险因素的重要度排序，以对这些因素进行管理；其次利用模糊综合评判法进行系统总风险度的评价，从而做出项目决策。

项目风险不仅是风险事件发生概率的函数，而且是风险事件发生所产生后果的函数，用 $P_f$ 和 $P_s$ 分别表示项目失败和成功的概率，即用 $P_f$ 表示风险事件发生概率，用 $P_s$ 表示风险事件未发生概率，则

$$P_s = 1 - P_f (0 < P_s < 1, 0 < P_f < 1)$$

对事件发生所产生的后果也用概率表示，用 $C_f$ 和 $C_s$ 分别表示失败的后果非效用值，用 $C_f$ 表示风险事件发生影响程度的大小，用 $C_s$ 表示风险事件未发生影响程度的大小。根据效用理论，$C_f$ 和 $C_s$ 满足关系为

$$C_s = 1 - C_f (0 < C_s < 1, 0 < C_f < 1)$$

那么概率为变量的风险函数如下：

$$R_f = f(风险事件发生的概率, 风险事件发生产生的后果的概率)$$
$$= 1 - 风险事件未发生概率 \times 其产生损失的概率$$
$$= 1 - P_s C_s$$
$$= 1 - (1 - P_f)(1 - C_f)$$
$$= P_f + C_f - P_f \times C_f$$

显然，有 $0 < R_f < 1$。

最后对风险系数 $R$ 的结果进行判定，一般认为，当 $R_f < 0.3$ 时，风险较低；当 $0.3 <$

$R_f < 0.7$ 时，风险中等；当 $R_f > 0.7$ 时，风险较高。$P_f$ 和 $C_f$ 的值由以下模糊数学综合评判步骤计算获得。

用模糊数学综合评判法对项目风险进行评判的内容及步骤如下：

**1. 建立评价集**

本项目风险评价的目的是分析各风险因素发生的可能性及其影响的程度，所以本书风险采用"大，较大，一般，较小，小"五个等级来评判风险因素和风险影响后果，即构成建筑承包商在施工过程中的风险的评价集为：$\boldsymbol{V}=\{$大，较大，一般，较小，小$\}$，其等级分值分别对应：0.9，0.7，0.5，0.3，0.1。

**2. 建立模糊评价矩阵**

邀请专家或主管组成的风险评估小组根据给定的评价基准对当前的风险状况进行评价。这种评价是一种模糊映射，即使对同一个评价项目的评定，由于不同评价人员可以做出不同的评定，所以评价结果只能用对第 $i$ 个因素做出第 $j$ 评价尺度的可能程度的大小来表示。这种可能程度称为隶属度，记作 $R_{ij}$。

$R_{ij}$ 表示对第 $i$ 个因素做出第 $j$ 评价尺度的专家人数/参加评价的专家人数。

由此得到模糊评价隶属度矩阵

$$\boldsymbol{R}=\begin{bmatrix} R_{11} & R_{12} & \cdots & R_{1n} \\ R_{21} & R_{22} & \cdots & R_{2n} \\ \cdots & \cdots & \cdots & \cdots \\ R_{m1} & R_{m2} & \cdots & R_{m3} \end{bmatrix}$$

**3. 模糊综合评判**

根据模糊评价矩阵，模糊综合评判集为

$$\boldsymbol{B}=\boldsymbol{AR}=(a_1,a_2,\cdots,a_n)\begin{bmatrix} R_{11} & R_{12} & \cdots & R_{1n} \\ R_{21} & R_{22} & \cdots & R_{2n} \\ \cdots & \cdots & \cdots & \cdots \\ R_{m1} & R_{m2} & \cdots & R_{m3} \end{bmatrix}=(b_1,b_2,\cdots,b_n)$$

项目风险发生的概率为

$$\boldsymbol{P}_f=\boldsymbol{B}\times\boldsymbol{V}^T=(b_1,b_2,\cdots,b_n)\begin{bmatrix} V_1 \\ V_2 \\ \cdots \\ V_n \end{bmatrix}$$

其中 $b_i(i=1,2,\cdots,n)$ 表示以风险因素 $u_i$ 为评判对象进行综合评判时，评判对相对评判集中第 $i$ 个元素的隶属度。

项目风险后果的严重程度为

$$\boldsymbol{C}_f=\boldsymbol{B}\times\boldsymbol{V}^T=W\times\boldsymbol{R}\times\boldsymbol{V}^T=(b_1,b_2,\cdots,b_n)\begin{bmatrix} V_1 \\ V_2 \\ \cdots \\ V_n \end{bmatrix}$$

**4. 确定项目风险的大小**

$$R_f=P_f+C_f-P_f\times C_f$$

**5. 判定风险的大小**

对风险系数 $R_f$ 的最后结果进行判定，一般认为，当 $R_f < 0.3$ 时，风险较低；当 $0.3 < R_f < 0.7$ 时，风险中等；当 $R_f > 0.7$ 时，风险较高。$P_f$ 和 $C_f$ 的值由专家判断结合模糊数学分析获得。确定单个风险因素评判结果及其权重，初步分析各风险的权重指标，如表 7.1 所示。

风险权重指标　　　　　　　　　　　　表 7.1

| 总目标层 | 第一层风险 | 第一层权重 $w_1$ | 第二层风险因素 | 第二层权重 $w_2$ | 项目风险隶属度 $R$ | | | | | 总风险重要度排序 $w$ |
|---|---|---|---|---|---|---|---|---|---|---|
| | | | | | 很大 (0.9) | 较大 (0.7) | 中 (0.5) | 较小 (0.3) | 小 (0.1) | |
| 施工质量　经济效益　企业名誉　企业竞争力 | 勘探阶段风险 A | 0.0722 | 地质灾害的影响 A1 | 0.042 | 0.000 | 0.000 | 0.400 | 0.400 | 0.200 | 0.00459 |
| | | | 地基强度不足 A2 | 0.065 | 0.000 | 0.200 | 0.200 | 0.400 | 0.200 | 0.00607 |
| | | | 未查明拟建场地地层分布规律 A3 | 0.088 | 0.000 | 0.000 | 0.400 | 0.600 | 0.000 | 0.00795 |
| | | | 基础方案选型失误 A4 | 0.067 | 0.000 | 0.200 | 0.200 | 0.400 | 0.200 | 0.00607 |
| | | | 勘探失误风险 A5 | 0.285 | 0.000 | 0.400 | 0.400 | 0.000 | 0.200 | |
| | | | 未查明水文地质条件 A6 | 0.452 | 0.400 | 0.200 | 0.200 | 0.200 | 0.000 | 0.02399 |
| | 设计阶段风险 B | 0.1536 | 设计单位级别的影响 B1 | 0.032 | 0.000 | 0.000 | 0.200 | 0.600 | 0.200 | 0.00493 |
| | | | 设计和施工脱离 B2 | 0.048 | 0.000 | 0.000 | 0.200 | 0.800 | 0.000 | 0.00743 |
| | | | 设计失误导致施工失败 B3 | 0.095 | 0.000 | 0.200 | 0.200 | 0.600 | 0.000 | 0.01106 |
| | | | 研究思路陈旧，关键工况分析不够 B4 | 0.159 | 0.200 | 0.600 | 0.200 | 0.000 | 0.000 | 0.02452 |
| | | | 缺乏局部受力、稳定性研究 B5 | 0.335 | 0.200 | 0.400 | 0.400 | 0.000 | 0.000 | 0.01645 |
| | | | 支撑结构设计失误或锚固结构设计失误 B6 | 0.036 | 0.400 | 0.200 | 0.400 | 0.000 | | |
| | | | 缺乏合理截面设计形式 B7 | 0.290 | 0.400 | 0.400 | 0.200 | 0.000 | | 0.04461 |
| | 施工阶段风险 C | 0.1254 | 桩基施工顺序有误 C1 | 0.054 | 0.200 | 0.200 | 0.400 | 0.200 | | 0.00762 |
| | | | 桩基溶洞处理方案选择 C2 | 0.126 | 0.200 | 0.200 | 0.400 | 0.200 | | 0.01590 |
| | | | 溶洞的裂缝和大型溶洞处理 C3 | 0.263 | 0.200 | 0.400 | 0.200 | 0.200 | | 0.03308 |
| | | | 覆盖层护筒跟进处理技术 C4 | 0.552 | 0.400 | 0.200 | 0.200 | 0.200 | | 0.06879 |
| | 投标合同风险 D | 0.2025 | 采用固定价格带来的风险 D1 | 0.032 | 0.000 | 0.200 | 0.400 | 0.400 | | 0.00723 |
| | | | 工程款支付条款中风险 D2 | 0.071 | 0.000 | 0.200 | 0.400 | 0.400 | | 0.01585 |
| | | | 合同条款不完善 D3 | 0.044 | 0.000 | 0.400 | 0.400 | 0.000 | 0.200 | 0.00991 |
| | | | 标准不明确所带来的风险 D4 | 0.135 | 0.200 | 0.400 | 0.400 | 0.000 | | 0.02538 |
| | | | 投低标致使项目亏损 D5 | 0.156 | 0.200 | 0.400 | 0.400 | 0.000 | | 0.03476 |
| | | | 投标前的现场勘查风险 D6 | 0.214 | 0.400 | 0.200 | 0.200 | 0.200 | | 0.04758 |
| | | | 投标前设计失误风险 D7 | 0.079 | 0.200 | 0.200 | 0.400 | 0.200 | | |
| | | | 其他不可预见风险 D8 | 0.265 | 0.400 | 0.400 | 0.000 | 0.200 | 0.000 | 0.01585 |

续表

| 总目标层 | 第一层风险 | 第一层权重 $w_1$ | 第二层风险因素 | 第二层权重 $w_2$ | 项目风险隶属度 $R$ | | | | | 总风险重要度排序 $w$ |
|---|---|---|---|---|---|---|---|---|---|---|
| | | | | | 很大(0.9) | 较大(0.7) | 中(0.5) | 较小(0.3) | 小(0.1) | |
| 施工质量 | 关键设备风险 E | 0.1344 | 钻机引孔,克服浅层障碍物的影响 E1 | 0.452 | 0.400 | 0.400 | 0.200 | 0.000 | 0.000 | 0.06750 |
| | | | 钻机就位,保持钻机平稳 E2 | 0.405 | 0.200 | 0.400 | 0.200 | 0.000 | 0.200 | 0.03246 |
| | | | 振动锤设备安放,移动 E3 | 0.032 | 0.200 | 0.200 | 0.400 | 0.200 | 0.000 | 0.00749 |
| | | | 振动锤与护筒的连接 E4 | 0.103 | 0.400 | 0.200 | 0.200 | 0.200 | 0.000 | 0.03246 |
| | 经济风险 F | 0.076 | 国家利息的调整 F1 | 0.096 | 0.200 | 0.400 | 0.400 | 0.000 | 0.000 | 0.00213 |
| | | | 建设单位延付工程款、决策款和尾款 F2 | 0.064 | 0.200 | 0.800 | 0.000 | 0.000 | 0.000 | 0.00705 |
| 经济效益 | | | 流动资金短缺 F3 | 0.3175 | 0.400 | 0.400 | 0.000 | 0.000 | 0.200 | 0.00121 |
| | | | 材料或燃料的价格上涨 F4 | 0.068 | 0.200 | 0.200 | 0.400 | 0.200 | 0.000 | 0.00857 |
| | | | 设备租赁费用和电力费用的增加 F5 | 0.221 | 0.400 | 0.400 | 0.200 | 0.000 | 0.000 | 0.00316 |
| | | | 人工费用增加 F6 | 0.185 | 0.600 | 0.200 | 0.000 | 0.200 | 0.000 | |
| | | | 设备维修费用 F7 | 0.038 | 0.000 | 0.000 | 0.000 | 1.000 | 0.000 | |
| | 自然环境风险 G | 0.056 | 黄河凌汛对桥梁施工的影响 G1 | 0.586 | 0.600 | 0.400 | 0.000 | 0.000 | 0.000 | 0.01700 |
| | | | 冻雨对悬索的影响 G2 | 0.065 | 0.000 | 0.000 | 0.000 | 0.600 | 0.000 | 0.00189 |
| 企业名誉 | | | 雨季对施工的影响 G3 | 0.348 | 0.000 | 0.600 | 0.400 | 0.000 | 0.000 | 0.01011 |
| | 组织管理协调风险 H | 0.0725 | 项目负责人资本运作能力 H1 | 0.089 | 0.000 | 0.000 | 0.000 | 0.800 | 0.200 | 0.01148 |
| | | | 项目负责人的决策能力 H2 | 0.294 | 0.000 | 0.400 | 0.600 | 0.000 | 0.000 | 0.01748 |
| | | | 项目负责人的法治观念 H3 | 0.050 | 0.000 | 0.200 | 0.400 | 0.400 | 0.000 | 0.00435 |
| | | | 项目负责人的建设经验 H4 | 0.358 | 0.000 | 0.400 | 0.400 | 0.200 | 0.000 | |
| | | | 施工人员的专业经验 H5 | 0.132 | 0.000 | 0.400 | 0.400 | 0.200 | 0.000 | |
| | | | 施工人员的补救经验 H6 | 0.074 | 0.000 | 0.000 | 0.000 | 1.000 | 0.000 | 0.03919 |
| 企业竞争力 | 人员风险 I | 0.0587 | 一般工人经验技术、效率、责任心等 I1 | 0.158 | 0.000 | 0.000 | 0.200 | 0.800 | 0.000 | 0.00311 |
| | | | 技术人员专业水平、现场解决问题的能力、责任心等 I2 | 0.241 | 0.000 | 0.200 | 0.600 | 0.200 | 0.000 | 0.01811 |
| | | | 管理人员的组织、指挥能力等 I3 | 0.060 | 0.000 | 0.000 | 0.600 | 0.400 | 0.000 | 0.01578 |
| | | | 建设单位和监理工程师合作情况 I4 | 0.540 | 0.000 | 0.000 | 0.200 | 0.600 | 0.200 | 0.01811 |
| | 材料风险 J | 0.0486 | 原材料和成品、半成品供应风险 J1 | 0.052 | 0.000 | 0.000 | 0.200 | 0.800 | 0.000 | 0.01215 |
| | | | 运输、存储和施工中损耗 J2 | 0.308 | 0.000 | 0.200 | 0.600 | 0.200 | 0.000 | 0.00714 |
| | | | 材料的浪费 J3 | 0.268 | 0.000 | 0.000 | 0.600 | 0.400 | 0.000 | 0.02469 |
| | | | 材料事故影响 J4 | 0.308 | 0.000 | 0.000 | 0.200 | 0.600 | 0.200 | |
| | | | 其他不可预料影响 J5 | 0.061 | 0.000 | 0.000 | 0.400 | 0.600 | 0.000 | 0.00462 |

通过一系列的计算得到工程风险发生的概率为

$$P_f = B \times V^T = 0.6006$$

$$B = w \times R = (0.08041 \quad 0.3464 \quad 0.4154 \quad 0.1652 \quad 0)$$

$$P_c = B \times V^T = 0.5721$$

故工程总风险大小：$R_f = P_f + P_c - P_f \times P_c = 0.6006 + 0.5721 - 0.6006 \times 0.5721 = 0.8291$

由于 $R_f > 0.7$，故该工程具有较高的风险，有必要采取风险防范措施。

通过上述风险综合分析可知，桩基溶洞施工时，施工环境一般比较恶劣，加之桩基施工的结构设计及其施工方法等要求技术精度比较高等因素，施工质量受各因素影响比较大，故综合考虑该工程总的风险比较大。

影响岩溶区桩基施工因素是多方面的，如对结构受力的复杂性认识不足、结构或构造不合理、截面选择、结构物不均匀沉降、超载或偶然荷载影响等，这些都有可能引起一系列问题的产生。

实践表明在该工程施工过程中，出现了一些风险中列举的问题，通过本风险分析的权重及对策，为今后的桩基施工提供风险防范依据和经验。

## 7.6　不同溶洞状态的桩基承载灾变监测分析

岩溶地区的桥梁桩基，由于岩体的岩性不同，溶洞的发展、发育情况不同（如：溶洞数量、形状、尺寸、位置的随机性及多样性），以及填充物的复杂性和多样性，决定了岩溶地段桩基在遭遇不同荷载时容易发生较大位移而影响上部结构稳定，以及引发其他次生灾害[15]。在经济迅速发展的今天，世界各国对岩溶区资源开发日益加强，由此诱发的岩溶塌陷也日益频繁，成为岩溶区主要环境地质灾害。桥梁桩基施工作为大型的土木工程项目，因其施工阶段的诸多因素的不确定性，使得桥梁桩基风险分析成为摆在我们桥梁工作者面前的一个主要课题。

钢筋应力计作为一种钢筋受力检测方法越来越广泛地被用于桩基检测工作中，它具有测试灵敏度高，稳定性好，不受外界干扰，受温度影响小，长期观测等优点。在桩身中安装钢筋应力计，可以观察钢筋的应力变化，从而得到桩身的受力性能和承载力[16]。

钢筋应力计是桩身内力测量的主要工具和手段，内力测量是桩基实验中的重要内容。当钢筋计受到轴向压力时，与钢筋紧固在一起的振弦式钢筋计中的感应组件跟着压缩，引起弹性钢弦的张力的变化，并相应改变钢弦的振动频率，通过频率仪测得钢弦的频率变化即可测出钢筋所受作用力的大小，换算得到混凝土结构所受的力。目前钢筋计有两种安装方法：焊接式与套压式安装。

基坑监测使用钢筋计操作要点：

（1）做好钢筋计传感部分和信号线的防水处理；

（2）仪器安装前必须做好信号线与钢筋计的编号，做到一一对应；

（3）钢筋计焊接必须保证质量；

（4）钢筋计安装好后，浇筑混凝土前测一次初值，基坑开挖前测一次初值；

（5）测数时，同时用温度计测量气温，考虑温度补偿。

测点选取原则：14 号桩共选取 5 个断面，62 号桩共选取 7 个断面，138 号桩共选取 10 个断面，每个断面选 3 个测点，分别为 N-1，N-2，N-3（N 为断面编号），N-1 与 N-2 处于同一直径，N-3 和圆点连线与 N-1、N-2 连线成 90°角。其中，62 号桩为摩擦桩，该桩区域内未揭露溶洞；11 号桩、138 号桩为端承桩，桩身穿过溶洞区域。应力计数量及线长如表 7.2 所示。桩、溶洞位置如图 7.12 所示。

**应力计数量及线长**　　　　　　　　　　　　　　　表 7.2

| 桩号 | 钢筋应力计位置（桩顶以下位置处）及个数 | | | | | | | | | | 总计 |
|---|---|---|---|---|---|---|---|---|---|---|---|
| 14 号桩 | 16m | 24m | 32m | 35m | 38m | | | | | | |
| | 3 个 | 3 个 | 3 个 | 3 个 | 3 个 | | | | | | 15 个 |
| 62 号桩 | 13m | 21m | 29m | 37m | 45m | 53m | 61m | | | | |
| | 3 个 | 3 个 | 3 个 | 3 个 | 3 个 | 3 个 | 3 个 | | | | 21 个 |
| 138 号-7 | 13m | 21m | 29m | 37m | 45m | 53m | 61m | 69m | 77m | 86m | |
| | 3 个 | 3 个 | 3 个 | 3 个 | 3 个 | 3 个 | 3 个 | 3 个 | 3 个 | 3 个 | 30 个 |
| 总长 | 126m | 198m | 270m | 327m | 384m | 318m | 366m | 207m | 231m | 258m | 2685m |

对于岩溶区的桩基而言，由于溶洞的影响，猜测桩基的承载特性与非岩溶区桩基承载特性相比会有很大的差异；下面对桩基直接穿越溶洞及无溶洞工况下桩基的承载特性进行对比分析。

桩穿越溶洞时，下部岩层被溶洞分割为两部分，在溶洞上部，包括有上覆土层以及岩层。在竖向荷载作用下，桩身受到压缩而产生桩土（岩）相对位移，导致桩受到土的摩阻力，随着相对位移的增大，荷载逐渐向下传递。

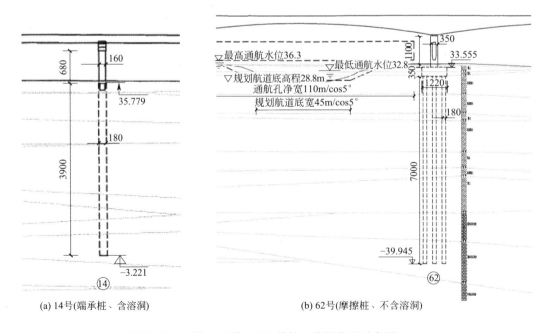

(a) 14号(端承桩、含溶洞)　　　　　(b) 62号(摩擦桩、不含溶洞)

图 7.12　14 号，62 号，138 号桩、溶洞位置示意图（一）

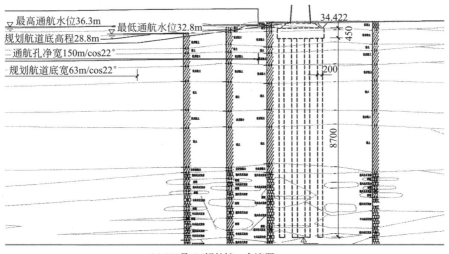

(c) 138号-7 (超长桩、含溶洞)

图 7.12　14 号，62 号，138 号桩、溶洞位置示意图（二）

# 7.7　地震作用下桩基振动台试验

试验方案包括七部分内容：地震模拟振动台系统简介、模型定位、层叠剪切箱、测点布置、配重布置、地震波的选取与输入顺序、试验进程安排。

## 7.7.1　地震模拟振动台系统简介

### 1. 振动台参数

振动台主要参数如表 7.3 所示。

振动台主要参数　　　　　　　　表 7.3

| 台面尺寸（m） | 有效载重量（t） | 振动方向 | 最大加速度（g） | 最大速度（mm/s） | 最大位移（mm） | 最大倾覆力矩(t·m) |
|---|---|---|---|---|---|---|
| 3.05×3.05 | 10 | $X$、$Y$、$Z$ 三向六自由度 | $X$：±1.5<br>$Y$：±1.5<br>$Z$：±1.0 | $X$：±1000<br>$Y$：±1000<br>$Z$：±310 | $X$：±125<br>$Y$：±125<br>$Z$：±125 | 30 |

### 2. 模型定位

用一端是内六角形螺母，另一端是螺纹的高强螺栓将框架模型的刚性底座固定在振动台台面上，尽量使模型的质心位于振动台中心（图 7.13）。

### 3. 层叠剪切模型箱

本次试验需量测的数据包括桩体应变、土压力、桩体加速度响应，所以使用的测试元件主要有：应变片、土压力计、加速度计、激光位移计，模型的模型箱（2m×2m×1.5m 层叠剪切箱）、传感器配置。

层叠剪切箱示意图如图 7.14 所示。

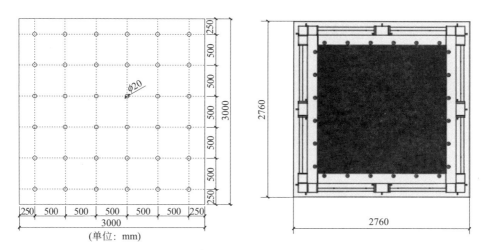

图 7.13　振动台布孔示意图

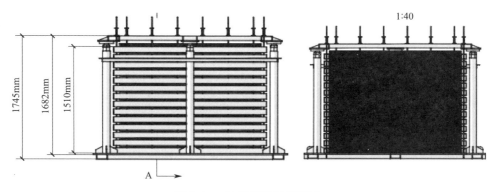

图 7.14　层叠剪切箱示意图

### 7.7.2　模型比尺和材料

#### 1. 模型比尺

动力条件下桩身变形由桩刚度和惯性力决定，保证模型与原型各物理特征相似的基本条件是惯性力与桩自身回复力比尺统一。

$$惯性力\ S_F = S_\rho S_L^3 S_\alpha \tag{7.1}$$

$$回复力\ S_F = S_{EI}/S_L^2 = S_E S_L^2 \tag{7.2}$$

联立式（7.1）和式（7.2）得

$$S_E = S_\rho S_\alpha S_L = S_\rho S_\alpha/100（长度比尺\ 1/100）$$

因为砂土密度无法缩尺，桩身材料与土体密度比尺一致，所以

$$S_\rho = 1$$

$$S_E = S_\alpha/100$$

令水平加速度比尺

$$S_\alpha = 5$$

$$S_E = 1/20$$

$$S_{EI} = S_E \cdot S_L^4 = 1/2 \times 10^9$$

混凝土弹模 30GPa，模型弹模应为 1.5GPa，聚丙烯 PP 的弹性模量在 1.5～2 之间，能够满足条件，密度 910kg/m³，与混凝土 2500kg/m³ 相差较大。在抗弯刚度等效情况下，采用其他材料的空心管桩，通过内部配重使模型比尺达到要求。

PP 实心桩抗弯刚度：

$$EI = ED^4/12 \tag{7.3}$$

其他材料空心桩：

$$E_x I = E_x(D^4 - D_x^4)/12 \tag{7.4}$$

$D$ 和 $d$ 分别为外正方形和内正方形边长，$D = 2\text{cm}$，联立式（7.3）和式（7.4）得

$$1.5 \times 2^4 = E_x(2^4 - d^4)$$

因模型较小，考虑到加工和操作等问题，未找到合适的材料替换，所以考虑忽略密度或者刚度。

设砂土中桩长 0.7m，在水平加速度 1g 情况下，按照相似比，模型自身惯性力应该为

$$F = \rho V_\alpha = 2500 \times (0.02 \times 0.02 \times 0.7) \times 9.8 = 6.86\text{N}$$

实际模型惯性力　　　　$F = 910 \times (0.02 \times 0.02 \times 1) \times 9.8 = 2.5\text{N}$

相差 4.36N。

| 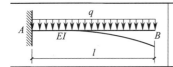 | $y = \dfrac{qx^2}{24EI}(x^2 - 4lx + 6l^2)$ | $\theta_B = -\dfrac{ql^3}{6EI}$ | $y_B = -\dfrac{ql^4}{8EI}$ |
|---|---|---|---|

把桩简化为梁，假设桩周土压力为均布力，桩头位移 1cm 对应的外力为

$$q = 0.01 \times 8EI = 0.08 \times 1500000000 \times 0.02^4/12 \times 0.7^4 = 6.66\text{N/m}$$

桩身变形主要由抗弯刚度和外荷载（包括自身惯性力和土压力）决定，桩自身惯性力差值相比自身回复力和外部土压力和数值较小，所以忽略模型桩身质量不足的影响。具体相似比如表 7.4 所示。

相似比表　　　　　　　　　　　　　　　　表 7.4

| 物理量 | 相似关系 | 相似比（模型/原型） |
|---|---|---|
| 长度 $L$ | $S_L$ | 1/100 |
| 加速度 $\alpha$ | $S_\alpha$ | 5（7 级地震 0.125g） |
| 密度 $\rho$ | $S_\rho = S_E/S_L S_\alpha$ | 1（砂土是 1，桩是 0.364） |
| 弹性模量 $E$ | $S_E = S_\rho S_L S_\alpha = S_\alpha/100$ | 1/20 |
| 抗弯刚度 $EI$ | $S_{EI} = S_E \cdot S_L^4$ | $1/(2 \times 10^9)$ |
| 力 $F$（惯性力） | $S_F = S_\rho \cdot S_L^3 \cdot S_\alpha$ | $5/10^6$ |
| 力 $F$（恢复力） | $S_F = S_{EI}/S_L^2$ | $5/10^6$ |
| 超孔隙水压力 $u$ | $S_u = S_L \cdot S_\alpha \cdot S_\rho$ | 1/20 |
| 时间 $t$ | $S_t = (S_L/S_\alpha)^{0.5}$ | $1/500^{0.5}$ |
| 振动频率 $\omega$ | $S_\omega = 1/S_t$ | $500^{0.5} = 22.36$ |

砂土采用福建标准砂，岩石对桩身作用力主要为惯性力，暂定使用静力试验中配制的岩石。

### 2. 试验工况

考虑桩穿过溶洞，岩层厚度，溶洞宽度，溶洞高度，填土的影响。顶板厚度与溶洞宽度、高度、填土的关系如表 7.5 所示。溶洞顶板厚度如图 7.15 所示。

顶板厚度与溶洞宽度、高度、填土的关系　　　　　　表 7.5

| 试验编号 | 顶板厚度 $d_1$ | 溶洞高度 $d_2$ | 溶洞填土高度 | 溶洞宽度 $d_3$ | 溶洞下桩埋深 $d_4$ |
|---|---|---|---|---|---|
| DZ1 | 2D | 6D | 0 | 10D | 2D |
| DZ2 | 3D | 6D | 0 | 10D | 2D |
| DZ3 | 2D | 6D | 0 | 16D | 2D |
| DZ4 | 2D | 10D | 0 | 10D | 2D |
| DZ5 | 2D | 6D | 6D | 10D | 2D |

### 3. 传感器

本次试验需要量测的数据包括桩体应变、土压力、桩体加速度响应。使用的测试元件主要有：应变片、土压力计、加速度计、激光位移计。桩身单侧设置 9 个应变片，通过对应变数据的处理可以得到桩身弯矩、桩身变形、桩身土抗力分布。沿桩-土接触面和在水平方向距桩 10cm 处（约 5 倍桩径处）沿深度方向分别埋设了 3 个加速度计，间距 20～30cm，目的是分析桩-土接触面和场地的地震响应特性。传感器布置如图 7.16 所示。在桩与地面

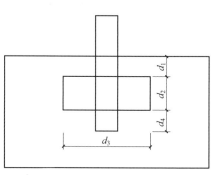

图 7.15　溶洞顶板厚度示意图

交界处和桩顶分别设置了一个激光位移计，其目的是：①研究桩身位移响应规律；②与桩身变形曲线相结合，对应变片数据转换方法的可靠性进行评价。

（1）应变片：为方便对比，沿桩身均匀布置，间距 10cm，每桩 9 个（只布置桩身，岩石不布置）。

（2）加速度：桩顶、泥面、岩石顶面。

（3）孔压计：与桩距离 10cm，竖向每隔 20～30cm 布置 1 个，共 3 个，埋在土中。

（4）土压：与孔压相同，在桩另一侧布置。

### 4. 岩石制作

以单个桩为例，先浇筑四周混凝土，养护两天后浇筑混凝土内圈石膏，并将填好应变片的模型桩埋入石膏 4cm。1d 后，按照具体工况要求在溶洞内部填砂，然后将溶洞顶用中间挖孔的薄木板盖住，木板与桩之间的缝隙用橡皮泥封住，然后在混凝土和木板上面浇筑 4cm 石膏。养护 5d 后，填入福建砂到指定高度。试验结束后将石膏敲碎，混凝土重复利用。

### 5. 配重布置

计算模型配重时，先通过原型的质量按相似常数计算得到模型的理论质量，减去模型的自重，即为模型对应承重台的配重。配重集中质量 40～100g。本次试验按照无配重进行试验分析。

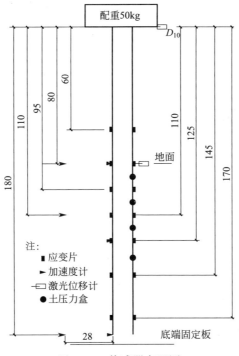

图 7.16　传感器布置图

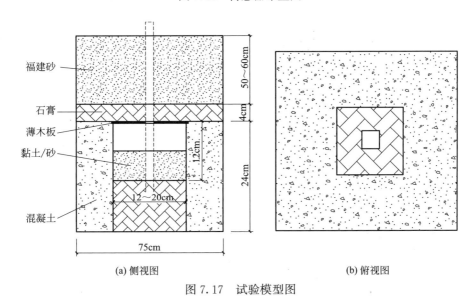

(a) 侧视图　　　　　　　　　(b) 俯视图

图 7.17　试验模型图

**6. 地震波的选取**

根据《建筑抗震设计规范》GB 50011—2010 中的要求，按建筑场地类别和设计地震分组选择 3 组实际地震记录和 1 组人工模拟的加速度时程曲线，分别是 El-Centro 波、Taft 波、汶川波、兰州人工波，如图 7.18～图 7.20 所示。

**7. 地震波输入顺序**

应用 ABAQUS 有限元软件建立有限元模型，进行数值模拟得到模型结构的加速度反应和位移反应。试验中采用纵向（X 向）输入激振，加速度时程的峰值根据加速度相似

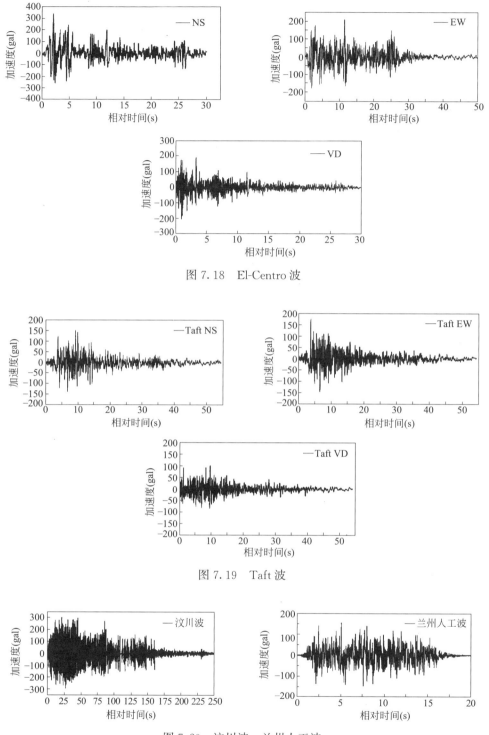

图 7.18　El-Centro 波

图 7.19　Taft 波

图 7.20　汶川波、兰州人工波

系数调整后按地震等级逐级递增的方式输入，按照进程 1 到 6 按顺序加载，每个进程加速度峰值递增，分别为 0.035g、0.1g、0.175g、0.22g 和 0.4g，其中 EI-Centro 波和 Taft 波加到 0.4g、汶川波加到 0.175g，每次波形调整前采用白噪声进行扫频试验每个进程的四组工况加载结束后，再进行下一个进程的加载，加载工况如表 7.6 所示。

加载工况表　　　　　　　　　　　　　　　　　表 7.6

| 进程 | 工况 1 | 工况代号 | 加速度峰值 $g$ | | | 备注 |
| --- | --- | --- | --- | --- | --- | --- |
| | | | $X$（cpt-1） | | $X$（cpt-2） | |
| 进程 1 | 1 | TF1 | 0.035 | | 0.035 | 原型加速度峰值 0.035$g$ 7 度多遇 |
| | 2 | EI1 | 0.035 | | 0.035 | |
| | 3 | WC1 | 0.035 | | 0.035 | |
| 进程 2 | 4 | TF2 | 0.1 | | 0.1 | 原型加速度峰值 0.1$g$ 7 度设防 |
| | 5 | EI2 | 0.1 | | 0.1 | |
| | 6 | WC2 | 0.1 | | 0.1 | |
| 进程 3 | 7 | TF3 | 0.175 | | 0.175 | 模型加速度峰值 0.175$g$ 7 度多遇 |
| | 8 | EI3 | 0.175 | | 0.175 | |
| | 9 | WC3 | 0.175 | | 0.175 | |
| 进程 4 | 10 | TF4 | 0.22 | | 0.22 | 原型加速度峰值 0.22$g$ 7 度罕遇 |
| | 11 | EI4 | 0.22 | | 0.22 | |
| 进程 5 | 12 | TF5 | 0.4 | | 0.4 | 原型加速度峰值 0.4$g$ 8 度罕遇 |

### 7.7.3　岩溶区纯砂状态下不同地震波对桩基影响设计工况

由于篇幅有限，在此只介绍岩溶区纯砂状态下相同加速度峰值的不同波形下的地震波对桩基影响设计工况，其余设计工况试验过程相似，只给出结论。

对于地震波对桩基承载力的影响，现选取无水状态下的两根桩基，测得桩基结构不同位置在不同地震波、同一地震波不同加速度峰值下的应变反应。本次试验地震波按加载工况表进行，选取 EI-Centro 波、Taft 波、汶川波三种波形。桩基选定穿过溶洞的 DZ-2 和 DZ-4，同时以无溶洞条件下的桩 PURE 为对照桩。

试验桩基对照表　　　　　　　　　　　　　　　表 7.7

| 试验编号 | 桩基高度 $h$（m） | 顶板厚度 $d_1$ | 溶洞高度 $d_2$ | 溶洞填土高度 | 溶洞宽度 $d_3$ | 溶洞下桩埋深 $d_4$ |
| --- | --- | --- | --- | --- | --- | --- |
| DZ-2 | 1 | 3$D$ | 6$D$ | 0 | 10$D$ | 2$D$ |
| DZ-4 | 1 | 3$D$ | 10$D$ | 0 | 10$D$ | 2$D$ |
| PURE | 1 | — | — | — | — | — |

为了测定桩基结构不同位置处的应变反应，自桩基底部向上每间隔 10cm 布置一个应变片，共布置 8 个应变片，自下而上编号分别为①～⑧，其中 DZ-2 的①处应变片和 DZ-4 的①、②处应变片处于桩基底部嵌岩部分的溶洞区域，DZ-2 的②处应变片位于顶板区域，其他应变片均位于溶洞区域外。

**1. 相同加速度峰值的不同波形下的桩基应变**

本次试验选用 EI-Centro 波、Taft 波、汶川波三种波形最小加速度峰值的情况，对应 7 度多遇地震，即 0.035$g$，前两种波形持时为 35s，第三种波形持时为 40s。桩基就位、测试仪器敷设完毕后，对振动台输入白噪声进行扫频，振动台实际输出波形如图 7.21～图 7.23 所示。

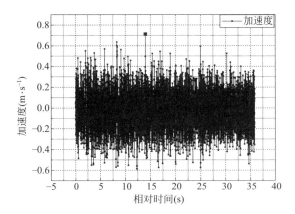

图 7.21　EI-Centro 波实际输出波形

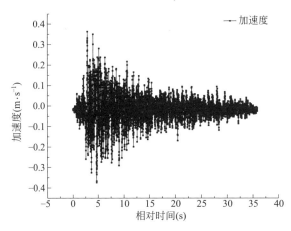

图 7.22　Taft 波实际输出波形

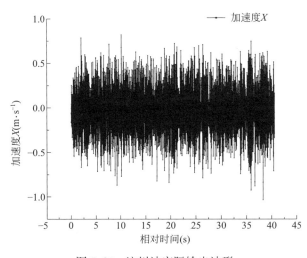

图 7.23　汶川波实际输出波形

由于试验目的主要以岩溶区桩基在溶洞区域的响应为主，DZ-4 桩基有①、②应变片位于溶洞区域，同时 DZ-2 桩基和 DZ-4 桩基在无水状态下应变响应相近，故选取 DZ-4 桩基进行基于 EI-Centro 波、Taft 波、汶川波三种波形的最小加速度峰值工况下，桩基不同位置处的应变反应分析。

对比 DZ-4 桩在三种波形下各位置处应变时程曲线，如图 7.24～图 7.30 所示。

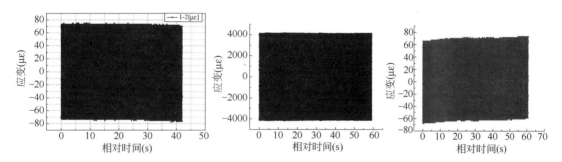

图 7.24　EI-Centro 波、Taft 波、汶川波①号应变时程曲线

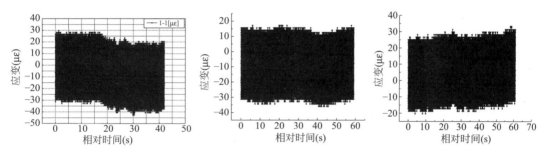

图 7.25　EI-Centro 波、Taft 波、汶川波②号应变时程曲线

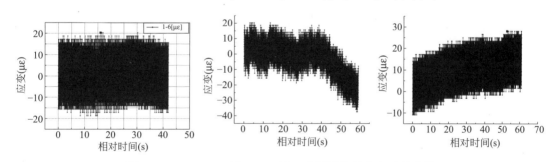

图 7.26　EI-Centro 波、Taft 波、汶川波③号应变时程曲线

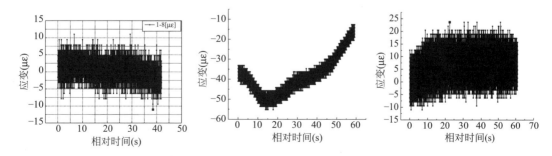

图 7.27　EI-Centro 波、Taft 波、汶川波④号应变时程曲线

**171**

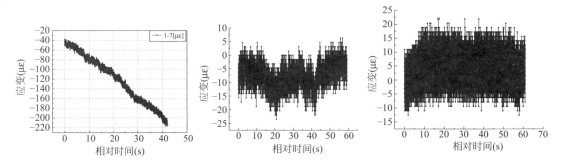

图 7.28　EI-Centro 波、Taft 波、汶川波⑤号应变时程曲线

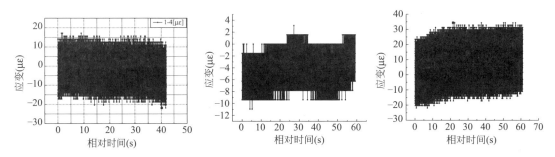

图 7.29　EI-Centro 波、Taft 波、汶川波⑥号应变时程曲线

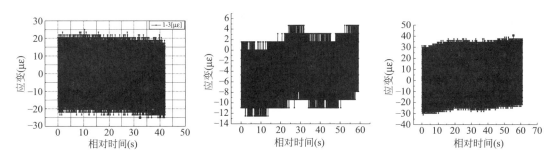

图 7.30　EI-Centro 波、Taft 波、汶川波⑦号应变时程曲线

　　由时程曲线（由于⑧号应变片受损而没有展示）可以看出：

　　（1）三种波形下，DZ-4 桩基溶洞区域的应变变化趋势基本一致，上下波动幅度很小，以①、②处应变时程曲线为例，其应变变化范围在 $\pm 80\mu\varepsilon$ 以内（Taft 波形下①号应变片未调零），而位于靠近桩底的①号应变片的变化范围约是②号应变片的 2 倍。

　　（2）三种波形下，DZ-4 桩基溶洞区域外下部应变变化范围大于上部，从桩基整体来看，中间高度处应变变化较两端不稳定，个别位置处应变出现突变。

　　（3）三种波形下，DZ-4 桩基溶洞区域外的应变变化范围在 $\pm 30\mu\varepsilon$ 以内，除在 Taft 波下的④号应变片和在 EI-Centro 波下的⑤号应变片外其他应变变化趋势基本一致，上下波动较溶洞区域大，其中 EI-Centro 波形下应变随时间增加整体略有减小，而汶川波下应变随时间增加整体略有增大。

　　（4）三种波形下，DZ-4 桩基同一位置处应变片在汶川波下比 EI-Centro 波下大 1～2

倍，Taft 波下的应变最小，同时在前两种波形下应变变化较为稳定。

　　由于从应变时程曲线整体不能清晰地看出桩基各位置处应变的变化状态，现选取的溶洞区域处的 1 号应变片，为溶洞区域外的③、⑥处应变片的应变时程曲线的微段进行分析，如图 7.31～图 7.33 所示。

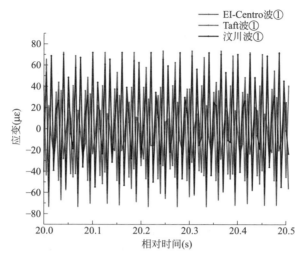

图 7.31　DZ-4 桩①处应变 0.5s 内时程曲线（彩图见文末）

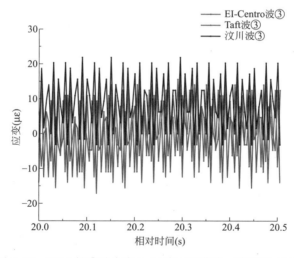

图 7.32　DZ-4 桩③处应变 0.5s 内时程曲线（彩图见文末）

　　由上述应变时程曲线微段可以看出：在三种波形下 DZ-4 桩基各高度处应变均可近似看作一定规律下的振荡，其中 Taft 波条件下振荡幅值较 EI-Centro 波和汶川波条件下的小，而三种波形下位于溶洞区域内的①处应变的变化幅值均较位于溶洞区域外的③、⑥处应变幅值高 2～3 倍。

**2. 同一波型不同加速度峰值下的桩基应变**

　　为研究同一波型不同加速度峰值下的桩基应变，选取 DZ-4 桩基在同一地震波形（EI-Centro 波）不同加速度峰值作用下的应变，对比不同加速度峰值对应的桩身不同位置

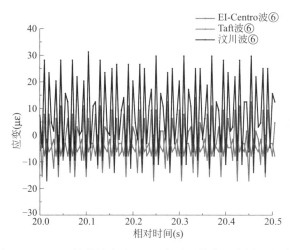

图 7.33　DZ-4 桩⑥处应变 0.5s 内时程曲线（彩图见文末）

的应变值。

　　选取 EI-Centro 波，将 DZ-4 桩基在 EI-Centro 波不同加速度峰值下同一位置的应变进行对比。由时程曲线（由于⑧号应变片受损而没有展示）可以看出：

　　（1）同种波形不同加速度峰值下，DZ-4 桩基溶洞区域内（①、②位置）的应变变化趋势基本一致，加速度峰值在 0.035g、0.1g、0.22g 时，应变呈上下均匀波动，并且波动范围随加速度峰值的上升而增大，但整体变化并不明显。以位置①处的应变为例，在加速度峰值为 0.035g 时，其应变波动范围在 ±65με 以内；在加速度峰值为 0.1g 时，其应变波动范围在 ±75με 以内；在加速度峰值为 0.175g 时，其应变波动范围在 ±85με 以内；在加速度峰值为 0.22g 时，其应变波动范围在 ±100με 以内。而在加速度峰值达到 0.4g 时，DZ-4 桩基溶洞区域应变有明显整体变化，具体表现为突然增大，且变化程度十分剧烈。

　　（2）同种波形不同加速度峰值下 DZ-4 桩基溶洞区域外位置处的应变，首先研究靠近溶洞区域位置处的应变。靠近溶洞区域位置的应变与溶洞区域内应变变化趋势较为相近，以位置③为例。加速度峰值在 0.035g、0.1g、0.22g 时，应变呈上下均匀波动，并且波动范围随加速度峰值的上升而增大，但增大幅度不大；当加速度峰值达到 0.4g 时，应变发生突然增大且变化幅度十分剧烈。

　　（3）然后研究距离溶洞区域较远的位置处应变，以位置⑥为例。加速度峰值在 0.035g、0.1g、0.22g 时，应变呈上下均匀波动，并且波动范围随加速度峰值的上升而增大，但增大幅度不大，整体可以看出有起伏变化，说明该位置处在地震作用下产生了实际位移；当加速度峰值达到 0.4g 时，应变发生突然变化且最终产生明显位移或变形。将位置⑥与位置⑦进行对比发现，位置⑦处的应变在加速度峰值达到 0.22g 时，产生了十分明显的整体变化，且在加速度峰值达到 0.4g 时，应变的整体变化幅度明显大于位置⑥在相同工况下的应变整体幅度。说明在桩基溶洞区域外距离溶洞较远处，上部位置的应变大于下部位置的应变。

　　（4）位置④和⑤位于桩基的中间高度处，由应变时程图看到该位置处的应变与其他位置相比十分不稳定，在多种工况下均出现应变的突然增大。

经试验得出结论：

（1）除 DZ-4 桩基个别位置处应变变化出现突变，其他桩基各高度处应变变化趋势基本一致，均在一定范围内上下波动，峰值大小变化不大，同时，应变随地震波持续时间增加而略有减小。DZ-4 桩基在 10~20s 期间应变出现明显波动，波动范围比其他时间段更为剧烈，并且出现两个明显峰值，这与输出加速度波形约在 10s 和 20s 处出现加速度峰值相对应。

（2）DZ-2 桩基各位置处应变变化范围基本控制在 $\pm 170\mu\varepsilon$ 之间，而 DZ-4 桩基各位置处应变变化范围基本在 $\pm 60\mu\varepsilon$ 之间，可以看出溶洞高度越大桩基应变变化范围越小，而溶洞区域内外的应变变化差别不大。同时，在岩溶区的桩基在地震波作用下的应变均比无嵌岩的桩基的应变大。

由此可以得出：岩溶区桩基在地震作用下其位移和变形较非岩溶区大；桩基嵌岩部分溶洞高度越大，桩基变形越小，但变形更不稳定，在地震波加速度峰值对应时间出现明显的应变峰值；对于岩溶区桩基，位于溶洞区域内外的桩基变形区别不大。

### 7.7.4　岩溶区饱和水状态下单桩桩土作用影响分析

对于饱和土体中，地震波对桩基桩土作用的影响，现选取饱和状态下的两根桩基，测得桩基结构不同位置在不同地震波、同一地震波不同加速度峰值下桩身与周围土体的地震响应。由于汶川波下桩基反应较小，本次试验地震波选用 EI-Centro 波和 Taft 波。桩基选定未穿过溶洞的 DB-5，同时以无溶洞条件下的桩 PURE 为对照桩。试验桩基对照如表 7.8 所示。

试验桩基对照表　　　　　　　　　　　　　　　　表 7.8

| 试验编号 | 桩基高度 $h$(m) | 顶板厚度 $d_1$ | 溶洞高度 $d_2$ | 溶洞填土高度 | 溶洞宽度 $d_3$ |
|---|---|---|---|---|---|
| DB-5 | 1 | 3D | 5D | 0 | 10D |
| PURE | 1 | — | — | — | — |

为了测定桩基结构周围不同位置处土体的地震响应，在 DB-5 桩周 2D（4cm）处沿桩身方向布置三层孔隙水压力计和加速度计，以及距桩身 8D（16cm）处最上层布置一组孔隙水压力计和加速度计，示意图及传感器编号（K 为孔隙水压力计，J 为加速度计）如图 7.34 所示。

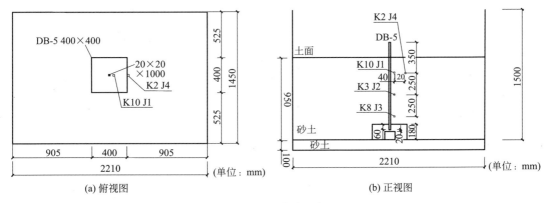

(a) 俯视图　　　　　　　　　　　　　(b) 正视图

图 7.34　桩基传感器布置图

175

经试验得出结论：

（1）DB-5 桩基在 EI-Centro 波不同加速度峰值下，同一位置处的桩周附近土体的加速度变化趋势在较低地震波加速度峰值较小时基本一致，均与地震波波形相似，在地震波加速度达到 0.4g 时，土体加速度变化趋势出现明显差别，并且其波动滞后。同时，地震波加速度峰值越大，桩周土体的加速度变化范围越大，波动越剧烈，消散越慢。

（2）由距离 DB-5 桩 2D 和 8D 处加速度时程曲线可以发现，距离 DB-5 桩基越远，桩周土体的加速度变化越剧烈，变化范围又略微增加，但加速度变化趋势基本一致。

（3）由距离 DB-5 桩 2D 处三个高度处的加速度时程曲线可以发现，埋深越深，桩周土体的加速度变化越剧烈，变化范围越大，尤其在地震波加速度峰值较大时变化范围的增加程度更明显，且加速恢复稳定后仍处于小幅度波动状态，波动幅度相较于地震波加速度峰值较小时也更为剧烈，但加速度变化趋势基本一致。

### 7.7.5　岩溶区饱和状态下不同溶洞高度对桩基影响设计工况

对于饱和土体中，不同溶洞高度对桩土作用的影响，现选取饱和状态下的两根桩基，测得桩基结构不同位置在不同地震波、同一地震波不同加速度峰值下桩身与周围土体的地震响应。由于汶川波下桩基反应较小，本次试验地震波选用 EI-Centro 波和 Taft 波。桩基选定不同溶洞高度的 DZ-1 和 DZ-2（表 7.9）。

试验桩基对照表　　　　　　　　　　　　　　　　　表 7.9

| 试验编号 | 桩基高度 $h$(m) | 顶板厚度 $d_1$ | 溶洞高度 $d_2$ | 溶洞填土高度 | 溶洞宽度 $d_3$ | 溶洞下桩埋深 $d_4$ |
|---|---|---|---|---|---|---|
| DZ-1 | 1 | 3D | 10D | 0 | 10D | 2D |
| DZ-2 | 1 | 3D | 6D | 0 | 10D | 2D |

为了测定桩基结构不同位置处的应变反应，自桩基底部向上每间隔 10cm 布置一个应变片，共布置 8 个应变片，自下而上编号分别为①～⑧，其中 DZ-1 的①、②处应变片和 DZ-2 的①处应变片处于桩基底部嵌岩部分的溶洞区域，DZ-2 的②处应变片位于顶板区域，其他应变片均位于溶洞区域外。

### 7.7.6　试验结果及分析

（1）桩身应变变化趋势与地震波加速度变化的趋势相关，同样的加速度幅值作用下，不同的波形产生的应变变化不同，但变化幅值相近。

（2）岩溶区桩基在地震作用下其位移和变形较非岩溶区大；桩基嵌岩部分溶洞高度越大，桩基变形越小，但变形更不稳定，在地震波加速度峰值对应时间出现明显的应变峰值；对于岩溶区桩基，位于溶洞区域内外的桩基变形区别不大。

（3）孔隙水压力的埋深越深，地震响应越大，其周围土体孔隙水压力上升幅度越大，上升阶段的时间越短，水压消散越明显，距离桩底最近的孔隙水压力时程曲线呈现较为明显的非线性特征。

（4）埋深越大，土体加速度峰值变化范围越小，振动频率越高，波形越密集。埋深相同，距离桩身越远，加速度地震响应越大。

（5）桩周土体的加速度变化越剧烈，变化范围越大，尤其在地震波加速度峰值较大时，变化范围的增加程度更明显，且加速度恢复稳定后仍处于小幅度波动状态，波动幅度相较于地震波加速度峰值较小时也更为剧烈，但加速度变化趋势基本一致。

（6）溶洞高度变化对嵌岩桩的影响表现为溶洞高度越大，桩身应变在地震波作用下的响应越低。

（7）在地震波的激励作用下，即桩身中部受地震波的激励更为明显，表现为桩身中部应变大于桩顶与桩底。

# 7.8　岩溶区桩基承载灾变数值模拟分析

## 7.8.1　桩-岩荷载传递机理

桩基础在工程中应用较多，大直径嵌岩桩单桩承载力高、群桩效应小、建（构）筑物沉降收敛快，已成为大型桥梁等建（构）筑物的主要基础形式。但因为大直径嵌岩桩试验耗费高，破坏所需作用力大，很难进行破坏性试验，因此比较系统完整的静载荷试桩资料和实测数据不多。

早期工程中普遍认为嵌岩桩属于端承桩，而现在大量研究表明，嵌岩桩的侧摩阻力对桩基承载力的影响很大，许多情况下都作为平衡外部荷载的主要反力出现，可以认为嵌岩桩大多情况下属于摩擦桩或端承摩擦桩。虽然有了以上认识，但其受力模式和受力机制依然不明确，给桩基设计造成困难。由于大直径嵌岩桩的广泛应用，使得对其承载机理的研究显得尤为必要，只有弄清桩-岩间荷载传递机理，才能使岩溶区桩基设计更加合理。

**1. 桩与围岩接触面完全粘结下的荷载传递**

对于桩体嵌岩段与围岩体，当两者接触面上的剪应力小于抗剪强度时，两者处于完全粘结状态，应满足变形和应力协调关系。因此，对于其界面特性，可以运用弹性力学以及剪滞模型理论来研究。

单桩轴力表达式为

$$\sigma'(z) = \frac{P}{\pi a^2}\left[\cosh(kz) + \frac{\alpha - \cosh(kl)}{\sinh(kl)}\sinh(kz)\right] \tag{7.5}$$

式中　$P$——作用在嵌岩桩桩顶的外加荷载；

　　　$l$——嵌岩桩嵌岩段深度；

　　　$\alpha$——桩端分担的外荷载比例；

　　　$k$——修正系数；

　　　$z$——边界条件。

相应的桩与围岩体剪应力分布公式为

$$\tau(z) = \frac{kP}{2\pi a}\left[\sinh(kz) + \frac{\alpha - \cosh(kl)}{\sinh(kl)}\cosh(kz)\right] \tag{7.6}$$

**2. 桩与围岩接触面脱粘条件下的荷载传递**

如果不考虑界面脱粘情况发生，按照桩与围岩体完全胶结情况获得的剪应力分布如图7.35（a）所示。当界面剪应力超过界面抗剪强度时，桩与围岩产生脱粘，继而过渡到残余强度阶段，剪应力沿桩身轴向发生重分布。在考虑脱粘的情况下，嵌岩段的剪应力实际分布应为图 7.35（b）所示的情况。

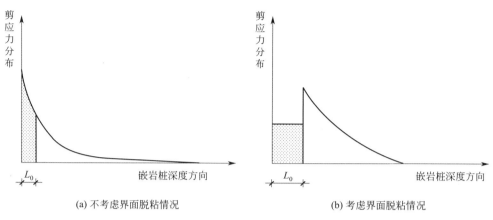

(a) 不考虑界面脱粘情况　　　　　　　　　　　　　(b) 考虑界面脱粘情况

图 7.35　剪应力分布图

可以按照下式计算剪应力大于界面抗剪强度的嵌岩段长度（$L_0$），即

$$\tau_1 = \frac{kP}{2\pi a}\left[\sinh(kL_0)+\frac{\alpha-\cosh(kl)}{\sinh(kl)}\cosh(kL_0)\right]$$

剪应力重新分配后，剪应力峰值点会向嵌岩段后部移动，相应脱粘段上的剪应力为界面残余强度，对应的脱粘段长度可以根据图 7.35 中阴影部分面积相等的条件计算，即

$$L_s = \frac{1}{\tau_2}\int_0^{L_0}\frac{kP}{2\pi a}\left[\sinh(kz)+\frac{\alpha-\cosh(kl)}{\sinh(kl)}\cosh(kz)\right]\mathrm{d}z$$

式中，$\tau_2$ 为嵌岩段脱粘后侧阻力的残余强度。

对于桩侧存在溶洞的大直径桩基，当桩-洞间水平距离较小时，位于溶洞段的桩周围岩压力很小，桩与围岩接触面在受力时处于脱粘状态，而非溶洞段桩与围岩接触面粘结状况良好。因此考虑大直径桩基础的荷载传递时，应分段考虑两种情况。

荷载传递特性分析：当竖向荷载逐步施加于桩顶，桩身上部受到压缩而产生相对于土体的向下位移，此时桩侧表面就会受到桩周土向上的摩阻力。桩顶荷载通过桩侧摩阻力传递到周围土层中去，桩身轴力及其压缩变形量随深度增加而逐渐减小。桩-土相对位移等于零点的位置，由于摩阻力尚未发挥作用也等于零。当施加的荷载逐渐加大，桩土之间的相对位移增大，桩身下部的摩阻力开始发挥作用，桩底土层也因受到压缩而产生桩端阻力。桩端土层被压缩，使桩土相对位移进一步增大，对桩侧摩阻力的发挥起到促进作用，而桩端极限阻力的发挥，需要比极限摩阻力大得多的位移值，往往桩侧摩阻力先充分发挥出来。当桩侧摩阻力全部发挥出来后，此时继续增加的荷载都将由桩端阻力全部承担。由于桩端持力层的大量压缩及土体的塑性挤出，位移增长速度明显增大，直至桩端达到极限承载力，位移迅速增大而产生破坏。

由于混凝土-岩石界面剪切试验试件尺寸的限制，在剪切过程中混凝土和岩石沿长度方向的切向应力应变均为一常量。但是实际工程中，桩承受荷载时沿桩身方向的桩-岩切向应力应变是一变量。因此，在进行桩的设计计算时，不能真实地反映实际工程中嵌岩桩的桩-岩界面的摩阻力及沿桩长分布的基桩轴力。针对嵌岩桩荷载传递研究方面存在的问题，基于桩-岩界面的剪胀滑移机制来模拟混凝土－岩石凹凸界面的受力性状。

根据荷载传递理论，对桩身任一截面有

$$\frac{\mathrm{d}^2 s}{\mathrm{d}^2 z} = \frac{U}{E_p A_p} \tau(Z)$$

式中　$U$——为嵌岩桩的周长；

　　　$A_p$——为嵌岩桩的截面积；

　　　$E_p$——为嵌岩桩的弹性模量。

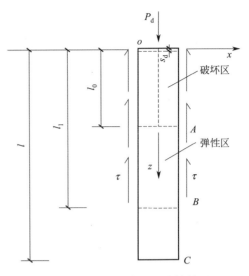

图 7.36　嵌岩桩摩阻力计算简图

如图 7.36 所示，设作用于嵌岩桩顶部的荷载为 $P_d$，相应的位移为 $s_d$，桩长度为 $l$。分析以往的试验结果表明，在工作状态下，桩端阻力在桩基承载力里面所占相对比例较小。因此，嵌岩长桩承载力全部由桩侧摩阻力提供，不考虑其桩端阻力。假设点 $A$ 处桩的法向应力等于 $\sigma_1$，点 $B$ 处法向应力为 $\sigma_0$。

（1）桩顶在荷载作用下，桩周上部塑性破坏，破坏区深度为 $l_0$，在破坏区 $\Delta s(z) \geqslant s_0$；下部处于弹性状态，其深度范围为 $l_0 \sim l_1$，在弹性区 $\Delta s(z) \leqslant s_0$。

在破坏区：

$$s(z) = \frac{1}{2} \frac{UK \tan\beta s_0 \tan\varphi_r}{E_p A_p} z^2 - \frac{P_d}{E_p A_p} z + s_d \quad P(z) = -E_p A_p \frac{\mathrm{d}s}{\mathrm{d}z} = P_d - UK \tan\beta s_0 \tan\varphi_r z$$

式中　$\beta$——剪胀角；

　　　$\varphi_r$——岩石内摩擦角；

　　　$s_0$——弹性极限位移；

　　　$P_d$——作用于嵌岩桩顶部的荷载；

　　　$s_d$——作用于嵌岩桩顶部的荷载相应的位移。

在深度 $l_0$ 处，桩侧围岩体为破坏区与弹性区的边界，且满足位移连续条件，即

$$s(l_0) = s_0 = \frac{1}{2} \frac{UK \tan\beta s_0 \tan\varphi_r}{E_p A_p} l_0^2 - \frac{P_d}{E_p A_p} l_0 + s_d$$

由上式可以求得

$$l_0 = \frac{P_d - \sqrt{P_d^2 - 2UK \tan\beta s_0 \tan\varphi_r E_p A_p (s_d - s_0)}}{UK \tan\beta s_0 \tan\varphi_r}$$

进而求得

$$P(l_0) = \sqrt{P_d^2 - 2UK \tan\beta s_0 \tan\varphi_r E_p A_p (s_d - s_0)}$$

在弹性区：

嵌岩桩侧摩阻力 $\tau(z)$ 为

$$\tau(z) = \frac{E_p A_p}{U} \cdot \frac{\mathrm{d}^2 s}{\mathrm{d}^2 z} = \frac{P_{l_0} \eta}{U} \cdot \frac{\cosh[\eta(l_1 - z)]}{\sinh[\eta(l_1 - l_0)]}$$

桩体内的轴力 $P(z)$ 为

$$P(z) = -E_p A_p \frac{\mathrm{d}s}{\mathrm{d}z} = P_{l_0} \cdot \frac{\cosh[\eta(l_1 - z)]}{\sinh[\eta(l_1 - l_0)]}$$

式中，$\eta = \sqrt{\dfrac{8E_r}{E_p} \dfrac{\tan\beta\tan(\varphi_u + \beta)}{D^2(1 + V_r)}}$，量纲为（1/长度）$^{-1}$。

（2）当桩顶作用荷载，桩周岩层均处于弹性状态时即 $\Delta s(z) \leqslant s_0$，此时只需令上述公式中的 $P_{l_0} = P_d$，$s_0 = s_d$，$l_0 = 0$，解得 $s$，$l_1$，$\tau(z)$，$P(z)$ 分别如下：

$$s(z) = \frac{P_d}{E_p A_p \eta} \cdot \frac{\cosh[\eta(l_1 - z)]}{\sinh(\eta l_1)} \qquad l_1 = \frac{1}{\eta} \text{arcoth}\left(\frac{s_d}{P_d} E_p A_p \eta\right)$$

$$\tau(z) = \frac{P_d \eta}{U} \cdot \frac{\cosh[\eta(l_1 - z)]}{\sinh(\eta l_1)} \qquad P(z) = -E_p A_p \frac{ds}{dz} = P_d \frac{\sinh[\eta(l_1 - z)]}{\sinh(\eta l_1)}$$

综上分析可知，一旦确定了由嵌岩桩材料性质、几何条件及桩周围岩性质等因素共同决定的桩基承载力综合影响系数 $\eta$，求得线性变形段嵌岩桩产生单位位移所需的力后，即可求得嵌岩桩的摩阻力、轴力分布及临界长度 $l_1$。对于桩侧存在溶洞的大直径桩基，除了应考虑上述影响因素外，还需考虑桩周岩体缺失对系数 $\eta$ 的影响。

### 7.8.2 荷载传递性状变化规律

桩设置于土层中，它依靠桩侧摩阻力和桩端阻力支撑桩顶荷载。因此，基于破坏状态确定的单桩承载力，除了与桩径、桩长等几何尺寸有关外，还与桩周土体单位面积上发挥的摩阻力有关；有时单桩破坏前，出现超出正常使用状态允许的沉降，而单桩承载力需要根据变形控制确定时，则单桩承载力又与桩身和地基土的抗变形刚度等因素有关，必要时需根据荷载传递分析确定。

桩侧摩阻力的发挥程度与桩-土相对位移有关，亦即传递函数。传递函数曲线与桩周土层性质、桩的埋深、施工工艺及桩径大小有关。且相关研究表明，土类的性质是影响极限侧阻位移发挥的主要因素。桩顶在竖向荷载作用下，桩-土体系的荷载传递过程可用基本微分方程表示为

$$\frac{ds^2(z)}{dz^2} - \frac{u}{AE_p} q_s(z) = 0$$

式中　$s(z)$——深度 $z$ 处的桩身位移；

　　　$q_s(z)$——深度 $z$ 处的桩侧摩阻力；

　　　$u$——桩身截面周长；

　　　$A$——桩身截面积；

　　　$E_p$——桩身弹性模量。

其中 $q_s(z)$ 是 $s(z)$ 的函数，方程的求解结果即桩顶在竖向荷载作用下的位移反应，主要取决于荷载传递函数 $q_s(z)$-$s(z)$ 的形式。

### 7.8.3 模型建立与参数选取

对于实际工程，桩所受的荷载往往是由上部结构的自重、水压力、土压力、风荷载等各种因素综合作用产生的。在模拟分析中，很难将各种因素都考虑在内，需要从中找出最主要的影响因素进行分析。而且不同的地方，岩溶地区溶洞所呈现的形态也不一样，不仅表现在大小、形状上，溶洞所处的位置、洞内填充物等也是千变万化。因此，为了使建立

的模型更具代表性，须对计算模型做如下简化：

（1）桩只受竖向荷载影响；

（2）载荷只考虑静力荷载，不考虑循环荷载、周期荷载对其影响；

（3）溶洞上覆土层简化为一层，材料性质各向同性；

（4）溶洞周围岩体以连续介质考虑，溶洞围岩视为均质各向同性的地下半空间无限体，且溶洞在天然状态下具有一定的稳定性；

（5）溶洞视为一个长方体洞室，由于溶洞填充物的力学性质与岩石相比较低，一般不承受应力，所以按空溶洞进行计算；

（6）本文仅考虑单个溶洞存在且桩基础穿过溶洞时的桩基承载特性，不考虑多个溶洞共同作用的情况。

根据地勘报告关于 47 号承台下土体的勘测情况，第四系土层的厚度约为 80m，使用桩长为 100m，桩径为 2m，承台的长宽厚尺寸分别为 45m×12m×2m。因此，确定溶洞的高度范围在 1～15m，溶洞的直径范围 4～20m，顶板厚度 1～10m。当桩基穿过溶洞时，洞底距离桩底的距离范围 1～6m；当桩基未穿过溶洞时，洞顶距离桩底的距离范围 1～6m。

根据以上分析，确定有限元中的土体的直径范围为 $D=40m$，深度为 $H=120m$。

图 7.37 为桩基础有限元模型，上覆土层厚度 80m，下部岩石层厚度为 40m。桩基础采用线弹性本构模型，桩长为 100m，直径为 2m。基础周围土体采用 Mohr-Coulomb 塑性本构及弹性模型。溶洞岩石采用相关流动法则的 Drucker-Prager 本构模型，具体参数如表 7.10 所示。

材料参数表 表 7.10

| | 密度 $\rho(kg/m^3)$ | 弹性模量 $E(MPa)$ | 泊松比 $\mu$ | 黏聚力 $c(kPa)$ | 内摩擦角 $\varphi(°)$ |
|---|---|---|---|---|---|
| 粉质砂土 | 1950 | 8 | 0.3 | 40.0 | 20.0 |
| 岩石 | 2680 | 14000 | 0.25 | — | 44.5 |
| 桩 | 2600 | 30000 | 0.1 | — | — |

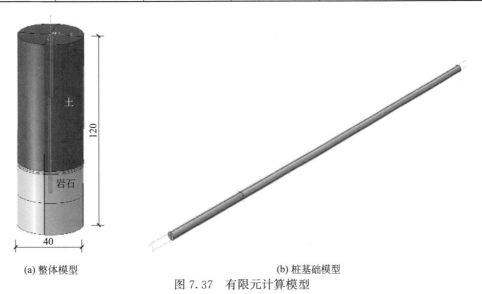

(a) 整体模型　　　　　　　　　　　(b) 桩基础模型

图 7.37　有限元计算模型

桩身基础与周围土体及岩石采用摩擦接触，其中桩基础与上部土体的摩擦系数为0.5，桩基础与下部岩石的摩擦系数取1.0。

溶洞对岩溶区超长深桩桩基动力特性影响：根据本项目岩溶区超长桩所处地区的7度抗震设防要求，基本地震加速度为0.10g，特征周期值为0.40s，分析所用地震加速度时程的最大值为0.35m/s²，对基础的抗震特性进行研究，计算使用的地震加速度时程曲线为宁河天津波时程曲线，其波形图如图7.38所示。

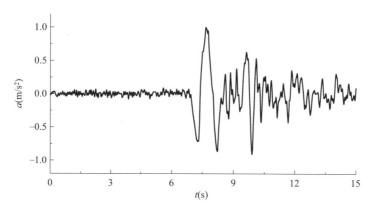

图7.38　天津波地震波形

**1. 溶洞高度对桩基础地震作用影响**

图7.39为桩基础在地震作用下，基础顶部的位移时程曲线，通过对比桩基础顶部的最大位移值，表明溶洞高度对基础在地震作用下影响较小。

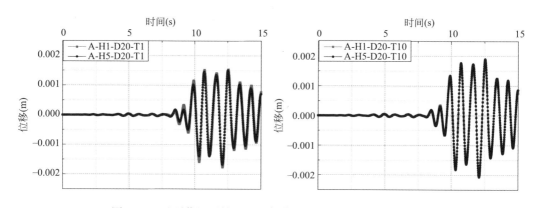

图7.39　地震作用下桩基础顶部位移时程曲线（彩图见文末）

**2. 溶洞直径对桩基础地震作用影响**

图7.40为桩基础在地震作用下，基础顶部的位移时程曲线，通过对比桩基础顶部的最大位移值，表明溶洞直径对基础在地震作用下影响较小。

**3. 溶洞顶板厚度对桩基础地震作用影响**

图7.41为桩基础在地震作用下，基础顶部的位移时程曲线，通过对比桩基础顶部的最大位移值，表明溶洞顶板厚度对基础在地震作用下影响较小。

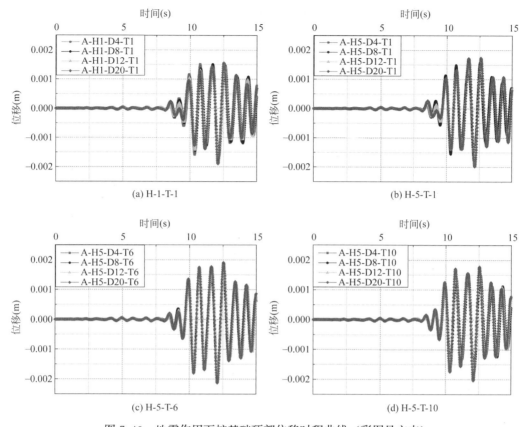

图 7.40　地震作用下桩基础顶部位移时程曲线（彩图见文末）

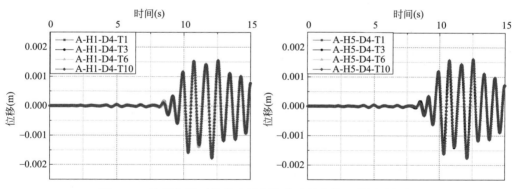

图 7.41　地震作用下桩基础顶部位移时程曲线（彩图见文末）

## 7.9　结论与建议

### 7.9.1　结论

（1）提出了岩溶区隐伏溶洞物探与钻探相结合的综合勘测技术，克服了单一勘探方法的局限性，提高了隐伏溶洞勘探结果的可靠性和精确性，为岩溶区隐伏溶洞处治、桩基施工和设计提供了重要依据。

（2）针对不同溶洞类型结合相关工程成功经验，形成了不同溶洞发育情况下桩基施工质量控制和溶洞综合处治关键技术。为岩溶区桩基工程施工全过程质量控制提供了有力技术支撑，显著地降低了岩溶区桩基施工事故的发生，提高了岩溶区成桩质量和桩基施工速度。

（3）针对桩基施工穿越覆盖层不稳定且溶腔较大溶洞时易出现塌孔、钻机倾倒等事故的现状，提出了"全护筒跟进处理技术"的施工方法，解决了桩基施工泥浆护壁造成的水污染和环保要求的技术难题；创新性地一面冲孔一面接高护筒，阻断溶洞内流塑充填物或水的流动便于钻孔施工，实现了覆盖层不稳定且溶腔较大溶洞区的桩基安全快速穿越。

（4）护筒技术与预注浆技术在处理溶洞进度和经济性方面，有比较大的优势，能够较好地解决桩侧溶洞带来的影响。

（5）对桩基工程技术的勘察、设计和施工三个阶段进行风险管理和控制，建立枣菏高速微山湖特大桥工程桩基施工风险管理控制体系。

（6）开创性地开展岩溶区桩基水平地震响应分析大型试验，获得岩溶区桩基水平地震响应分析计算的方法，通过岩溶区桩基水平地震在无水和饱和状态下的对比分析，建立了岩溶区桩基动荷载灾变体系。

### 7.9.2 建议

（1）在岩溶区桩基水平地震响应方面，进一步做深入试验。在双向地震响应，某一跨地震响应，进行深入分析。

（2）在施工技术方面，紧密切合设计规范，提高设计施工水平。

### 7.9.3 经济效益和社会意义

本研究针对枣菏高速微山湖特大桥岩溶强发育的地质条件和复杂多变的岩溶地区对桥梁桩基的承载特性和稳定性的影响特点进行研究。旨在解决岩溶地区桩基施工中遇到的勘探和施工难题，将研究成果应用于依托高速公路桥梁桩基工程施工建设中，达到了降低工程风险，节约工程投资、提高工程施工及运行质量的目的。本项目提出的方案主要为地质研究工作在勘查中的应用，合理布置、减少钻探工作量，避免了岩溶地质处理的数量及难度，与传统施工工艺相比，能够避免绝大多数的施工病害发生，从而节约项目投资和加快施工进度，可为后续桥梁桩基设计施工创造较大的经济效益。同时，节约了岩溶区桥梁桩基病害处理法的后续工程投资，加大了桩基施工科技含量。

护筒和预注浆方案经比较，在施工进度方面，护筒方案用时较短，处理效果较好，进度明显快于预注浆处理方案，同时，该方案在经济上更优越，可以节约工程投入，具有较好的经济效果，护筒方案法施工可利用现场机械和人员进行施工，有利于大面积开展作业面，且施工工艺比较成熟、可靠，容易操作，缩短施工周期，护筒方案中的护筒和碎石压浆固结混凝土可提高桩基承载力及海洋环境下的桩基防腐能力。

借助现场调研，室内试验，现场监测，理论及仿真分析，工程应用等方法，对岩溶地区桥梁桩基承载特性及水平地震作用下的动力响应分析进行较系统的分析研究，针对溶洞处理的护筒技术，研究施工过程中护筒下沉技术，优化护筒技术，建立了岩溶区桩基勘察、设计、施工技术指南。对桩基工程技术的勘察、设计、施工三个阶段进行风险管理和控制，建立枣菏高速南四湖特大桥工程桩基施工风险管理控制体系。开创性地研究了岩溶区桩基水平地震作用灾变机理，研究了水平地震作用与桩基应变的关系。建立了岩溶区桩基动荷载灾变系统。

　　岩溶区施工作为大型的土木工程项目，因其施工阶段的诸多因素的不确定性，使得风险分析成为摆在我们土木工程人员面前的一个重要课题。本课题以枣菏高速南四湖大桥为背景，针对岩溶区桩基施工过程进行风险分析，在有限元仿真的基础上，对各工序的施工风险进行广泛的调查，进而对所有风险因素进行全面识别和量化研究，总结出桩基施工过程风险产生和发展的规律，提出全过程、全方位地开展风险管理工作的理论与方法，寻求度量工程项目风险的有效方法，并对制订风险管理的计划和措施进行研究归纳，最终进行规划决策。施工仿真分析与风险管理相结合，将仿真分析成果应用于风险管理，集中对岩溶区桩基施工过程进行风险管理的研究将为施工控制和风险管理提供一个很好的思路。

　　该项目的开展对于投资巨大的岩溶地区高等级公路建设有重大的工程意义和经济价值，不但提高了岩溶地区公路桥梁桩基的修筑技术水平、减少了工程直接投资，而且对有效减少公路运营期桥梁桩基病害的发生，降低工程风险，实现安全施工等方面有积极的作用。

# 第8章  公路工程施工企业实务BIM的开发与应用

## 8.1  BIM管理工程概况

枣庄至菏泽高速公路微山湖特大桥工程施工阶段BIM运用服务项目是以枣庄至菏泽高速公路微山湖特大桥工程为试点工程，以山东省路桥集团有限公司为核心，以山东省交通规划设计院、上海同豪土木工程咨询有限公司为主要实施方的BIM运用项目。

本项目设计了一套新的BIM应用体系，施工项目前期通过零号台账建设系统，协助施工企业快速采集图纸信息。施工期间通过BIM平台采集施工信息，并出具各类报表提高施工单位基层员工内业工作效率。

临时结构安全分析系统采用建模助手，输入参数即可生成有限元模型，该模型可直接进入"桥梁博士"进行计算。根据零号台账，使用钢筋智能生产系统配置加工需求，再根据施工计划，选择要加工的子分项，便可一键生成三大钢筋加工报告，节省钢筋用量。

日照至菏泽公路横贯山东南部，是山东省"八纵四横一环八连"高速公路网中"环"的组成部分。微山湖特大桥位于济宁市微山县和鱼台县境内，是日照至菏泽公路枣庄至菏泽段跨越南四湖的一座特大桥。微山湖特大桥起点位于微山县两城镇黄山三村南，终点位于湖西滨湖大道西侧的鱼台县张黄镇梁岗村。微山湖特大桥起点桩号为K40+566.5，分别跨越白马河航道（Ⅲ级航道K42+811）、京杭运河主航道（Ⅱ级航道K45+685）、京杭运河西航道（Ⅲ级航道K49+617），在K49+715位置上跨湖西大堤，终点桩号为K50+455.5。主线桥全长9889m（至桥台耳板尾部），桥梁共58联、265孔。

### 8.1.1  工程重点与难点

京杭运河主航道桥为400m双塔预应力混凝土斜拉桥，为特大型桥梁，施工周期长，结构复杂，施工难度大。本标段桥梁结构多，上部结构主要以预制箱梁为主，各类箱梁共计2628片，数量多且结构形式多样，预制质量的控制、进度制约整个项目，为本标段的控制重点。本标段位于微山湖湿地，横跨南四湖与京杭大运河，风景区与水源地对施工环保要求极高，安全文明施工协调难度大。工期紧张且质量要求高，本工程2020年4月30日竣工，施工组织协调难度大。

### 8.1.2  应用过程

项目初期，为了使本项目BIM应用能够达到很好的效果，集团公司和项目部组建专人成立BIM运用领导团队，并编制《微山湖特大桥BIM应用实施方案》《微山湖特大桥施工阶段BIM应用明细》确定了BIM应用目标、BIM应用具体内容；确定了BIM实施团队的人员分工、管理职责；确定了BIM管理系统的管理功能、研发内容；确定了BIM

软件版本、硬件配置要求等内容。BIM 应用团队组织架构如图 8.1 所示。

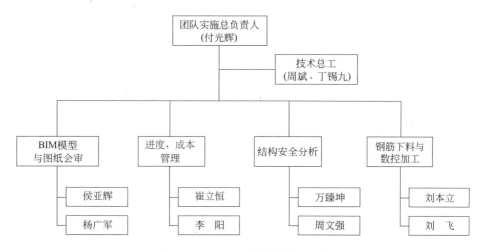

图 8.1　BIM 应用团队组织架构

截至 2019 年 9 月，BIM 应用团队完成的应用包括：高精度 BIM 模型、三维检查、空间碰撞检查、BIM 施工系统中零号台账的建设、虚拟建造技术优化工艺方案、VR 安全教育身临其境。2019 年 9 月 14 日，在枣荷高速微山湖特大桥工程项目部召开第一阶段 BIM 运用专题验收会，如图 8.2 所示，会议总结第一阶段 BIM 运用成果，得出结论：第一阶段成果在项目宣传，安全教育方面取得不错效果，但与专业结合不深，并未提高施工项目人员的生产效率。同时会议提出需要通过 BIM 技术解决进度管理与产值管理两大问题。为此，枣庄至菏泽高速公路微山湖特大桥工程施工阶段 BIM 运用服务项目正式进入第二阶段，平台研发阶段。

在 BIM 运用的第二阶段，针对施工项目不同阶段的需求，上海同豪土木工程咨询有限公司集中优势资源，分别研发了零号台账建设系统、施工 BIM 管理系统、施工临时结构安全分析系统、施工企业标准化临建设施设计系统、钢筋智能生产系统。在 2019 年 6 月至 2019 年 10 月期间，经过多次的现场试用效果反馈与产品调整，零号台账建设系统、施工 BIM 管理系统、施工临时结构安全分析系统均已在项目上实施运用并收到较好的使用效果。

图 8.2　第一阶段 BIM 应用成果专题验收会

2019 年 11 月 12 日，在枣荷高速微山湖特大桥工程项目部召开 BIM 运用服务项目工作总结会，如图 8.3 所示，会上山东路桥集团有限公司相关领导对整个项目的实施给予了充分的肯定，指出第二阶段研发的系统使用效果突出，一致认为这些系统为全面落实施工企业数字化管理打下了坚实的基础，本项目成果是集团标准化、信息化、智能化管理运用的重要里程碑。

图 8.3  BIM 技术应用咨询服务工作总结会

## 8.2  应用成果

### 1. 高精度 BIM 模型

BIM 模型是指运用 BIM 软件建立的数字模型，本项目采用倾斜摄影，参数化建模等多种建模手段，建立了包括地形地质、构造、钢结构、临时结构、临时设施在内的全息 BIM 模型，模型精度达到 LOD400。本项目所建立的模型具有协助项目进行图纸审查、模拟施工过程、精细化项目管理等重要意义。其中地质地形模型协助施工放样数据复核，提高放样数据准确性，主体结构模型用于进度管理、施工方案可视化模拟、临时结构模型进行场布设计及结构受力验算。路桥工程 BIM 模型一般包括结构物构造信息及位置信息，本工程 BIM 模型领先路桥工程 BIM 行业水平，建立了结构物钢筋模型，率先实现了利用计算机对钢筋数量进行统计、进行钢筋碰撞检查等功能。

### 2. 三维检查，空间碰撞检查助力图纸会审

在以往工作中，施工现场在签收施工图纸后往往需要组织大量的人力去查找图纸中存在的错误，这一过程存在费时费力效率低下等问题。三维检查及空间碰撞检查可以有效地解决这一问题。三维检查是通过模型检查材料数量等信息的准确性，空间碰撞检查是指通过三维模型检查结构物是否存在空间上的重复。本项目利用 BIM 技术对构造三视图、空间预应力管道与钢筋碰撞、空间钢筋与结构预埋件碰撞及工程量统计等方面进行了完整的检查，检查效率高、精度准。共计发现 67 处图纸问题，464 处钢筋碰撞问题。该功能减少现场材料损耗，节约工期约 60 天。并以此为依据，通过和设计方的积极沟通优化了进一步图纸，避免了在施工时期的返工和被动沟通，以此加速项目实施、减少材料浪费。

### 3. BIM 施工系统中零号台账的建设与应用

在以往工作中，施工项目部人员需要组织大量的人力物力来从图纸中摘取大量的材料种类与数量信息，并使用 Excel 工具将其制成零号台账及各类材料表，整个过程工作量庞

大且极易出错，过程中产生的错误也很难发现。为此上海同豪土木工程咨询有限公司研发出零号台账建设系统，利用图纸规律，高效采集图纸信息，并可按任意格式生成各种材料表，此法每天节约现场人工成本约 35 人。以往项目部通过各类报表、各种例会、履约考核等手段进行进度统计与计量支付工作。这一整个过程全部由人工参与，耗时较多且效率低下。尤其以各类报表最为耗费人力，在制作报表的过程中，需要工作人员搜寻各类数据源并检查其准确性，再人工进行各种数据处理，繁琐且工作量巨大，最后再将数据搬运至各类报表里，工作重复性强。

在通过市场调查及试用其他平台后，发现诸多的施工 BIM 管理平台难于落地运用的核心原因之一是基础数据采集困难，现场基层员工在繁杂的工作之余难以将施工产生的数据录入平台。针对这一现象，为微山湖特大桥工程量身定制施工 BIM 管理平台。该平台以减轻基层员工内业工作量为 BIM 技术落地的出发点，通过使软件结合现场基层人员的工作业务关系的方法来提高基层人员基础数据录入的主动性。此法区别于其他施工 BIM 管理平台，不仅没有增加基础数据录入的工作量，还大大降低了采集与处理施工数据的出错率，极大地提高了基层人员的工作效率。使基层人员从繁琐且重复性强的工作中解脱出来。预期施工现场基层人员在使用平台后内业工作效率提高 50%，以日报工作为例，原日报工作耗时为 2 小时/人/天，使用平台后日报工作耗时为 5 分钟/人/天。用于施工现场微山湖特大桥工程施工阶段 BIM 运用还不止于提高从施工现场采集数据的效率，同时还创造性地研发出施工图纸信息采集技术，使基层人员能够快速准确地从图纸中提取各材料数量，并快速制成各种形式的工程量清单表，为后续工程计量工作提供数据支持。预期图纸拆分工作效率提高 60%。将施工现场业务逻辑结合到软件研发中，可以使现场基层人员主动地往平台内填写施工产生的各种信息，解决信息采集困难这一难题。

此平台还处于功能扩展阶段，预期该施工 BIM 管理平台功能扩展完全后，可解放施工现场基层人员内业工作，使其完全专注于现场管理与信息采集工作中。同时项目高层可以精准地把握项目的各方面动态及项目发展趋势，为项目决策提供完美的数据支撑。

**4. 基于 BIM 的施工临时结构安全分析系统**

由于设计计算能力不足，施工项目人员一般会以经验来进行施工大型临时结构设计工作，再由 Midas 等有限元计算软件进行结构受力验算，该方法存在因方案变更导致工作量增大的问题。采用通用有限元软件进行计算，存在逐节点单元建模工作量大，操作繁琐，对规范支撑力度小，成果手动整理，工作效率低以及计算不规范问题。

本项目特意研发了基于 BIM 的施工大型临时结构安全分析系统，该系统采用开发高效的建模助手，填写简单的布置参数，快速生成各种施工临时结构的桥梁博士计算模型，利用强大的桥梁博士软件进行受力计算并直接生成结构受力计算说明书。

该系统降低了临时结构受力计算的门槛，无需建立复杂的有限元模型，无需手动整理计算结果。只需通过参数建立好模型后，该模型即可自动转换为有限元模型，自动整理得出计算结果。用户在调整临时结构 BIM 模型的同时，后台有限元模型同步得到调整。满足施工现场方案多变的需求。

**5. 基于 BIM 的施工企业标准化临建设施设计系统**

施工现场根据生产需要大多要建设临时设施场地，因征地因素的不确定性，临建场地的设计方案往往需要多次变革，临建设计变更工作量大。另外，各施工企业大多具有企业级别的临建标准化指南，而项目人员流动性大，所以企业级的临建标准化往往不易落实。

该系统可由施工单位事先上传临建标准化模型，再由用户根据项目个性自由布置场地，操作简单快捷。当临建场地设计完毕后，该系统可自动生成 CAD 图纸，并统计临建场地各材料用量，无需人工统计，极大地提高工作效率。

**6. 数字技术打造绿色工程、节能降耗**

绿色工程、节能降耗是指工程建设中，在保证质量、安全等基本要求的前提下，通过科学管理和技术进步，最大限度地节约资源并减少对环境负面影响的施工活动，实现节能、节地、节水、节材和环境保护。本项目以钢筋下料优化与数控加工为切入点，自主研发了一套钢筋加工优化系统。该系统主要解决两个问题：一是汇总钢筋大样图纸，进行自动布料。在考虑钢筋进料规格的前提下，通过迭代算法形成《钢筋下料单》和《钢筋材料采购单》。二是在此基础上，可将下料成果直接转换成可适用于数控加工机床的数据，通过在加工机械上导入这些数据直接进行加工。从主航道桥 P137 主塔的应用结果来看，该技术与人工布料对比，至少节约钢筋总用量千分之五。

**7. 虚拟建造技术优化工艺方案**

虚拟建造技术是 BIM 技术的延伸，即将 BIM 与模拟技术集成应用于施工阶段，为施工管理与决策提供支持。为发挥 BIM 的可视化这一最醒目的特点，特将三维主体结构模型结合施工方案进行方案预演。以视频的形式将原本枯燥的施工方案呈现出来，完成了主塔横梁支架工艺模拟、主塔爬模工艺模拟和预制梁液压模板施工模拟，提前演示了施工过程，提前发现其中缺陷，预防潜在风险。并且在施工专项方案评审会议上，通过动画的方式来演示真实的施工工艺，使评审内容更直观、评审过程更具针对性。

**8. VR 安全教育身临其境**

由于能够再现真实的环境，并且人们可以介入其中参与交互，使得 VR 技术可以在航天、军事、通信、医疗、教育、娱乐、建筑和商业等各个领域都有极大的发展和应用前景。本项目中将 VR 技术用于施工现场安全教育之中。

施工项目上经常开展施工安全教育工作，且往往以会议、规范讲解的方式进行，短期内不容易被施工人员直观理解，容易达不到预期效果。使用 VR 技术制作了一段安全教育演示内容，使施工人员通过 VR 设备身临其境，并且其中特意安排了一次"落梁"来提醒各施工人员，使学员印象深刻，教育效果显著。

# 8.3 BIM 应用服务关键技术

### 1. BIM 施工系统中零号台账的建设与应用关键技术

施工现场采集进度信息与计算产值的流程主要分为四步（图 8.4）。第一步：现场质检员在浇筑完成后回到驻地登记台账；第二步：日报专员接手台账并按台账内的构件名查找这些构件的工程量以及对应单价；第三步：通过使用 Excel 表格填写各工区日报；第四步：汇总各工区产值生成项目部日报，然后每周或每月填写周、月报。

在整套流程中最耗时的环节有四个问题：第一个问题是施工现场质检员大多用笔纸记录信息，记录方式落后；施工台账填写易错位，如构件名称张冠李戴、易重复，造成资料返工。整个记录的过程受人员能力影响较大，而一线记录人员大多是刚毕业的学生，所以

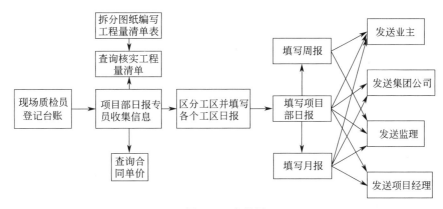

图 8.4　流程图

进度信息采集困难。第二个问题是项目人员需要从巨量的图纸中拆解出各个桥各个构件的工程量并制成工程量清单表格，拆图工作量庞大且易出错。在零号台账制作的过程中存在不能充分利用材料统计规律、数据关联处理靠人工、报表加工效率低、复核手段匮乏等问题。第三个问题为信息加工处理方式落后，施工现场多使用 Excel 进行数据处理，处理过程烦琐，数据格式不统一，人为干扰因素较大，使用效果差。第四个问题为日报专员每日都需要将台账信息填入各类报表，每日都需要将工区日报汇总成统计日报，每周填写各类周报、每月填写各类月报等。这些工作重复性强且必需要人工干预，成果报表种类多、归属繁杂，工作效率极其低下。

针对上述问题的解决方法如下：

针对问题一，研发微信小程序，采用手机来进行台账填写工作。手机记录文字信息的同时还能记录影像资料，可以有效防止用户填错构件名称，手机端平台还具备自动提示重复功能，进一步消除张冠李戴的现象。

针对问题二，专门研发零号台账建设系统，用户通过系统可以只需输入图纸规律，便可自动生成各类工程量清单。

针对问题三，专门研发施工 BIM 管理平台，该平台直接对接零号台账建设系统与手机微信小程序，可通过将零号台账建设系统产生的工程量数据与移动端采集的进度数据自动匹配单价清单，可快速算出施工项目各日各工区的产值，并汇总展示进度信息。

针对问题四，施工 BIM 管理平台可实现自定义报表功能，满足施工现场报表出具工作，极大地提高施工现场内业工作效率。

零号台账建设系统通过总结大量的图纸中存在的普遍规律，结合施工现场的图纸拆分工作流程，将图纸中规律及价格清单表分为 6 个配置表，用户只需填写这 6 个表即可完成整个标段的图纸统计工作，这 6 个表分别为：

（1）清单单价表：用于汇总各材料的各种单价。

（2）分部分项配置表：用于汇总各构件所属分类。

（3）单位计价配置表：用于配置单位。

（4）分项特征参数表：汇总各类型构件的特征参数，标出各个构件的差异。

（5）分项算量表：用于计算各类型构件的材料种类及数量。

（6）报告格式算量表：用于导入报告格式，使系统按用户所需格式出具数据。

施工 BIM 管理平台汇总移动端采集的施工台账，通过施工台账中的构件名称查找工程量清单中该构件的数量及子目号，再通过该子目号在单价清单表中查找该材料的材料单价，通过材料数量与材料单价计算产值，将产值按构件的完成日期进行分配即可得出每日的进度产值。此算法与绝大多数施工企业产值算法相同。定义报表中各个位置所填信息，将之编写成模板，由施工 BIM 管理平台识别，则平台便可自动填写报表所需信息。

项目部建立零号台账的传统方法，需要组织 4～5 人，花费近一个月时间的工作量来建立零号台账，这个过程中往往因其他工作而延长。使用零号台账的建设与应用系统，用户只需填写这 6 个表即可完成整个标段的图纸统计工作，整个过程流水性强，且可暂停存储，提高工作效率地同时极其适合施工现场事多工杂的环境。零号台账的建设与应用系统效益对比如表 8.1 所示。

零号台账的建设与应用系统效益对比表　　　　　　　　　　　　表 8.1

| 工作方式 | 所需人数 | 建设用时(d) | 查错用时(d) |
| --- | --- | --- | --- |
| 传统方式 | 4～5 | 30 | 7 |
| 零号台账建设系统 | 1～2 | 7 | 2 |

### 2. 基于 BIM 的施工临时结构安全分析系统关键技术

临时结构作为施工必须采用手段，其安全可靠性极其重要。当前桥梁施工中，施工临时结构的设计存在以经验设计为主的问题，往往仅对特殊结构进行安全验算，而一般结构依靠经验设计，仅进行简化计算，易出现结构安全验算深度或覆盖面不足，安全验算不规范，从而遗留安全隐患。总的来说，可以概括为三个方面的问题。

（1）临时结构工程量基数大，加上可能涉及的方案优化，进行结构安全分析工作量巨大。

（2）缺少专业计算工具，采用通用有限元软件进行计算，软件使用难度大，与施工单位人员流动性大、结构安全分析人才缺乏的现状相违背；即便熟练掌握有限元计算软件，逐节点单元建模工作量仍然十分巨大，操作烦琐，对规范支撑力度小，成果手动整理，工作效率低。

（3）计算规范性问题，对临时结构验算四大内容强度、刚度、稳定性、支反力，通常比较重视结构的应力、变形，易忽视稳定性分析等问题，留下安全隐患。

针对不同施工临时结构开发的高效的建模助手，填写简单的布置参数，快速生成桥梁博士计算模型，降低了专业门槛，减轻了建模与计算工作。为方便受力状态查看，设置中间结果查询专用界面。同时还可以一键输出结构受力计算书，减轻施工现场工作量。

以有限元计算核心为基础，充分考虑大临结构（大型临时结构）受力体系和结构特征，开发大临结构模板，实现大临结构安全计算模型的参数化建模，有效减少建模工作量、提高结构安全验算的效率。

将挂篮桥梁施工大临结构设计相关规范，《钢结构设计标准》《公路桥涵施工计算规范》等相关条款程序化，实现程序自动验算，能够有效地解决结构安全验算的不规范性问题，避免因人为因素导致的结构安全隐患。根据大临结构安全验算内容，定制结构安全控制查询模板和计算书模板，实现计算书的自动整理和输出，减小计算成果整理工作量，提高临时结构安全验算效率。

当前桥梁施工中，施工临时结构的设计存在以经验设计为主的问题，往往仅对特殊结构进行安全验算，而一般结构依靠经验设计，仅进行简化计算，易出现结构安全验算深度或覆盖面不足，安全验算不规范，从而遗留安全隐患。使用施工临时结构安全分析系统不仅可以解决以上问题，同时还是目前最快捷的结构安全性分析方式。以南四湖工程现浇支架的主要形式钢管立柱组合支架为例进行说明，系统使用效果如表 8.2 所示。

使用效果对比表               表 8.2

| 工作方式 | 建模耗时 | 中间结果查询 | 结构计算说明书 |
| --- | --- | --- | --- |
| 传统方式 | 12h | 门槛高 | 1～2d |
| 临时结构安全分析系统 | 10min | 门槛低 | 5min |

### 3. 基于 BIM 的钢筋智能生产系统关键技术

公路工程施工项目中，材料费占总造价的 70% 左右。微山湖特大桥工程约用钢筋 65457t，钢筋用量大且钢筋单价高。钢筋的成本控制对项目的增效起着重大作用。施工现场往往采用劳务分包，将钢筋下料与加工分包给钢筋工长。材料损耗与加工过程管理很困难。施工现场钢筋加工以人力为主，技术落后。这种生产方式存在以下问题：

（1）工作量大

桥梁部件多，钢筋用量多，桥梁的大直径钢筋多，损耗对成本影响较大；目前钢筋如何切割主要靠老师傅的经验，不仅对人员要求高，而且效果难以控制；钢筋加工由于体量太大，人员素质不齐，粗放式管理，过程和结果都难以管控，缺乏各种指标，存在不少浪费现象，钢筋成本占比大，通过改进生产方式可以节约大量成本。

（2）正确性要求高，对人员需求较高

一方面，桥梁钢筋复杂，目前基本靠人工，如加工现场翻译图纸到设备，人员的技术和熟练度对加工质量和加工进度有比较大的影响，依赖人工，人员要求较高；另一方面工程体量巨大，工期紧，质量要求高，但人手有限，尤其是熟练工人，迫切需要新的技术手段降低人工的工作量以及对人员的技术要求，以及提高质量，保证进度。

该系统通过数字钢筋的创新应用，计算机技术代替了大量的人工工作；钢筋 BIM 模型建立后，配置加工需求，根据施工计划，选择要加工的子分项，便可一键生成三大报告，专业人员提前复核保证质量；钢筋切割方案供现场工人使用切割设备完成半成品的加工，钢筋数控加工报告生成数控加工格式铭牌，标识半成品；工人将半成品弯箍操成要求形状时，只需按加工格式铭牌自动加工，不再需要现场翻译图纸到设备；新的工作方式既降低了对作业人员的要求，同时又提高了劳动效率，降低了施工成本，在加快施工进度的同时提高了钢筋工程的施工质量。

本次项目主要实施的 BIM 应用点主要为：①高精度 BIM 模型；②三维检查，空间碰撞检查助理图纸会审；③BIM 施工系统中零号台账的建设与应用；④基于 BIM 的施工临时结构安全分析系统；⑤基于 BIM 的施工企业标准化临建设施设计系统；⑥数字技术打造绿色工程、节能降耗；⑦虚拟建造技术优化工艺方案；⑧VR 安全教育身临其境。

微山湖特大桥工程约用钢筋 65457t，钢筋用量大且钢筋单价高。钢筋的成本控制对项目的增效起着重大作用。施工现场往往采用劳务分包，将钢筋下料与加工分包给钢筋工长。材料损耗与加工过程管理很困难。施工现场钢筋加工以人力为主，技术落后。传统方式耗时废材,材料损耗率约 5%。使用钢筋智能生产系统在消除管理盲区的同时,降低了人员配置,材料损耗率提高至约 1%,与人工下料对比,钢筋优化下料系统使用总长明显降低,残料率明显下降(表 8.3)。

钢筋优化表　　　　　　　　表 8.3

| 钢筋直径<br>(mm) | 钢筋设计<br>总长(m) | 钢筋<br>种类 | 钢筋<br>总根数 | 人工下料 | | 软件下料 | | 残料率<br>下降 | 节省<br>钢筋<br>(m) | 节省钢<br>筋比率<br>(%) |
|---|---|---|---|---|---|---|---|---|---|---|
| | | | | 钢筋用长<br>(m) | 残料率<br>(%) | 钢筋用长<br>(m) | 残料率<br>(%) | | | |
| 16 | 42202.045 | 32 | 14671 | 43497 | 2.98 | 42870 | 1.55 | 一半 | 627 | 1.49 |
| 20 | 1056.762 | 2 | 162 | 1458 | 27.52 | 1458 | 27.52 | 一样 | 0 | 0 |
| 22 | 629 | 2 | 106 | 738 | 14.77 | 738 | 14.77 | 一样 | 0 | 0 |
| 28 | 3639.6 | 1 | 90 | 3645 | 0.15 | 3645 | 0.15 | 一样 | 0 | 0 |
| 32 | 14837.854 | 15 | 835 | 15243 | 2.66 | 14949 | 0.744 | 一大半 | 294 | 1.98 |

# 8.4　成果的创新性与先进性

(1)零号台账建设系统通过总结大量的图纸中存在的普遍规律,结合施工现场的图纸拆分工作流程,将图纸中规律及价格清单表分为 6 个配置表,用户只需填写这 6 个表即可完成整个标段的图纸统计工作。

(2)平台以提高内业人员工作效率为核心目的,采集的数据直接用于项目生产。

(3)针对不同施工临时结构开发的高效的建模助手,填写简单的布置参数,快速生成桥梁博士计算模型,再通过桥梁博士直接进行计算,降低了专业门槛,减轻了建模与计算工作。

(4)该系统通过钢筋 BIM 模型建立后,配置加工需求,根据施工计划,选择要加工的子分项,便可一键生成钢筋加工三大报告,专业人员提前复核保证质量;钢筋切割方案供现场工人使用切割设备完成半成品的加工,钢筋数控加工报告生成数控加工格式铭牌,标识半成品。

零号台账建设与应用:零号台账建设系统提高制作零号台账效率约九成,零号台账复核效率约六成。施工 BIM 管理平台采集数据准确错误率降低至千分之一,制作报表用时降低至原用时的 8%。

钢筋优化下料:钢筋损耗率降低至 1%,钢筋加工内业工作用时降低至原用时的 20%。

施工大临结构安全分析:建模用时降低至原用时 30%,计算说明书制作过程降低至原用时 5%。

枣庄至菏泽高速公路微山湖特大桥工程施工阶段 BIM 运用服务项目,是结合目前施工现场管理方式基础上,以结合及简化基层员工业务工作为立足点,以协助基层员工采集施工现场信息与图纸信息为具体手段,以模型为载体进行信息交互,是一种重视信息采集与基层员工工作业务的"从下往上"的新型 BIM 运用方式。该方式有效地缓解了目前BIM 行业普遍存在的基础数据采集困难问题,与"领导要用 BIM 平台看资料,员工加班补录数据"这种"从上而下"的 BIM 运用相比，枣庄至菏泽高速公路微山湖特大桥工程施工阶段 BIM 运用服务项目运作方式更利于施工过程信息的采集，更利于施工企业对项目的管理，更利于 BIM 落地生根。

本研究旨在通过 BIM 技术解决施工现场数据采集困难的难题，达到提高施工企业内业工作效率，打通项目内部数据传递的目的。本课题通过结合路桥施工行业主流的施工图纸信息采集，施工现场信息采集与加工处理的方法，研发出多个软件，这些软件适用性强，目前正在其他项目上推广使用，使用效果明显，成为施工企业的实用工具。

该项目的开展对于 BIM 技术在路桥施工的落地运用有重大的工程意义和经济价值，不但提升了路桥施工项目内业工作的生产效率，同时避免公路桥梁临时结构物的安全风险，其社会效益显著。

# 第9章  模块化钢筋骨架成套连接技术研究

## 9.1  研究背景

钢筋的连接方式有多种，通常可分为绑扎搭接、钢筋焊接和钢筋机械连接三大类。近年来行业中为提高施工工艺、施工质量和施工效率，开始广泛推广采用机械连接技术进行钢筋连接，尤其是针对大直径钢筋这一在钢筋混凝土结构中需要重点关注的对象，最常用的连接方式就是机械连接。机械连接是通过钢筋与连接件的机械咬合作用或钢筋端面的承压作用，将一根钢筋中的力传递至另一根钢筋，机械连接不依靠周围混凝土传递荷载，因此其连接强度对混凝土的抗压强度和保护层厚度并不敏感。目前，钢筋机械连接方法因其施工方便、性能可靠、经济合理及可工厂化生产等优点，已被广泛地应用到建设工程中。

目前，交通基础建设模块化钢筋骨架应用技术尚不成熟，尤其桥梁建设构件钢筋加工工业水平低，仅钢筋下料、弯曲半成品阶段采用较为先进加工设备。传统钢筋骨架也仅限于简单连接，且连接过程耗时较长，连接处质量不易控制，且无法实现多模块的连接，制约交通基础建设工业化水平，主要因素之一尚未有成熟模块式钢筋成套骨架及连接技术。

日照（岚山）至菏泽公路枣庄至菏泽段工程项目关键工程京杭运河主航道桥为95m＋210m＋95m双塔三跨预应力混凝土斜拉桥，双面索布置，上部主梁采用双边箱混凝土和H形双柱钢筋混凝土桥塔，桥塔高66.2m。南阳互通主线桥采用现浇连续箱梁，桥墩采用矩形实心墩，项目在K42＋600、K50＋600处分别设置大型钢筋加工厂、预制厂各1座，计划索塔、方形墩柱钢筋采用模块化钢筋成套骨架、现场模块化连接安装。本课题结合该桥梁工程项目，探索模块化装配式成型钢筋骨架技术的施工应用。

钢筋接头的机械连接方式：目前主要的钢筋接头方式有水泥灌浆接头、熔融填充（CADWELD）、MBT接头、承压接头、快速接头、组合接头、挤压接头、锥螺纹接头、镦粗直螺纹接头等。经过大量的工程应用和市场淘汰，目前稳定应用的钢筋接头主要是直螺纹接头，少量的灌浆接头及组合接头三种。

**1. 直螺纹接头**

目前，国内常用的大直径钢筋机械连接方式是直螺纹套筒连接，直螺纹套筒与钢筋端头特制的直螺纹无缝咬合形成一个连接整体的方式称为直螺纹套筒连接。直螺纹接头是目前施工中应用最广泛的接头类型，具有结构简单、成本低廉等优势。钢筋直螺纹连接技术的原理是将钢筋连接端的横、纵肋加工掉后，再滚压出直螺纹。利用连接套筒进行连接，使钢筋丝头与连接套筒连成一体，从而达到钢筋连接的目的。

简单的直螺纹接头连接技术在施工现场常出现一些钢筋直螺纹套筒连接接头的加工、安装质量问题：钢筋丝头外露且未见丝头加工超长标识；钢筋丝头中部收缩成内凹弧面，或端部收缩成"锥形"；丝头存在"断牙"或"秃牙"；丝头加工的有效长度不足；加工丝头的钢筋端部有裂纹或破损；加工完成的丝头端部呈"马蹄形"等，这给钢筋直螺纹套筒连接的可靠性造成了威胁。后来在此基础上延伸出墩粗直螺纹连接。墩粗直螺纹套筒连接接头，强度高、螺纹精度高、质量稳定、容易控制，该工艺可确保钢筋不被套丝机削弱截面积，充分发挥母材强度，同时保持连接快速、方便的特点。

墩粗直螺纹标准型钢筋头套筒连接剖面钢筋的直螺纹连接是通过钢筋进行滚轧剥肋操作，提高钢筋的强度。它的结构原理是将待连接钢筋端部打磨平整后，首先用钢筋墩粗机将钢筋端部进行冷墩，使钢筋端头发生塑性变形，直径增大 4～6mm，然后使用钢筋套丝机对墩粗段加工螺纹，最后用带内螺纹的连接套筒将两根钢筋连接形成整体连接形式。

墩粗直螺纹连接技术可以增加钢筋接头的强度，钢筋接头的强度大于钢筋本身，因此能够承受在钢筋连接过程中各种力的作用；也可以节约材料，连接多样化，接头部分在加工过程中基本不存在损耗现象，且加工之后对于钢筋的弯折、固定以及钢筋笼的编制均适用；省时省力，提高建筑速度，钢筋接头直螺纹化，只需要连接套筒即可，因此在接头上减少了操作时间，从而加快了工程进度。翔安大道沿线互通、跨线桥完善工程的桩基均采用墩粗直螺纹钢筋连接技术进行连接。大循高速公路桥梁钢筋施工中也采用了墩粗直螺纹套筒连接技术，确保了钢筋连接质量，提高了质量管理水平。

直螺纹接头连接技术的施工质量不宜控制，尤其是现场安装质量控制手段较为薄弱，特别是特大型构筑物，如：特大桥梁的索塔、高墩柱施工钢筋安装，质量控制更无法保障，且施工时安全隐患较多。总体是直螺纹接头首先是对工况要求高，对待接钢筋位置误差容忍度低，然而工程现场实现很高精度的位置定位是不太现实的。施工过程丝头加工、安装工艺复杂，加工、安装耗时较长，且施工中同一断面钢筋接头需要错开，严重制约了模块化钢筋骨架的安装。

**2. 灌浆接头**

钢筋套筒灌浆连接技术最先出现于 20 世纪 60 年代，为预制拼装的主筋连接提供了方案，使得预制拼装可以按等同现浇来进行设计。根据《水泥基灌浆材料应用技术规范》GB/T 50448—2015 的要求，还需对灌浆接头的灌浆料进行抗折实验，根据厚壁圆筒理论，考虑钢筋上的轴向力 $F$ 作用，分析套筒灌浆连接件中钢筋与灌浆料、灌浆料与套筒筒壁之间力的传递过程，建立筒壁纵、横向应力与钢筋轴向作用力之间的计算模型。套筒灌浆连接件中横向应力的传递过程如图 9.1 所示，图 9.1(a) 为灌浆料的受力图，图 9.1(b) 为套筒的受力图。

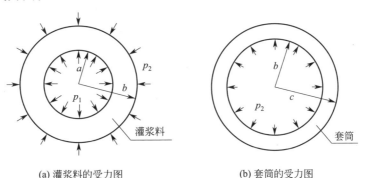

(a) 灌浆料的受力图　　　　　　　　(b) 套筒的受力图

图 9.1　套筒灌浆连接件应力状态

当套筒和灌浆料受到均布压力 $p_1$ 和 $p_2$ 作用，$a$、$b$ 和 $c$ 分别是钢筋的半径、套筒的内半径和套筒的外半径，显然，应力分布应是轴对称的。套筒长度比筒壁厚度大很多，计算中将半灌浆套筒视为平面轴对称问题钢筋与灌浆料的剪应力全部传给套筒，在钢筋锚固末端套筒应力达最大值。

### 3. 组合接头

组合套筒连接结构的使用不仅能够粗调两个预埋钢筋外露端之间的间距，而且能够精调两个预埋钢筋外露端之间的轴向偏差，提高了预留端钢筋连接质量，保证了工程施工质量。组合套筒的组装、拆卸操作简便灵活，施工效率高，节约了人工成本，缩短了工期。组合活动式直螺纹套筒与普通直螺纹套筒的最大区别在于，组合套筒本身由主套筒、径向调节端、轴向调节端三部分组成，施工时在现场组合拼装，操作灵活。利用套筒内部径向调节端与主套筒的间隙可以自由活动，调节连接钢筋轴向施工误差。通过连接钢筋与轴向调节端的套入深度，调整连接时施工引起的间距误差。组合接头多见于高端项目小规模应用，例如核电站的核岛安全壳部位。此类接头价格十分昂贵，例如 $\phi40$ 规格的接头售价接近 400 元人民币每套，且专利均被国外行业巨头把持，中方在实施过程中较为被动。

### 4. 锥套锁紧钢筋接头

近年来，钢筋锥套锁紧连接技术的发展为大直径钢筋的连接提供了一种新的思路，相比起直螺纹套筒连接，其施工工艺简单快捷、安全可靠。锥套接头由两个锥套、三个锁片、一个保持架组成。将待连接钢筋插入锁片两端，顶紧保持架，然后将锥套套入锁片的两端，用专用工具轴向挤压锥套至锥套锁紧，连接完成。锥套轴向夹紧的同时，推动锁片径向紧紧抱住钢筋，锁片自带螺牙咬入钢筋肋部，从而实现连接钢筋的目的，且同一断面无需错开接头，提高钢筋利用率。挤压设备技术参数和锥套规格参数如表 9.1 和表 9.2 所示，锥套锁紧钢筋接头原理及实物图如图 9.2 所示，锥套锁紧钢筋接头现场连接示意图如图 9.3 所示。

挤压设备参数表　　　　　　　　　　　　　　表 9.1

| 序号 | 钢筋规格（mm） | 尺寸（mm） | | 压力值（MPa） |
|---|---|---|---|---|
| | | 高度 $H_{max}$ | 宽度 $B$ | |
| 1 | 40 | 420 | 105 | 60～65 |

锥套规格参数表　　　　　　　　　　　　　　表 9.2

| 序号 | 钢筋规格（mm） | 接头预装长度（mm） | 锥套锁紧接头尺寸（mm） | |
|---|---|---|---|---|
| | | 挤压前 $L_0$ | 长度 $L\pm0.2$ | 外径 $D\pm0.2$ |
| 1 | 40 | 250 | 149.0 | 76.5 |

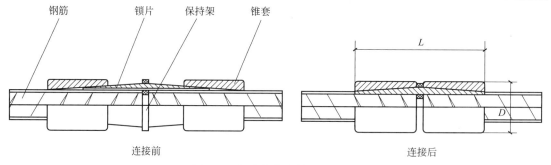

图 9.2　锥套锁紧钢筋接头原理

 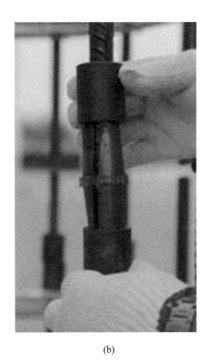

(a)　　　　　　　　　　　　　　　　　(b)

图 9.3　现场连接示意图

该连接技术的突出优势有：

（1）机械化作业，节省人力成本。该连接技术采用液压工具完成连接。传统大直径钢筋往往需要 4～5 人一组才能完成作业，锥套锁紧钢筋接头仅需两人一组，且操作人员劳动强度大大降低。

（2）适应模块化钢筋构件的整体连接，解决连接难点。现有连接技术均不适应成束钢筋的整体连接。锥套锁紧钢筋接头连接时钢筋不需要转动，因此，解决了这个业内痛点。

（3）质量优异、稳定，人为管控因素少，保证连接安全。现有钢筋连接技术为手工作业，连接质量受人员技能、责任心等主观因素影响，易造成工程质量的隐患。且现场钢筋作业量大，用工多，钢筋工程在整个施工工期中时间占用多，安全性差，钢筋施工预制化、工业化程度低。

（4）为实现远程信息化监控提供了硬件平台，时时监控工作情况。锥套锁紧钢筋接头使用机械器具进行作业，为现场布置各种传感器提供了硬件平台。目前，已经设计开发了"钢筋连接远程实时监控"系统，该系统实现了钢筋连接领域的信息化升级，填补了行业空白，并为大数据分析在建筑施工领域的应用打下了技术基础，拓展了空间。

同时钢筋骨架吊装的发展也为本研究做出了巨大贡献，随着我国生产能力的提高，吊装施工在我国会有越来越多的应用。预制柱的吊点位置和数量要根据其长度、截面尺寸、截面形式、配筋情况、自重来确定。一般情况，自重在 13t 以下的柱子采取一点绑扎的方法起吊，重型柱和细长柱可采用两点甚至三点绑扎起吊。预制柱的设计受力情况为轴心受压或者偏心受压；而在起吊时的受力状态类似于一端悬臂的简支梁，处于受弯状态。柱子的设计受力状态与施工时的受力状态不同，所以有必要对柱子在受弯状态下的强度进行复核验算，避免在吊装时出现断裂的情况。根据工程力学的知识，柱子在吊装时如果最大正弯矩和最大负弯矩相等,则其弯矩的绝对值为最小,此时的吊点位置为最佳选择。所以,确定最佳吊点位置实质上就是找出使其正负弯矩相等的两支点。例如,对于等截面柱子,一点起吊,其吊点位置的确定方法如图9.4所示。

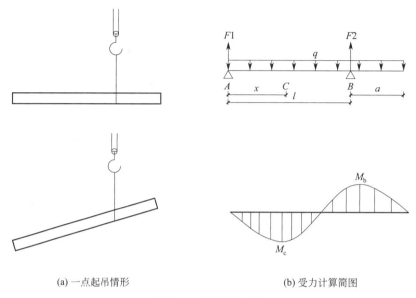

(a) 一点起吊情形　　　　　　　　(b) 受力计算简图

图 9.4　吊点位置图

吊点布置在距离柱子顶端0.29291(一般取0.31)时柱身所受弯矩最小,最合理。实际施工时很少使用等截面柱,等截面柱只是一种理想化的情况,但它为我们提供了一种吊点布置的计算方法,这种方法在变截面柱的情况下依然可行。

钢筋骨架大都采用吊装技术进行施工,吊装施工技术难度大,难以保证施工质量,并且容易发生安全事故。一方面,在工厂中加工、在工地上使用的构件往往大且重;另一方面,在现代工程实践中倾向于在平地上将钢结构构件拼装成整体,然后整体吊装。为保证工程的质量和安全以及加快工程进度尽量减少吊装次数。从施工安全和工程质量的角度出发,钢结构的吊装施工技术需要我们深入地研究并认真执行。

对于钢筋整体骨架的吊装问题,节段预制拼装在桥梁工程中发挥着主导作用,罗武松介绍了一种节段梁整体钢筋绑扎胎卡具施工新工艺,其中钢筋笼采用整体桁架吊装。节段梁钢筋笼的整体稳定性和混凝土垫块损伤控制是桁架整体钢筋笼吊装的重点和难点。为了解决吊装过程中钢筋混凝土框架的变形问题,钢筋绑扎采用全绑,局部位置进行点焊,吊装时采用了多吊装点和临时固定平衡吊装方法。提升点分为8个侧腹板悬挂点和3个底部悬挂点。腹板悬挂点分别设置在腹板两侧的外侧主肋钢筋上,沿束宽方向的悬挂点间距为1400mm。底板吊钩设置在底板位置处的主筋上,其吊点之间的距离与腹板一致,底板吊点与腹板吊点呈梅花形布置。另外在梁长方向上每间隔525mm设置一处吊点,吊装时缓缓升起,使钢筋骨架受力均匀,使底板钢筋骨架在吊装过程中整体受力。且吊装过程中注意倾覆,并由专职安全员及技术员全程监督,运行过程中在钢筋笼外侧拉一根缆绳,引导钢筋骨架。

传统的施工工艺难以保证大直径钢筋梁的施工质量。吊装工艺流程为:吊装准备;钢筋骨架试吊；吊钩提升；吊装至槽段上方；拉绳定位入槽；调整梁柱节点拼接；吊装结束。利用塔式起重机将验收合格的梁钢筋骨架缓缓平吊起身离地面约 0.3m，将钢筋骨架悬空静止 3min 进行检验。试吊完成后，缓慢提升钢筋骨架，直至平抬至安装楼层板面上方 3m 处，静止 2min，待钢筋骨架保持平稳，旋转塔式起重机大臂将钢筋骨架平移至梁槽位置上方。吊装到位后开始下放，下放速度 0.3m/min。在此过程中，专人牵拉钢筋笼两侧挂绳，直至梁钢筋安放至梁模板内。在梁钢筋骨架完全装入梁槽前，沿梁跨方向每隔 2m 设置 1 根支撑钢筋，支撑钢筋放置完后，塔式起重机继续下放钢筋骨架，待梁钢筋骨架完全支承于支撑钢筋上时停止下放。钢筋骨架完全下放后，调整钢筋骨架主筋位置及箍筋间距，两侧放置预制混凝土保护层垫块。待钢筋笼完全调整完后，塔式起重机缓慢提升钢筋笼 5cm，将支撑钢筋抽出，使钢筋骨架完全缓慢安装于梁槽内，最后卸除卡扣。

## 9.2　大直径钢筋锥套锁紧机械接头力学性能试验研究

在钢筋混凝土结构中，大直径钢筋的连接是需要重点关注的施工问题。常见的钢筋连接方式主要有绑扎连接、机械连接、套管灌浆连接和焊接等[17]，针对大直径钢筋，最常用的连接方式为机械连接，通过钢筋与连接件的机械咬合作用或钢筋断面的承压作用，将一根钢筋中的力传递至另一根钢筋。机械连接不依靠周围混凝土传递荷载，因此其连接强度对混凝土的抗压强度和保护层厚度并不敏感。

目前，国内常用的大直径钢筋机械连接方式是直螺纹套筒连接，将待连接钢筋端部的纵肋和横肋用滚丝机采用切削的方法剥掉一部分，然后直接滚轧成普通直螺纹，用特制的直螺纹套筒连接起来，形成钢筋的连接。直螺纹套筒适用范围广、节约材料、可提前预制，但是施工过程中也面临着工艺复杂、生产效率低、成本较高等问题。近年来，钢筋锥套锁紧连接技术的发展为大直径钢筋的连接提供了一种新的思路，相比起直螺纹套筒连接[18-20]，其施工工艺简单快捷、安全可靠。本节设计了钢筋母材、钢筋直螺纹套筒接头试件和钢筋锥套锁紧接头试件进行试验，研究其力学性能。

新型钢筋锥套锁紧连接技术作为大直径钢筋的一种连接形式，具有施工工艺简单快捷、安全可靠等优点。基于钢筋锥套锁紧连接技术，设计 HRB400 钢筋试件和锥套锁紧接头试件进行力学性能试验，分析试件的破坏形式和荷载-位移曲线变化规律。

### 9.2.1　试验概况

#### 1. 试件设计

基于钢筋直螺纹套筒连接技术，制作一组 HRB400 钢筋直螺纹套筒机械接头试件。试验材料为 HRB400 级热轧带肋钢筋，直径为 32mm，试件总长度为 750mm，直螺纹套筒接头采用 40Cr 制作，连接完成后接头长度为 133mm。同时基于钢筋锥套锁紧连接技术，制作一组 HRB400 钢筋锥套锁紧机械接头试件。试验材料为 HRB400 级热轧带肋钢筋，直径为 32mm，试件总长度为 750mm，锥套锁紧接头采用 40Cr 制作，连接完成后接头长度为 133mm。试件设计如图 9.5 所示。

#### 2. 工况分析

根据《钢筋机械连接技术规程》JGJ 107—2016 中接头试件试验要求，对

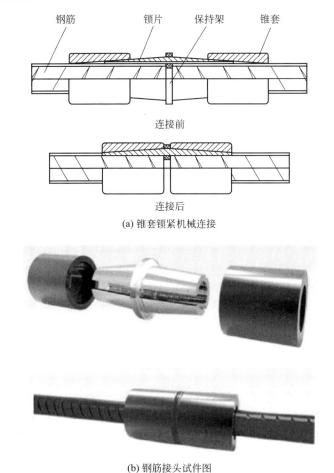

图 9.5　试验试件设计

HRB400 钢筋母材试件、直螺纹套筒机械接头试件和锥套锁紧机械接头试件进行力学性能试验，研究并检验直螺纹套筒机械接头和锥套锁紧接头的连接性能。分别通过单向拉伸、高应力反复拉压、大变形反复拉压试验，测试其极限抗拉强度、残余变形、最大力下总伸长率等，研究其强度指标和变形性能。试件编号及尺寸、试验加载制度分别如表 9.3 和表 9.4 所示。

试件工况　　　　　　　　　　　　　　　　　　　　　　　表 9.3

| 试验项目 | 钢筋直径<br>（mm） | 试件总长度<br>（mm） | 单向拉伸<br>试验 | 高应力反复<br>拉压试验 | 大变形反复<br>拉压试验 |
|---|---|---|---|---|---|
| 钢筋试件 | 32 | 500 | R-01<br>R-02 | R-HC-01<br>R-HC-02<br>D-HC-01 | R-LDC-01<br>R-LDC-02<br>D-LDC-01 |
| 直螺纹套<br>筒接头试件 | 32 | 325 | D-01<br>D-02 | D-HC-02 | D-LDC-02 |
| 锥套锁紧<br>接头试件 | 32 | 750 | C-01<br>C-02<br>C-03 | C-HC-01<br>C-HC-02<br>C-HC-03 | C-LDC-01<br>C-LDC-02<br>C-LDC-03 |

试验加载制度 表 9.4

| 试验项目 | 加载制度 |
|---|---|
| 单向拉伸 | $0\rightarrow 0.6f_{yk}\rightarrow 0$(测量残余变形)→最大拉力(记录极限抗拉强度)→破坏(测定最大力下总伸长率) |
| 高应力反复拉压 | $0\rightarrow(0.9f_{yk}\rightarrow 0.5f_{yk})\rightarrow$破坏(反复 20 次) |
| Ⅰ级/Ⅱ级 | $0\rightarrow(2f_{yk}\rightarrow 0.5f_{yk})\rightarrow(5f_{yk}\rightarrow 0.5f_{yk})\rightarrow$破坏(反复 4 次) |
| 大变形反复拉压 | |
| Ⅲ级 | $0\rightarrow(2f_{yk}\rightarrow 0.5f_{yk})\rightarrow$破坏(反复 4 次) |

**3. 试验装置及加载**

试件采用 MTS 试验机进行拉压试验，通过测量轴向荷载和试件的变形量，研究试件在整个加载过程中的应力、应变情况，试验加载装置如图 9.6 所示。按照规范要求，在测量试件残余变形时，加载应力速率为 $2\mathrm{N}/(\mathrm{mm}^2 \cdot \mathrm{s})$，测量试件的最大力下总伸长率及极限抗拉强度时，试验机夹头的分离速率为每分钟 $0.05L_c$（$L_c$ 为试验机夹头间的距离）。试验过程中实时监测加载速率，确保速率的相对误差≤±20%。

**4. 试件破坏现象**

钢筋试件和锥套锁紧接头连接试件在单向拉伸、高应力反复拉压、大变形反复拉压试验后的破坏现象均为钢筋拉断破坏，锥套锁紧接头保持完好，如图 9.7 所示。连接接头一端的钢筋被拉断为正常破坏形式，说明锥套锁紧接头连接性能良好。

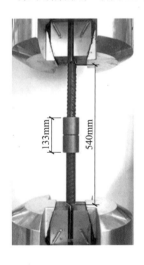

图 9.6　试验加载装置

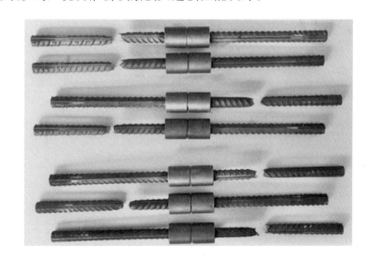

图 9.7　部分试件破坏现象

## 9.2.2　试验结果及分析

**1. 单向拉伸试验**

单向拉伸试验试件位移与荷载关系曲线如图 9.8 所示，其中直螺纹套筒接头连接试件取两组，钢筋母材试件取两组，锥套锁紧接头试件取三组。三种试件从加载到破坏历经 4 个阶段：弹性阶段、屈服阶段、强化阶段、破坏阶段。在屈服阶段，钢筋发生不可恢复的塑性变形，在强化阶段，试件的抗拉荷载达到最大值，随后进入破坏阶段。根据荷载-位移曲线、试件截面尺寸及长度，计算抗拉强度、残余变形 $u_0$ 和最大力下总伸长率 $A_{sgt}$，如表9.5所示。

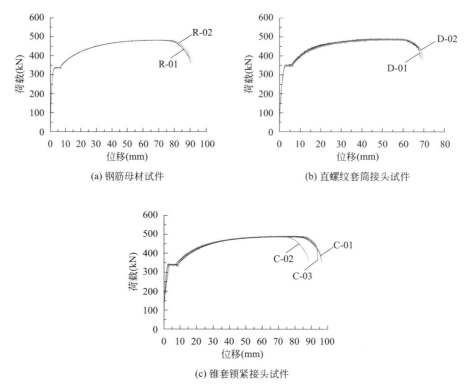

(a) 钢筋母材试件

(b) 直螺纹套筒接头试件

(c) 锥套锁紧接头试件

图9.8　位移与荷载关系曲线

**试件单向拉伸试验结果**　　　　　　　　　　　　　　　　　　　　表9.5

| 试件编号 | 抗拉强度（MPa） | 平均值（MPa） | 破坏形式 | 残余变形 $u_0$（mm） | 最大力下总伸长率 $A_{sgt}$（%） |
|---|---|---|---|---|---|
| R-01 | 599.8 | 600.2 | 钢筋拉断 | 0.05 | 13.8 |
| R-02 | 600.5 | | 钢筋拉断 | 0.04 | 13.5 |
| D-01 | 605.6 | 606.1 | 钢筋拉断 | 0.05 | |
| D-02 | 606.5 | | 钢筋拉断 | 0.06 | |
| C-01 | 603.4 | 605.4 | 钢筋拉断 | 0.06 | 14.8 |
| C-02 | 607.0 | | 钢筋拉断 | 0.07 | 12.9 |
| C-03 | 605.7 | | 钢筋拉断 | 0.07 | 14.1 |
| I 级接头 | 钢筋拉断≥540 连接件破坏≥594 | | | ≤0.10 | ≥6.0 |

从表9.5中可以看出：在连接强度方面，直螺纹套筒接头试件和锥套锁紧接头试件的连接强度均大于600MPa，能够满足规程规定I级接头的强度标准。在变形性能方面，D-01、D-02的残余变形 $u_0$ 分别为 0.05mm、0.06mm，C-HC-01、C-HC-02、C-HC-03 的残余变形 $u_0$ 分别为 0.06mm、0.07mm、0.07mm，均小于 0.10mm；D-01、D-02 的最大力下总伸长率 $A_{sgt}$ 分别为 C-HC-01、C-HC-02、C-HC-03 的最大力下总伸长率 $A_{sgt}$ 分别

为 14.8%、12.9%、14.1%，均大于 6.0%，能够满足规程规定Ⅰ级接头的变形标准。

**2. 高应力反复拉压试验**

高应力反复拉压试验试件位移与荷载关系曲线如图 9.9 所示，根据荷载-位移曲线、试件截面尺寸及长度，计算抗拉强度、残余变形 $u_{20}$，如表 9.6 所示。

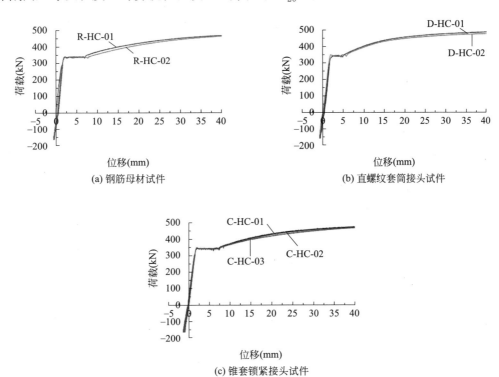

图 9.9 高应力反复拉压试验荷载-位移曲线

**高应力反复拉压试验结果** 表 9.6

| 试件编号 | 抗拉强度(MPa) | 平均值(MPa) | 破坏形式 | 残余变形 $u_{20}$(mm) |
|---|---|---|---|---|
| R-HC-01 | 600.4 | 600.1 | 钢筋拉断 | 0.13 |
| R-HC-02 | 599.8 | | 钢筋拉断 | 0.12 |
| D-HC-01 | 607.6 | 603.1 | 钢筋拉断 | 0.12 |
| D-HC-02 | 598.5 | | 钢筋拉断 | 0.12 |
| C-HC-01 | 608.0 | 604.2 | 钢筋拉断 | 0.14 |
| C-HC-02 | 602.3 | | 钢筋拉断 | 0.15 |
| C-HC-03 | 602.2 | | 钢筋拉断 | 0.12 |
| Ⅰ级接头 | 钢筋拉断≥540 连接件破坏≥594 | | | ≤0.3 |

从表 9.6 可以看出：在连接强度方面，当经受了 20 次反复加载之后，直螺纹套筒接头试件中 D-HC-01 的抗拉强度为 607.6MPa，D-HC-02 的抗拉强度为 598.5MPa，均大于 594MPa，能够满足规程规定Ⅰ级接头的强度标准。锥套锁紧接头试件的连接强度均大于 600MPa，能够满足规程规定Ⅰ级接头的强度标准。在变形性能方面，D-01、D-02 的残余

变形 $u_{20}$ 均为 0.12mm，锥套锁紧接头试件 C-HC-01、C-HC-02、C-HC-03 的残余变形 $u_{20}$ 分别为 0.14mm、0.15mm、0.12mm，都小于 0.3mm，能够满足规程规定 I 级接头的变形标准。

### 3. 大变形反复拉压试验

大变形反复拉压试验试件位移与荷载关系曲线如图 9.10 所示，根据荷载-位移曲线、试件截面尺寸及长度，计算抗拉强度、残余变形 $u_4$、$u_8$，如表 9.7 所示。

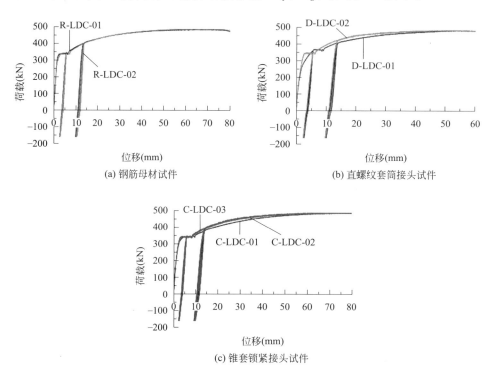

图 9.10　大变形反复拉压试验试验荷载-位移曲线

大变形反复拉压试验结果　　　　　　　　　　表 9.7

| 试件编号 | 抗拉强度（MPa） | 平均值（MPa） | 破坏形式 | 残余变形 $u_4$（mm） | 残余变形 $u_8$（mm） |
|---|---|---|---|---|---|
| R-LDC-01 | 601.3 | | 钢筋拉断 | 0.08 | 0.13 |
| | | 601.5 | | | |
| R-LDC-02 | 601.6 | | 钢筋拉断 | 0.06 | 0.12 |
| D-LDC-01 | 599.6 | | 钢筋拉断 | 0.07 | 0.14 |
| | | 601.0 | | | |
| D-LDC-02 | 602.3 | | 钢筋拉断 | 0.06 | 0.13 |
| C-LDC-01 | 601.7 | | 钢筋拉断 | 0.06 | 0.16 |
| C-LDC-02 | 603.9 | 602.7 | 钢筋拉断 | 0.08 | 0.12 |
| C-LDC-03 | 602.5 | | 钢筋拉断 | 0.07 | 0.13 |
| I 级接头 | 钢筋拉断≥540 连接件破坏≥594 | | | ≤0.3 | ≤0.6 |

从表 9.7 可以看出：在连接强度方面，当经受了 8 次反复加载之后，直螺纹套筒接头试件中 D-LDC-01 的抗拉强度为 599.6MPa，D-LDC-02 的抗拉强度为 602.3MPa，均大于 594MPa，能够满足规程规定 I 级接头的强度标准。锥套锁紧接头试件的连接强度均大于 600MPa，能够满足规程规定 I 级接头的强度标准。在变形性能方面，D-LDC-01、D-LDC-02 的残余变形 $u_4$ 分别为 0.07mm、0.06mm，残余变形 $u_8$ 分别为 0.14mm、0.13mm；锥套锁紧接头试件 C-LDC-01、C-LDC-02、C-LDC-03 的残余变形 $u_4$ 分别为 0.06mm、0.08mm、0.07mm，残余变形 $u_8$ 分别为 0.16mm、0.12mm、0.13mm，均能够满足规程规定 I 级接头的变形标准。

**4. 对比试验**

前述分别对钢筋母材试件、直螺纹套筒接头连接试件和锥套锁紧接头试件进行了单向拉伸试验、高应力反复拉压试验和大变形反复拉压试验，并对其进行了纵向的比较，为更好地体现三种试件在不同力的作用下的表现，下面对他们进行横向的比较。单向拉伸试验钢筋母材试件、直螺纹套筒接头连接试件和锥套锁紧接头试件的位移与荷载关系曲线如图 9.11(a) 所示，高应力反复拉压试验钢筋母材试件、直螺纹套筒接头连接试件和锥套锁紧接头试件的位移与荷载关系曲线如图 9.11(b) 所示，大变形反复拉压试验钢筋母材试件、直螺纹套筒接头连接试件和锥套锁紧接头试件的位移与荷载关系曲线如图 9.12 所示。根据上述荷载-位移曲线、试件截面尺寸及长度，计算他们的抗拉强度、残余变形 $u_0$、总伸长率 $A_{sgt}$，如表 9.8～表 9.10 所示。

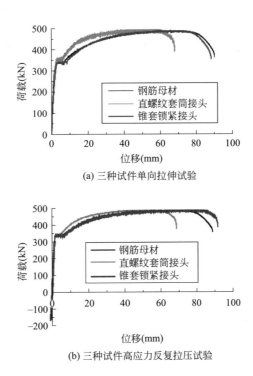

(a) 三种试件单向拉伸试验

(b) 三种试件高应力反复拉压试验

图 9.11　位移与荷载关系曲线

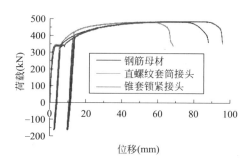

图 9.12　三种试件大变形反复拉压试验的位移与荷载关系曲线

**三种试件单向拉伸试验结果**　　　　　　　　　　表 9.8

| 试件编号 | 抗拉强度（MPa） | 破坏形式 | 残余变形 $u_0$（mm） | 最大力下的伸长率 $A_{sgt}$（%） |
|---|---|---|---|---|
| R-02 | 600.5 | 钢筋拉断 | 0.04 | 13.5 |
| D-02 | 606.5 | 钢筋拉断 | 0.06 | — |
| C-02 | 607 | 钢筋拉断 | 0.07 | 12.9 |
| I 级接头 | 钢筋拉断≥540 | | ≤0.10 | ≥6.0 |
| | 连接件破坏≥594 | | | |

**三种试件高应力反复拉压试验结果**　　　　　　　表 9.9

| 试件编号 | 抗拉强度（MPa） | 破坏形式 | 残余变形 $u_0$（mm） | 最大力下的伸长率 $A_{sgt}$（%） |
|---|---|---|---|---|
| R-HC-02 | 599.8 | 钢筋拉断 | 0.12 | — |
| D-HC-02 | 598.5 | 钢筋拉断 | 0.12 | — |
| C-HC-02 | 602.3 | 钢筋拉断 | 0.15 | — |
| I 级接头 | 钢筋拉断≥540 | | ≤0.3 | |
| | 连接件破坏≥594 | | | |

**三种试件大变形反复拉压试验结果**　　　　　　　表 9.10

| 试件编号 | 抗拉强度（MPa） | 破坏形式 | 残余变形 $u_4$（mm） | 残余变形 $u_8$（mm） | 最大力下的伸长率 $A_{sgt}$（%） |
|---|---|---|---|---|---|
| R-LDC-02 | 601.6 | 钢筋拉断 | 0.06 | 0.12 | — |
| D-LDC-02 | 602.3 | 钢筋拉断 | 0.06 | 0.13 | — |
| C-LDC-02 | 603.9 | 钢筋拉断 | 0.08 | 0.12 | — |
| I 级接头 | 钢筋拉断≥540 | | ≤0.3 | ≤0.6 | |
| | 连接件破坏≥594 | | | | |

　　由表 9.8 可以看出，在单向拉伸试验中，直螺纹套筒接头试件和锥套锁紧接头试件的抗拉强度均大于钢筋母材的抗拉强度，且锥套接头试件的抗拉强度大于直螺纹套筒接头试件的抗拉强度；直螺纹套筒接头试件和锥套锁紧接头试件的残余变形大于钢筋母材的残余变形，且锥套锁紧接头试件的残余变形大于直螺纹套筒接头试件的残余变形，通过这两种连接方式连接的钢筋在受到力的作用后产生的不可恢复的破坏要高于钢筋母材。

　　由表 9.9 可以看出，在高应力反复拉压试验中，直螺纹套筒接头试件的抗拉强度小于钢筋母材试件的抗拉强度，且锥套接头试件的抗拉强度大于钢筋母材试件的抗拉强度；直螺纹套筒接头试件与钢筋母材试件的残余变形相同，锥套锁紧接头试件的残余变形大于钢筋母材试件的残余变形，采用锥套锁紧接头连接的钢筋在受到力的作用后产生的不可恢复的破坏要高于采用直螺纹套筒接头连接的钢筋和母材钢筋。

　　由表 9.10 看出，在大变形反复拉压试验中，直螺纹套筒接头试件和锥套锁紧接头试件的抗拉强度均大于钢筋母材的抗拉强度，且锥套接头试件的抗拉强度大于直螺纹套筒接头试件的抗拉强度；直螺纹套筒接头试件残余变形 $u_4$ 与钢筋母材试件相同，锥套锁紧接头试件的残余变形 $u_4$ 大于钢筋母材试件，在反复施加 4 次力的作用后采用锥套锁紧接头连接的钢筋产生的不可恢复的破坏要高于采用直螺纹套筒接头连接的钢筋和母材钢筋。直螺纹套筒接头试件残余变形 $u_8$ 大于钢筋母材的残余变形，锥套锁紧接头试件的残余变形 $u_8$ 与钢筋母材试件的残余变形相同，在反复施加 8 次力的作用后采用直螺纹套筒接头连接的钢筋产生的不可恢复的破坏要高于采用锥套锁紧接头连接的钢筋和母材钢筋。从抗拉强度角度考虑，采用锥套锁紧接头连接的钢筋抗拉强度高，且高于母材，效果更好；虽然残余变形大于钢筋母材，但是能够满足规程规定的 I 级接头标准，具有良好的连接性能。

### 9.2.3　研究结论

　　通过对大直径钢筋锥套锁紧接头进行单向拉伸、高应力反复拉压、大变形反复拉压试验，得到结论如下：

　　（1）锥套锁紧钢筋机械接头力学性能试验中，试件的破坏形式均为远离接头位置处钢筋拉断，锥套锁紧接头保持完好。

　　（2）锁紧接头在单向拉伸、高应力反复拉压、大变形反复拉压试验中的极限抗拉强度、残余变形、最大力下总伸长率等强度指标和变形性能均能够满足规程规定的 I 级接头标准，具有良好的连接性能。

## 9.3　疲劳基本理论及钢筋机械接头的疲劳问题

　　疲劳是指材料、零件和构件在循环加载下，在某点或某些点产生局部的永久性损伤，并在一定循环次数后形成裂纹，或使裂纹进一步扩展直到完全断裂的现象。美国试验与材料协会（ASTM）在《疲劳试验及数据统计分析之有关术语的标准定义》ASTM E206—72 中所作的定义：在某点或某些点承受扰动应力，而且在足够多的循环扰动作用之后形成裂纹或完全断裂的材料中所发生的局部的、永久结构变化的发展过程，称为疲劳。

　　根据《钢筋机械连接技术规程》JGJ 107—2016 的相关规定：钢筋接头性能应包括单向拉伸、高应力反复拉压、大变形反复拉压和疲劳性能，应根据接头的性能等级和应用场合选择相应的检验项目。接头单向拉伸残余变形的检验，从而一定程度上解决了型式检验与现场接头质量脱节的弊端，对提高接头质量有重要价值。应力与大变形条件下的反复拉压试验是对应风荷载、小地震和强地震作用时钢筋接头的受力情况提出的检验要求。在风荷载或小地震作用下，钢筋尚未屈服时，应能承受 20 次以上高应力反复拉压，并满足强度和变形要求。在接近或超过设防烈度时，钢筋通常都进入塑性阶段并产生较大塑性变形，从而能吸收和消耗地震能量；机械连接接头在经受反复拉压后易出现拉、压转换时接头松动，因此，要求钢筋接头在承受钢筋屈服应变 2 倍和 5 倍的大变形情况下，经受 4～8 次反复拉压，满足强度和变形要求。

对承受重复荷载的工程结构，由于结构设计、荷载及配筋等的差异，结构中钢筋的最大应力和应力幅变化范围比较大，疲劳检验时采用的钢筋应力幅和最大应力一般由设计单位根据结构的具体情况确定。钢筋接头的疲劳性能与接头产品的加工技术和管理水平关系密切，承接有钢筋疲劳要求的接头技术提供单位应该具有较高技术和管理水平。开展钢筋接头疲劳性能测试机认证，可以为建设单位选用优质钢筋接头产品供货单位提供参考依据。

对直接承受重复荷载的结构构件，应该根据钢筋服役过程中承受应力幅的程度对钢筋接头提出疲劳性能要求，钢筋接头的选用应考虑有疲劳性能的型式检验报告的认证产品。疲劳性能的型式检验报告系指型式检验报告中应包括接头疲劳性能检验，且接头类型应与工程所使用的接头类型一致，型式检验有效期可覆盖接头施工周期。通过产品的型式检验和认证机构每年对接头技术提供单位产品疲劳性能的抽检、管理制度和技术水平的年检，监督其接头产品质量。

钢筋接头疲劳试验的耗时比较长，费用昂贵。经过接头疲劳性能型式检验和产品认证后的钢筋接头产品，可适当减少现场疲劳检验要求。对规模较小的承受重复荷载的工程，设计可决定是否进行现场接头的疲劳性能检验。工程规模较大，设计要求进行现场钢筋接头疲劳性能检验场合，可按设计提供的钢筋应力幅和最大应力，或根据《钢筋机械连接技术规程》JGJ 107—2016 表 5.0.5 中相近的一组应力进行疲劳性能检验，并应选取工程中大、中、小 3 种直径钢筋各组装 3 根接头试件进行疲劳试验。全部试件均通过 200 万次重复加载未破坏，应评定该批接头试件疲劳性能合格。每组中仅 1 根试件不合格，应再取相同类型和规格的 3 根接头试件进行复检，当 3 根复检试件均通过 200 万次重复加载未破坏，应评定该批接头试件疲劳性能合格，复检中仍有 1 根试件不合格时，该验收批应评定为不合格。

试验结果表明钢筋接头的疲劳性能均低于钢筋母材疲劳性能。规范规定：当设计无专门要求时，剥肋滚轧直螺纹钢筋接头、墩粗直螺纹钢筋接头和带肋钢筋套筒挤压接头的疲劳应力幅限值不应小于现行国家标准《混凝土结构设计规范》GB 50010 中普通钢筋疲劳应力幅限值的 80%。考虑到钢筋接头类型多，强度等级和直径规格多，疲劳试验耗时长、费用高，确定对疲劳性能型式检验的数量和规格要求时需要兼顾安全与经济两方面因素。大直径钢筋的疲劳性能通常低于小直径钢筋的疲劳性能，工程中有疲劳性能要求的结构，其常用钢筋直径大多在 32mm 及以下，选择较大直径 32mm 钢筋接头进行疲劳性能型式检验是偏于安全的。

目前在实际工程中，人们往往更偏重研究钢筋接头的力学性能，而较少考虑钢筋接头的疲劳性能。随着钢筋接头在各种建筑结构中的广泛应用，对钢筋接头的连接质量要求越来越高，因此必须了解各类钢筋接头的力学性能和强度指标，特别是动荷载作用下的疲劳强度和寿命、接头断裂破坏特征等，以保证整体建筑结构的强度和安全可靠性。对于本项目中采用的新型锥套锁紧接头而言，疲劳性能国内还没有开展相关研究。

**1. 疲劳问题研究的特点**

（1）构件只有在受到扰动应力（随时间变化的力、应力、应变、位移等扰动载荷）作用的前提下，才有可能发生疲劳破坏。因此在研究疲劳问题时，首先要研究载荷与时间变化关系的图或表，即载荷谱的特性和规律。

（2）破坏通常发生在材料、零件和构件的高应力或高应变集中的局部范围内，并开始疲劳损伤的积累，损伤的积累达到一定的限值后将导致结构的局部破坏，进而使结构发生整体破坏。而承受静力荷载的结构，结构的破坏与否由结构的整体特性起决定作用。因此疲劳破坏呈现出显著的局部性特点，疲劳研究的重点也就在于分析这些局部细节，研究其应力应变的破坏特性。

（3）破坏是在多次的扰动荷载作用之后，形成裂纹或完全断裂。足够多次的扰动荷载作用之后，裂纹开始在高应力、应变局部有裂纹萌生；接着在扰动荷载的继续作用下，裂纹不断扩展，直至其到达临界尺寸而发生完全断裂。所以疲劳研究的主要任务是研究疲劳裂纹萌生和扩展的机理及规律。

**2. 疲劳问题研究的分类**

（1）根据研究的对象不同，分为材料疲劳和结构疲劳。

材料疲劳主要研究内容为采用标准试样通过试验的方法去研究材料的失效破坏机理，分析材料的化学组成成分和微观结构组织对疲劳强度的影响；其次是通过疲劳试验方法和数据处理方法，研究疲劳断口的宏观和微观特征，评价环境和工况的影响，分析材料的基本疲劳破坏特性。而结构疲劳以具体的工程结构零部件，甚至以结构整体为研究对象，研究结构的抗疲劳性能、结构的抗疲劳设计方法、寿命估算方法、疲劳试验方法，以及几何形状和工艺因素对结构的疲劳影响。

（2）根据循环应力作用的大小，可以分为高周疲劳和低周疲劳。

材料或结构在低于其屈服强度的循环应力作用下，寿命循环次数较高，称为高周疲劳或应力疲劳；材料或构件在接近或超过其屈服强度的循环应力作用下，将会产生较大塑性变形，其主要疲劳控制参量是应变，而应力变化相对较小，故称为低周疲劳或应变疲劳。

（3）根据循环荷载的变化，可分为等幅、变幅和随机三种不同的疲劳破坏形态。

等幅和变幅疲劳主要表现在荷载幅值是否相等，即在发生等幅疲劳时荷载幅值保持恒定；而发生变幅疲劳时的循环荷载幅值则不相等，需要进行统计分析。随机疲劳的循环荷载幅值和出现顺序以及频率都是随机变化的，需要从幅域、时域和频域三个方面描述。

由疲劳的特点和划分类型的分析可知，疲劳问题的研究，需要研究载荷谱、裂纹萌生及扩展规律、构件细节应力分析、疲劳寿命预测和抗疲劳设计方法等。对于特定结构的疲劳问题，应是不同研究类型的某种组合。研究疲劳问题时必须抓住矛盾的主要因素，建立适合的模型，逐步深化认识。通过百年来人们对疲劳问题的研究，以及具体的试验研究和工程实践经验的不断积累，逐渐形成了一套完整的知识理论体系。

在疲劳加载试验过程中，试件工作段内的名义轴向应力可由电液伺服疲劳试验机反馈的轴向力计算得到，根据试验机反馈的轴向力峰谷值，可以计算得到疲劳加载的轴向应力幅。

疲劳特性研究通常是通过经验规律进行表征。这些经验规律包括 $S\text{-}N$ 曲线、Basquin 公式、Goodman 图等。其中 $S\text{-}N$ 曲线是疲劳分析的基准和疲劳累积损伤计算的基础。在 $S\text{-}N$ 曲线中，当应力比一定时，应力范围 $S$ 越小，寿命越长。当应力范围 $S$ 小于某极限值时，试件不发生破坏，寿命趋于无限长。对应于寿命 $N$ 的应力范围，称为寿命 $N$ 为循环的疲劳强度。寿命 $N$ 趋于无穷大时所对应的应力范围 $S$，称为材料的疲劳极限。疲劳极限是由试验确定的，在许多试验研究中，所谓的无穷大一般被定义为钢材的 $10^7$ 次循环，焊接件的 $2\times10^6$ 次循环。

疲劳方程 $S\text{-}N$ 曲线幂函数公式为

$$S^m N = C \tag{9.1}$$

式两边取对数得双对数疲劳方程为

$$\lg S = A - \lg N \tag{9.2}$$

式中，$A$、$C$ 为待定疲劳性能参数。上式即为经典的疲劳 $S\text{-}N$ 曲线方程。疲劳破坏具有显著的局部性，在局部高应力或高应变处发生疲劳损伤，疲劳损伤逐渐累积，达到极限值最后导致破坏的发生。这是大多数工程结构失效的重要原因。疲劳损伤理论的研究目的即为研究在变幅循环往复荷载作用下结构构件破坏准则以及损伤的累积规律，这对预测疲劳寿命有较高的研究意义。累积损伤理论又包括线性累积损伤理论和非线性累积损伤理论。它们之间的差别是非线性累积损伤理论考虑应力之间的相互作用，精度较高，但其适用范围有局限性，而线性理论形式简单，且有一定的精度，因此，在工程上得到广泛应用。

疲劳线性累积损伤理论认为在各种应力水平作用下的疲劳损伤是独立进行的，损伤可线性累加起来，当累加损伤达到一定数值时，试件或构件就发生疲劳破坏。假设材料或构件在恒应力或应变幅 $S$ 的作用下发生疲劳损伤，根据疲劳破坏的寿命及其对应的总循环次数可以定义任一次循环的损伤，则任一次循环作用下损伤量可表示为

$$D = \frac{n}{N} \tag{9.3}$$

式中，$D$ 表示经 $n$ 次循环时的损伤量；$N$ 表示循环至破坏的材料或构件寿命；$n$ 表示任一循环次数。若在 $k$ 个恒应力幅 $S_i$ 作用下，各经受 $n_i$ 次循环，由疲劳 $S\text{-}N$ 曲线基本公式，可计算得知每个应力水平 $S_i$ 下的损伤为 $D = n_i/N_i$，则疲劳总损伤可定义为

$$D = \sum_L^k D_i = \sum n_i/N_i \quad (i = 1, 2, \cdots, k) \tag{9.4}$$

破坏准则为 $D = n_i/N_i = 1$，这就是最简单、最著名、使用最广泛的 Miner 线性累积损伤理论。大量的试验研究数据显示：采用 Miner 理论可以对结构在随机载荷作用下的均值寿命进行较好的预测，其在裂纹萌生和裂纹扩展两个阶段都可以适用。

通过对文献的研究可以得出以下结论：

（1）小直径钢筋接头的套筒合格品比率非常高，直径越大，套筒越容易发生疲劳断裂，原因可能是套筒设计有问题，因为套筒的设计没有考虑动荷载的影响，虽然满足静强度，但疲劳强度不足，因此，当大直径的钢筋接头在动荷载环境中工作时应适当增大连接套筒直径。

（2）一般情况下，不合格的钢筋接头疲劳断裂位置在接头连接处，比率占到约 $80\%$。

由此显示了由于钢筋的剥肋滚丝对钢筋母材强度的不利影响，在滚丝处产生疲劳源，最后形成疲劳断口。因此在对钢筋进行剥肋滚丝时，尽可能改进工艺，减少对钢筋母材的额外损伤。

（3）试验过程中发现接头表面状况对疲劳的影响。因为疲劳裂纹经常从构件的表面开始，所以金属构件的表面状况对疲劳强度会有显著的影响，表面加工洁度、表面层的组织结构及应力状态越好，疲劳寿命越长。特别是高强度材料，表面稍有缺陷，就常成为极危险的尖锐缺口，进而引起疲劳破坏。

试验结果表明钢筋接头的疲劳性能均低于钢筋母材疲劳性能。目前在实际工程中，人们往往更偏重研究钢筋接头的力学性能，而较少考虑钢筋接头的疲劳性能。随着钢筋接头在各种建筑结构中的广泛应用，对钢筋接头的连接质量要求越来越高，因此必须了解各类钢筋接头的力学性能和强度指标，特别是动荷载作用下的疲劳强度和寿命、接头断裂破坏特征等，以保证整体建筑结构的强度和安全可靠性。

## 9.4　新型锥套锁紧接头的疲劳性能试验研究

### 9.4.1　试件设计

基于钢筋锥套锁紧连接技术，制作一组 HRB400 钢筋锥套锁紧机械接头试件。试验材料为 HRB400 级热轧带肋钢筋，直径为 32mm，试件总长度为 750mm，锥套锁紧接头采用 40Cr 制作，连接完成后接头长度为 133mm。试件设计如图 9.13 所示，用 MTS 试验机进行拉压试验，通过测量轴向荷载和试件的变形量，研究试件在整个加载过程中的应力、应变情况，试验加载装置如图 9.14 所示。

目前，在桥梁及建筑工程施工过程中，直螺纹套筒是一种最为常见的机械接头形式。为了对比分析新型锥套锁紧机械接头与直螺纹套筒接头的疲劳性能，本课题同时进行了直螺纹套筒机械接头的疲劳性能试验研究。本次试验中采用的新型锥套锁紧机械接头及直螺纹套筒接头试件如图 9.15 和图 9.16 所示。

### 9.4.2　高性能动态疲劳试验机

本次疲劳试验是在西安交通大学疲劳测试试验室完成的。疲劳加载采用正弦波单周拉压循环加载，以试件完全拉至断裂则疲劳破坏；疲劳试验采用力控方式加载。所用加载试验机基本情况如表 9.11 所示。其中本次采用的 MTS 试验机最大加载力为 1000kN，满足试验加载需求。

| | 1000kN 高性能动态疲劳试验机基本情况 | 表 9.11 |
|---|---|---|
| 主要技术参数 | | 功能简介 |
| 垂直测试空间 | 254～2794mm | 1000kN 疲劳试验机可用于高强度金属,大型非金属材料试样机构间在室温下的拉伸、压缩、弯曲、疲劳性能以及构件强度和耐久性测试等,指标及功能满足 ASTM、ISO、GB 等标准要求 |
| 荷载框架立柱间距 | 406mm×711mm | |
| 动态行程 | 250mm | |
| 板材试样直径加持范围 | 1～67mm | |
| 棒材试样厚度加持范围 | 9.9～63mm | |

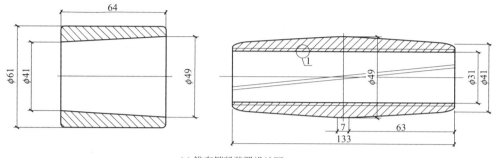

(a) 锥套锁紧装置设计图

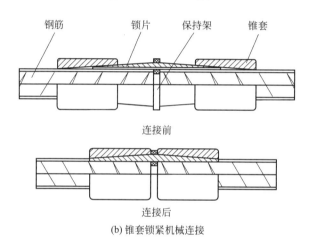

连接前

连接后

(b) 锥套锁紧机械连接

(c) 钢筋接头试件

图 9.13　试件设计图

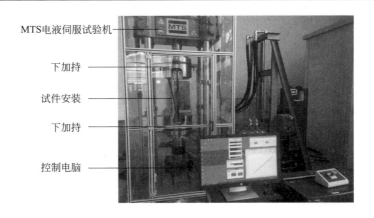

图 9.14　实验加载装置

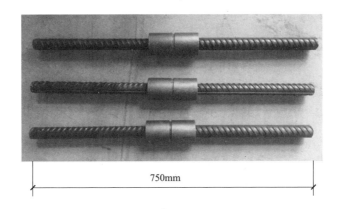

图 9.15　锁紧机械接头试件

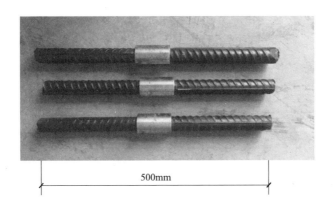

图 9.16　筒接头试件

　　为了对比试验，每种试件共设计了 5 种加载工况，分别对应钢筋受拉名义应力为
190MPa、160MPa、150MPa、120MPa 及 80MPa，每种应力工况水平分别测试 2～3 根试
件，两种试件的加载情况及工况如图 9.17、图 9.18 和表 9.12 所示。

图 9.17　锥套锁紧接头试件疲劳加载

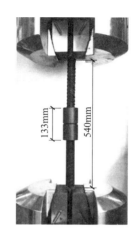

图 9.18　直螺纹套筒接头试件疲劳加载

**直螺纹套筒钢筋接头疲劳试验 PTC**　　　　　　　　　　　　表 9.12

| 序号 | 试样编号 | 间距(mm) | 频率 | 控制力峰谷值(MPa) |
|---|---|---|---|---|
| 1 | D-F-190-01 | 325 | 6 | 340.0—185.0—30.0 |
| 2 | D-F-190-02 | 325 | 6 | |
| 3 | D-F-160-01 | 325 | 6 | 300.0—170.0—40.0 |
| 4 | D-F-160-02 | 325 | 6 | |
| 5 | D-F-160-03 | 325 | 6 | |
| 6 | D-F-140-01 | 325 | 6 | 300.0—187.5—75.0 |
| 7 | D-F-140-02 | 325 | 6 | |
| 8 | D-F-140-03 | 325 | 6 | |
| 9 | D-F-120-01 | 325 | 6 | 300.0—202.5—105.0 |
| 10 | D-F-120-02 | 325 | 6 | |
| 11 | D-F-80-01 | 325 | 6 | 205.0—140.0—75.0 |
| 12 | D-F-80-02 | 325 | 6 | |

注：1. 测试方法为正弦波单周拉压循环加载至疲劳破坏；

　　2. 疲劳试验采用力控制如表 9.13 所示。

**锥套锁紧钢筋接头疲劳试验 PCS**　　　　　　　　　　　　表 9.13

| 序号 | 试样编号 | 间距(mm) | 频率 | 控制力峰谷值(MPa) |
|---|---|---|---|---|
| 1 | C-F-190-01 | 540 | 6 | 340.0—185.0—30.0 |
| 2 | C-F-190-02 | 540 | 6 | |
| 3 | C-F-190-03 | 325 | 6 | |
| 4 | C-F-160-01 | 540 | 6 | 300.0—170.0—40.0 |
| 5 | C-F-160-02 | 540 | 6 | |
| 6 | C-F-160-03 | 540 | 10 | |
| 7 | C-F-140-01 | 540 | 6 | 300.0—187.5.0—75.0 |
| 8 | C-F-140-02 | 540 | 6 | |

| 序号 | 试样编号 | 间距(mm) | 频率 | 控制力峰谷值(MPa) |
|------|----------|----------|------|---------------------|
| 9 | C-F-120-01 | 540 | 6 | |
| 10 | C-F-120-02 | 540 | 6 | 300.0—202.5.0—105.0 |
| 11 | C-F-120-03 | 540 | 6 | |
| 12 | C-F-80-01 | 540 | 6 | 205.0—140.0—75.0 |
| 13 | C-F-80-02 | 540 | 6 | |

注:1. 测试方法为正弦波单周拉压循环加载至疲劳破坏;
　2. 疲劳试验采用力控制。

根据以上试验方案，本课题共进行了 12 个新型锥套锁紧机械接头的疲劳性能试验。试验中记录疲劳试验机反馈的轴向反力，以轴向反利除以钢筋有效截面积得到钢筋截面的有效应力，作为 S-N 曲线的应力比表征参量，同时记录新型锥套锁紧接头疲劳断裂时的循环周次，作为锥套锁紧接头的疲劳寿命。试验结果表明，随着加载应力幅的增加，锥套锁紧接头的疲劳强度呈现下降趋势，整体表现为幂指数形式。

基于疲劳强度基本公式，拟合新型锥套锁紧接头和直螺纹套筒的疲劳寿命 S-N 曲线，得出对数形式的疲劳方程。新型锥套锁紧接头的疲劳方程为 $\log S = 7.5787 - 0.228 \log N$，根据拟合的锥套锁紧接头疲劳寿命 S-N 曲线及试验结果如图 9.19 所示。

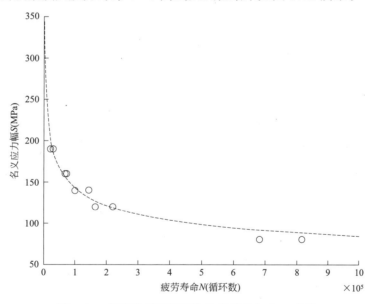

图 9.19　新型锥套锁紧接头的疲劳寿命 S-N 曲线

同理，可得到直螺纹套筒的疲劳方程为 $\log S = 7.8268 - 0.261 \log N$，拟合的直螺纹套筒的疲劳寿命 S-N 曲线如图 9.20 所示。

对于直径为 32mm 的锥套锁紧机械接头，达到疲劳极限时，应力幅为 71.69MPa。即当采用 200 万次循环无限疲劳设计时，允许的应力幅为 71.69MPa。对于直径为 32mm 的直螺纹套筒机械接头，达到疲劳极限时，应力幅为 56.83MPa。即对于直径为 32mm 的直螺纹套筒机械接头，当采用 200 万次循环无限疲劳设计时，允许的应力幅为 56.83MPa。

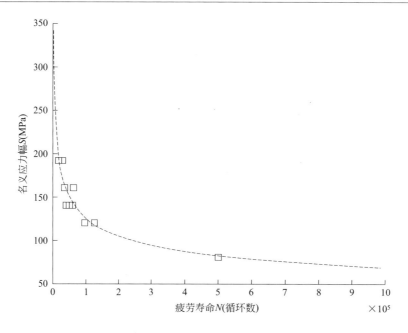

图 9.20　直螺纹套筒接头的疲劳寿命 S-N 曲线

　　两种不同形式的机械接头疲劳方程及试验结果的对比分析如图 9.21 所示。从图中对比分析可以看出，新型锥套锁紧接头的疲劳寿命曲线要高于直螺纹套筒接头。这表明，用于大直径连接的新型锥套锁紧接头的疲劳性能要优于传统的直螺纹套筒接头。从无限疲劳寿命设计的角度来看，新型锥套锁紧接头的允许应力幅为 71.69MPa，而直螺纹套筒接头的允许应力幅为 56.83MPa，前者要明显高于后者，从而能抵抗应力幅更大的疲劳荷载的作用。

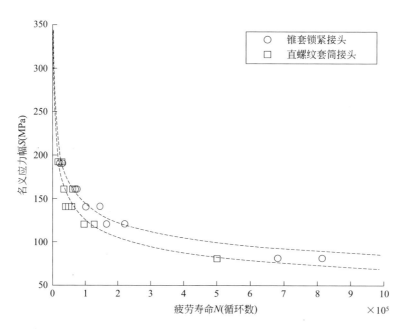

图 9.21　两种不同形式的机械接头疲劳 S-N 曲线对比分析

为了更全面地对比分析不同钢筋连接方式的疲劳性能，题同时还基于已有研究对比分析了新型锥套锁紧接头、直螺纹套筒接头、焊接接头以及钢筋母材的疲劳性能，三种形式的钢筋接头对比分析结果如图 9.22 所示。

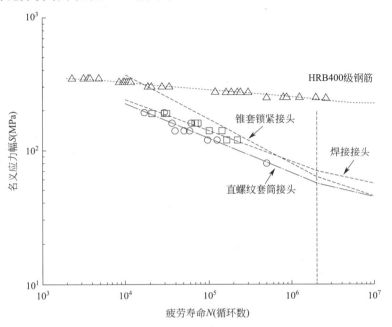

图 9.22　多种类型钢筋接头与钢筋母材疲劳性能对比分析

(a)

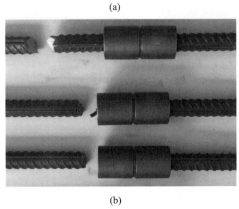

(b)

图 9.23　新型锥套锁紧接头典型断裂模式

从图中可以看出，在 1 万～200 万次的高周疲劳寿命区内，三种钢筋接头的疲劳强度基本呈现从锥套锁紧接头＞焊接接头＞直螺纹套筒接头的整体趋势，但是当趋近于无限疲劳寿命设计时，即当疲劳寿命＞200 万次循环以上时，焊接接头表现出更好的抗疲劳性能。但同时可以看出，无论是哪种形式的钢筋连接接头，其疲劳性能均远低于钢筋母材。由于本研究所选取的钢筋母材试验数据是采用标准棒材测试得到的，而钢筋接头的疲劳试验是采用原型接头测试得到的，图中母材试件与钢筋接头试件的巨大差异也可能是由于试件样式的不同所导致的。

在疲劳试验完成后，开展了两种钢筋连接接头疲劳断裂形式即疲劳断口分析。试验中观察到的两种钢筋机械接头疲劳断裂模式分别如图 9.23、图 9.24 所示。

图 9.24　直螺纹套筒典型断裂模

从疲劳断裂模式来看，锥套锁紧接头主要表现为锥套与钢筋咬合处的疲劳断裂和远离锥套锁紧接头处的钢筋母材断裂，其中 12 组试验中有 9 组为远离钢筋接头处的母材疲劳断裂。试验结果可以说明，锥套锁紧接头满足接头强度大于母材强度的要求。相比较而言，直螺纹套筒接头的疲劳断裂均发生于接头与钢筋丝扣连接位置。分析认为，直螺纹套筒需要首先将钢筋母材进行车丝，然后通过钢筋上的螺纹和套筒的螺纹间的相互作用进行轴向力的传递，而对于钢筋母材的螺纹处理实际上相当于引入了应力集中因素，从而在疲劳荷载作用下，更易发生直螺纹套筒接头断头处的疲劳破坏现象。

两种钢筋连接机械接头的疲劳断裂宏观和微观形貌分别如图 9.25～图 9.28 所示。

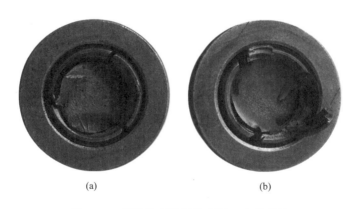

(a)　　　　　　　　　　　　　　　(b)

图 9.25　新型锥套锁紧接头断口宏观形貌

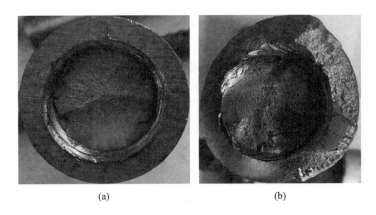

(a)　　　　　　　　　　　　　(b)

图 9.26　直螺纹套筒接头断口宏观形貌

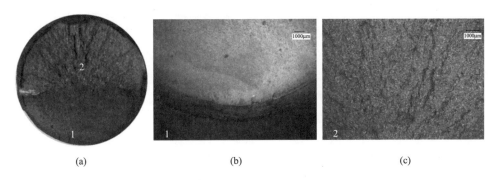

(a)　　　　　　　　(b)　　　　　　　　(c)

图 9.27　直螺纹套筒接头断口微观形貌

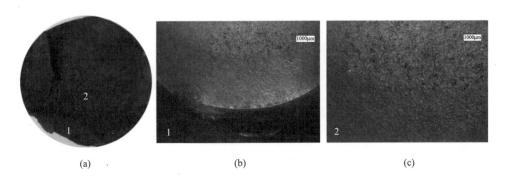

(a)　　　　　　　　(b)　　　　　　　　(c)

图 9.28　锥套锁紧接头断口微观形貌

　　从图中可以看出，当发生接头位置处的疲劳破坏时，锥套锁紧接头主要表现为锁片咬合钢筋导致的钢筋疲劳断裂以及锁片断裂引起的接头疲劳失效；而直螺纹套筒接头主要表现为钢筋母材的断裂和直螺纹套筒连接强度不足导致的接头整体失效。

　　需要指出的是，本书基于疲劳理论，对比研究了锥套锁紧接头和直螺纹套筒接头两种钢筋连接方式的疲劳性能，得到了丰富的有效数据，据此分析了两种形式接头的疲劳性能及疲劳断裂模式问题。但由于疲劳数据具有明显的分散性，据国外资料报道和其他研究情况来看，同一批试验疲劳寿命相差较大，有的甚至达百倍以上。即使采用同一批试件及相同的试验条件，试验结果仍出现差异。影响疲劳试验结果分散性的因素，主要有以下几个方面：试验设备的不精确性、试验材料的不均匀性、试样尺寸和形状的不一致性、试样加工过程的不一致性、试样热处理过程的不一致性、试验环境的偶然变迁等。当采用新型钢筋接头或常用钢筋接头用于新型及重要结构时，建议基于实际工程情况及接头形式选择开展更为深入的试验研究，以期指导不同类型结构钢筋连接方式的最终确定。

### 9.4.3 研究结论

本章开展了新型锥套锁紧接头及传统直螺纹套筒接头的疲劳性能试验研究，分析了不同形式钢筋接头的疲劳强度，以及疲劳断裂模式问题。根据研究可以得出如下结论：

新型锥套锁紧接头的疲劳寿命曲线要高于直螺纹套筒接头。这表明，用于大直径连接的新型锥套锁紧接头的疲劳性能要优于传统的直螺纹套筒接头。从无限疲劳寿命设计的角度来看，新型锥套锁紧接头允许名义应力幅也要明显高于直螺纹套筒接头，从而能抵抗应力幅更大的疲劳荷载的作用。

在 1 万～200 万次的高周疲劳寿命区内，新型锥套锁紧接头、直螺纹套筒接头和焊接接头三种典型钢筋接头的疲劳强度基本呈现从锥套锁紧接头＞焊接接头＞直螺纹套筒接头的整体趋势，但是当趋近于无限疲劳寿命设计时，即当疲劳寿命＞200 万次循环以上时，焊接接头表现出更好的抗疲劳性能。但在不考虑试件样式影响疲劳性能的前提下，三种典型钢筋连接接头的疲劳性能均远低于钢筋母材。

锥套锁紧接头满足接头强度大于母材强度的要求。相比较而言，直螺纹套筒接头的疲劳断裂均发生于接头与钢筋丝扣连接位置。这主要是由于直螺纹套筒通过钢筋上的螺纹和套筒的螺纹间的相互作用进行轴向力的传递，而对于钢筋母材的螺纹处理实际上相当于引入了应力集中因素，从而在疲劳荷载作用下，更易发生直螺纹套筒接头断头处的疲劳破坏现象。

当发生接头位置处的疲劳破坏时，锥套锁紧接头主要表现为锁片咬合钢筋导致的钢筋疲劳断裂以及锁片断裂引起的接头疲劳失效；而直螺纹套筒接头主要表现为钢筋母材的断裂和直螺纹套筒连接强度不足导致的接头整体失效。试验中得到的不同机械接头失效模式的显著差异，对于重要工程结构中钢筋接头形式的选择提供了重要参考依据。

疲劳数据具有明显的分散性，即使试件批次、试验条件等均相同，试验结果仍出现差异。试验设备的不精确性、试验材料的不均匀性、试样尺寸和形状的不一致性、试样加工过程的不一致性、试样热处理过程的不一致性、试验环境的偶然变迁等都是影响疲劳试验结果分散性的因素。因此，当采用新型钢筋接头或常用钢筋接头用于新型及重要结构时，建议应基于实际工程情况及接头形式选择开展更为深入的试验研究和分析，以期用于指导不同类型结构钢筋连接方式的最终确定。

## 9.5 模块化装配式成型钢筋骨架技术在桥梁工程上的创新应用

### 9.5.1 钢筋机械接头形式选择

本工程主索塔的墩柱和塔柱钢筋加工制作在后场钢筋加工车间进行，普通钢筋为直径 16mm、20mm、22mm、32mm 的 HRB400 钢筋，主筋采用直径 32mm 的 HRB400 钢筋。主筋采用锥套锁紧接头连接，本工程钢筋连接采用前文中设计的锥套锁紧接头，如图 9.29 所示。锥套接头由两个锥套、三片锁片、一个保持架组成。连接中，首先将待连接钢筋插入锁片两端、顶紧保持架，然后将锥套套入锁片的两端，用专用工具轴向挤压锥套至锥套锁紧，连接完成。锥套轴向夹紧的同时，推动锁片径向紧紧抱住钢筋，锁片自带螺牙会咬入钢筋肋部，从而实现连接钢筋的目的，且同一断面无需错开接头，提高钢筋利用率。

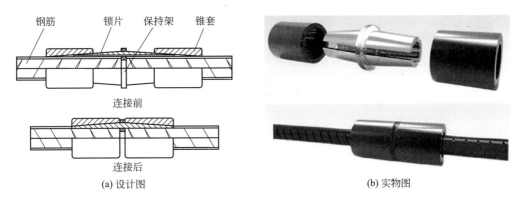

(a) 设计图      (b) 实物图

图 9.29 新型锥套锁紧钢筋接头

锥套锁紧接头连接技术具有以下突出优势：机械化作业，节省人力成本；适应模块化钢筋构件的整体连接，解决连接难点；质量优异、稳定，人为管控因素少，保证连接安全。

根据《钢筋机械连接技术规程》JGJ 107—2016 中对于钢筋机械接头试验要求，对直径为 32mm 的 HRB400 钢筋试件和锥套锁紧接头试件的力学性能进行试验测试，研究并检验锥套锁紧接头的连接性能。试验中分别对新型锥套锁紧钢筋接头进行单向拉伸、高应力反复拉压、大变形反复拉压试验，测试其极限抗拉强度、残余变形、最大力下总伸长率等，研究其强度指标和变形性能。试验结果如表 9.14～表 9.17 所示。试验结果表明，本工程采用的新型锥套锁紧钢筋接头满足技术规程的各项指标要求。

母材力学指标试验结果      表 9.14

| 样品编号 | CL1-1 | CL1-2 | CL1-3 | 平均值 | 标准值 |
|---|---|---|---|---|---|
| 屈服强度 $R_{eL}$(MPa) | 450 | 450 | 445 | 448.3 | ≥400 |
| 抗拉强度 $R_m$(MPa) | 635 | 635 | 640 | 636.7 | ≥540 |
| 最大力总伸长率 $A_{sgt}$(%) | 18.6 | 17.7 | 18.0 | 18.1 | ≥9.0 |

单向拉伸性能试验结果                                               表 9.15

| 样品编号 | CL1-4 | CL1-5 | CL1-6 | 平均值 | 标准值 |
|---|---|---|---|---|---|
| 残余变形 $u_0$(mm) | 0.05 | 0.06 | 0.06 | 0.057 | ≤0.10 |
| 最大力总伸长率 $A_{sgt}$(%) | 12.9 | 14.1 | 13.6 | 13.5 | ≥6.0 |
| 抗拉强度 $f_0$(MPa) | 618 | 624 | 618 | 620 | $f_0 \geq f_{钢筋}$ |
| 破坏形态 | 钢筋拉断 | 钢筋拉断 | 钢筋拉断 | — | 拉断或≥$1.10 f_{stk}$ |

高应力反复拉压试验结果                                             表 9.16

| 样品编号 | CL1-7 | CL1-8 | CL1-9 | 平均值 | 标准值 |
|---|---|---|---|---|---|
| 残余变形 $u_{20}$(mm) | 0.14 | 0.10 | 0.13 | 0.12 | ≤0.3 |
| 抗拉强度 $f_0$(MPa) | 621 | 622 | 616 | 620 | $f_0 \geq f_{钢筋}$ |
| 破坏形态 | 钢筋拉断 | 钢筋拉断 | 钢筋拉断 | — | 拉断或≥$1.10 f_{stk}$ |

大变形反复拉压试验结果                                             表 9.17

| 样品编号 | CL1-10 | CL1-11 | CL1-12 | 平均值 | 标准值 |
|---|---|---|---|---|---|
| 残余变形 $u_4$(mm) | 0.06 | 0.06 | 0.06 | 0.06 | ≤0.3 |
| 残余变形 $u_8$(mm) | 0.12 | 0.11 | 0.12 | 0.12 | ≤0.6 |
| 抗拉强度 $f_0$(MPa) | 614 | 617 | 616 | 616 | $f_0 \geq f_{钢筋}$ |
| 破坏形态 | 钢筋拉断 | 钢筋拉断 | 钢筋拉断 | — | 拉断或≥$1.10 f_{stk}$ |

## 9.5.2 钢筋模块化施工技术

对于大型桥梁工程的主索塔施工，钢筋的安装通常采用节段单根机械连接接长的方式。本工程结合自身结构特点，针对不同构件、位置钢筋加工采取不同模块化方式，优化模块式钢筋骨架场地规划、骨架绑扎、构件的起吊、运输、安装，提高大直径、大体量钢筋的安装效率，降低人力、资金投入及安全风险，缩短施工工期。方形墩柱、塔柱分别构建模块化钢筋骨架，按照工艺要求与预应力混凝土结构、钢结构协同施工。

针对主索塔特殊结构形式，将施工流程分为方形墩柱、下塔柱、横梁、上塔柱和塔冠分步进行。由于墩柱和塔柱为钢筋混凝土结构，横梁为预应力混凝土结构，塔冠为钢结构，本项目在墩柱和上、下塔柱施工时采用钢筋模块化技术，将主筋与箍筋在场地内拼装成块，利用大型起重设备，一次运输起吊到位，再通过人工快速固定，实现主索塔钢筋模块化安装。

钢筋骨架的模块化加工顺序为：先安装并接长主筋，再安装环向水平筋，最后安装拉钩钢筋。主筋之间通过锥套锁紧接头连接，如图 9.30 所示，严格按照设计图纸进行操作，确保满足设计及规范规定，钢筋骨架加工完毕后，塔式起重机吊起骨架，将其与下部主筋对接，再根据主筋位置将主筋定位固定。墩柱、下塔柱施工流程如图 9.31 所示。钢筋骨架整体吊装如图 9.32 所示。

(a) 锥套锁紧接头压接前　　　　　　　(b) 锥套锁紧接头压接完成

图 9.30　主筋锥套锁紧接头连接

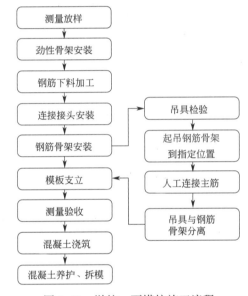

图 9.31　墩柱、下塔柱施工流程

(a) 钢筋骨架整体起吊

图 9.32　钢筋骨架整体吊装（一）

(b) 整体钢筋骨架两点斜吊

(c) 整体钢筋骨架两点斜吊

(d) 整体钢筋骨架垂直吊装

图 9.32　钢筋骨架整体吊装（二）

(a) 锥套锁紧接头钢筋连接

(b) 压接前主筋全部连接定位完成

(c) 专用液压设备启动压接

图 9.33　新型锥套锁紧接头在下塔柱钢筋连接中的应用（一）

(d) 压接连接完成

图 9.33  新型锥套锁紧接头在下塔柱钢筋连接中的应用（二）

下塔柱顺桥向长 900cm，横桥向长 600cm，外侧塔壁设置 70cm×50cm 倒角，内侧设置直径为 25cm 圆倒角，137 号墩下塔柱高度 1170cm，138 号段下塔柱高度 950cm。下塔柱外面采用整体钢模板，内模采用木胶板、方面组合体系，各制作 1 套模板，周转 2 次使用，每节模板高度为 200cm。下塔柱浇筑位置横梁倒角以下，137 号墩浇筑高度为 970cm，138 号墩浇筑高度为 750cm，分两节浇筑完成，第 1 节浇筑高度为 4.50m，第 2 节浇筑剩余部分。新型锥套锁紧接头在下塔柱钢筋连接中的应用如图 9.33 所示。

模板面板为 5mm 厚钢板，横边框为 12mm×100mm 钢带，竖边框为 12mm×100mm 钢带，系梁部位横竖边框为 12mm×100mm 钢带，主筋为[10 槽钢，间距 30mm 左右，均匀布置及个别板除外，筋板为 6mm×100mm 钢板，背楞为[20 活背楞，间距为 100cm。模板四角拉杆为 T30×L 普通螺栓，配置外侧四角对拉杆及穿空心部位对拉杆，模板开 φ28 圆孔，开孔间距≤1200mm，穿混凝土对拉螺栓长度按内模厚 400mm，边框连接件为 M20×60 的标准件（强度 4.8 级）。内模板面板采用 10mm 木胶板，竖向采用 10cm×10cm 方木，布置间距 25cm，横向布置双支背楞，布置间距同外侧钢模板背楞对应。同时采用碗口系统进行内支撑，布置间距为 90cm×90cm。

下塔柱存在倾斜角度，背带安装与模板为保持对拉杆受力不偏心，背带与模板设置钢垫片，保证对拉杆垂直受力，垫块长 210mm，厚度偏差 21mm，宽度为 100mm，与背楞焊接呈整体。

下塔柱底部 2m 实心段布置降温管，降温管布置 2 层，第 1 层距离塔座 0.5m，第 2 层距离塔座为 1.5m，降温管采用直径为 32mm 塑料管，具体布置如图 9.34 所示。

进行混凝土浇筑时，混凝土由拌合站集中拌合，罐车运输，采用汽车泵进行浇筑。混凝土保持连续性，分层厚度不超过 30cm，注意加强振捣，确保外观质量美观。混凝土达到强度的 80% 后方可拆模，拆模后采用覆盖洒水养护至规范要求。混凝土浇筑还应注意在环境温度为 10～20℃时，浇筑速度为 1.0m/h；使用模板前，清除表面污渍，涂刷脱模剂；检验对拉及连接部位的完整性。

振捣器不可接触模板板面与拉杆。施工时注意预埋件的安装，主要有下横梁施工、避雷、爬梯系统预埋件。严格控制顶面平面位置，混凝土浇筑过程对称均衡浇筑，顶部四个

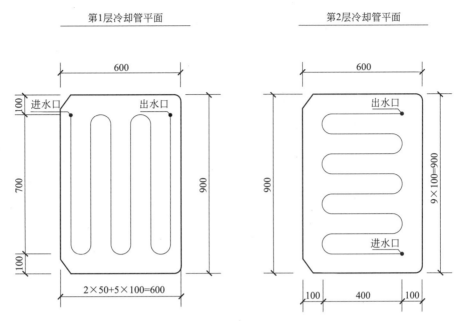

图 9.34　塔座冷却管布置图

角位置安装定位缆风绳。

上塔柱施工流程如图 9.35 所示。由于上塔柱被横梁分为两部分,针对不同位置的构件,钢筋加工采取不同的模块化方式,其骨架的模块化加工顺序与墩柱和下塔柱类似,主筋之间通过锥套锁紧接头连接。

与下塔柱不同,上塔架采用轻型液压自动爬模体系四面爬升施工,共 13 段,从上塔柱底部到塔冠由下而上高度为 $4.6m+5×4.8m+4.9m+5.2m+4×4.8m+5.1m$,塔柱施工分节示意如图 9.36 所示,爬模自升逐节段施工过程中,及时安装、接高塔柱水平支撑、塔吊附着、爬梯导轨及水电管路等,用于完成混凝土浇筑养护等桥塔施工的全部工作。

液压爬模施工能自动爬升并兼作施工平台,可用于完成钢筋绑扎、混凝土浇筑、养护等桥塔施工的全部工作。每个墩塔柱施工投入两套爬模。该体系由液压爬升系统、模板系统和工作平台系统组

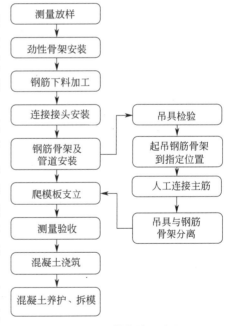

图 9.35　上塔柱施工流程

成,能安全、快速、优质地完成索塔施工。爬升系统包括预埋套筒、附墙悬挂件、自锁提升件、爬升导轨、液压千斤顶、油泵等。为提高混凝土表面质量,爬模锚固预埋件采用预埋套筒,可随施工节段连续周转,爬升导轨用两根槽钢[20a,每根长 9m,中塔柱每套爬模使用 8 根;每套爬模配置八台千斤顶,一台油泵,一个操作控制箱。钢模板体系,面板

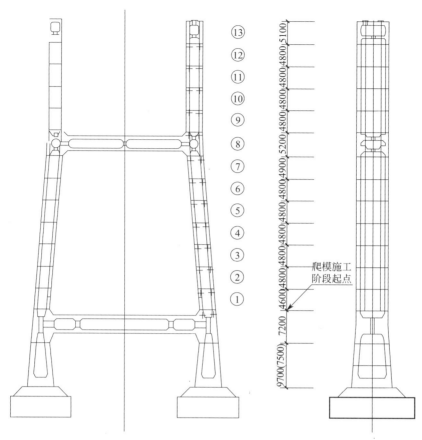

图 9.36　塔柱施工分节示意图

为 5mm 面板,竖向布置 L10 角钢,间距 30cm,模板高度为 5745mm,满足不同高度节段的施工。内模面板采用 20mm 竹胶板,竖向采用 10cm 方木,间距为 30cm,横向设置型钢背带加固,随爬模逐节上升。本系统共设置五层工作平台,自上而下分别为 2 号、1 号、0 号、—1 号、—2 号。2 号、1 号平台用于钢筋绑扎和混凝土浇筑,0 号平台用于模板操作,—1 号为爬升操作平台,用于安放爬升设备,兼作人行通道和爬梯入口,—2 号平台用于混凝土养护、拆卸爬模锚固件等。为保证爬模施工的安全需按设计要求拼装好各种构配件并牢固连接;预埋锚筋不能粘上油类,尤其注意不能粘上脱模剂;锚固件必须正确埋设;操作荷载不得超过工作平台设计荷载;吊装模板等物件必须有专人指挥,物件应垂直坐落于操作平台上,不得碰撞模板以及防护栏杆;顶升或提升到新的悬挂点后,必须安装好悬挑托架前端的安全插销;模板的操作必须严格遵循作业指导书的相关要求;爬架爬升时,每边爬架设置 3~4 根防坠落保护钢丝绳;在风速达 20m/s 时,模板必须合拢且用钢丝绳固定在劲性骨架上。

　　主索塔的墩柱和塔柱钢筋以大直径钢筋为主,钢筋、钢筋骨架刚度较大,采用传统的钢筋垫块无法确保钢筋的保护层厚度满足设计要求。因此,在劲性骨架安装完成后,设置上下两层定位筋进行保护层厚度控制。在施工过程中,随时监测钢筋骨架尺寸、主筋间距、箍筋间距、混凝土强度、混凝土保护层厚度、塔柱倾斜度等参数,确保工程安全、可靠。

### 9.5.3　本章研究小结

模块化装配式成型钢筋骨架及连接技术能够解决目前交通基础建设行业钢筋模块式施工技术问题，提高模块式钢筋骨架工业化生产，解决交通基础建设模块式钢筋骨架生产水平低、工业程度不高等问题。同时模块化钢筋成套骨架及连接技术突破了钢筋连接的技术瓶颈限制，可以提高交通基建建设预制构件种类、比例，以及在特殊环境下，如海上作业、跨江河、峡谷作业的特大型桥梁高墩柱、索塔作业，模块化钢筋成套骨架安装可以有效地解决施工环境不利因素，提高施工质量，解决安全隐患，加快施工进度。

以本桥梁工程主索塔为例，采用模块化钢筋成套骨架施工技术，单节塔柱浇筑节可节约 2~3d 时间，整座桥预计可提前竣工 1 个月，具有较高的经济、社会效益，为类似工程提供借鉴和参考。

## 9.6　研究结论及应用展望

本项目以重大基础工程为背景，研究解决钢筋骨架模块化生产、模块化安装，在充分搜集文献和调查的基础上，以钢筋模块式骨架加工及解决模块钢筋骨架连接安装技术为切入点，针对不同构件、位置钢筋加工采取不同模块化方式，优化模块式钢筋骨架场地规划、骨架绑扎胎架、构件的起吊、运输、安装等方面，解决模块式骨架连接等问题，综合安全性、技术性、经济性、施工便捷性等因素，形成了一套完整的整体模块化钢筋成套骨架及连接技术，提升交通基础建设产业品质升级。模块化钢筋成套骨架及连接技术研究其中一重要技术为模块式钢筋骨架连接问题，本研究课题模块式钢筋连接采用新型的锥套锁紧钢筋接头技术。基于以上研究背景，课题组基于钢筋锥套锁紧连接技术，设计 HRB400 钢筋试件和锥套锁紧接头试件进行力学性能试验，分析试件的破坏形式和荷载-位移曲线变化规律，同时针对钢筋机械接头疲劳性能研究较少的问题，重点研究了新型钢筋锥套锁紧接头的疲劳性能，并将其与传统的直螺纹套筒连接接头、焊接接头的疲劳性能进行了对比分析，得出了较为丰富全面的研究结论。在此基础上，基于依托工程，研究了钢筋整体骨架的吊装、主筋连接等施工技术，并付诸于桥梁工程实践，取得了较好的技术效果和经济效益。研究主要得出以下结论：

（1）通过对大直径钢筋锥套锁紧接头进行单向拉伸、高应力反复拉压、大变形反复拉压试验可知，在锥套锁紧钢筋机械接头力学性能试验中，试件的破坏形式均为远离接头位置处钢筋拉断，锥套锁紧接头保持完好；锥套锁紧接头在单向拉伸、高应力反复拉压、大变形反复拉压试验中的极限抗拉强度、残余变形、最大力下总伸长率等强度指标和变形性能均能够满足规程规定的 I 级接头标准，具有良好的连接性能。

（2）用于大直径连接的新型锥套锁紧接头的疲劳性能要优于传统的直螺纹套筒接头。从无限疲劳寿命设计的角度来看，新型锥套锁紧接头允许名义应力幅也要明显高于直螺纹套筒接头，从而能抵抗应力幅更大的疲劳荷载的作用。同时，在 1 万~200 万次的高周疲劳寿命区内，新型锥套锁紧接头、直螺纹套筒接头和焊接接头三种典型钢筋接头的疲劳强度基本呈现从锥套锁紧接头＞焊接接头＞直螺纹套筒接头的整体趋势，但是当趋近于无限疲劳寿命设计时，即当疲劳寿命＞200 万次循环以上时，焊接接头表现出更好的抗疲劳性能。但在不考虑试件样式影响疲劳性能的前提下，三种典型钢筋连接接头的疲劳性能均远低于钢筋母材。

（3）当发生接头位置处的疲劳破坏时，锥套锁紧接头主要表现为锁片咬合钢筋导致的钢筋疲劳断裂以及锁片断裂引起的接头疲劳失效；而直螺纹套筒接头主要表现为钢筋母材的断裂和直螺纹套筒连接强度不足导致的接头整体失效。试验中得到的不同机械接头失效模式的显著差异，对于重要工程结构中钢筋接头形式的选择提供了重要参考依据。

（4）疲劳数据具有明显的分散性，即使试件批次、试验条件等均相同，试验结果仍出现差异。试验设备的不精确性、试验材料的不均匀性、试样尺寸和形状的不一致性、试样加工过程的不一致性、试样热处理过程的不一致性、试验环境的偶然变迁等都是影响疲劳试验结果分散性的因素。因此，当采用新型钢筋接头或常用钢筋接头用于新型及重要结构时，建议应基于实际工程情况及接头形式选择开展更为深入的试验研究和分析，以期用于指导不同类型结构钢筋连接方式的最终确定。

模块化钢筋成套骨架及连接技术主要探索将钢筋生产由粗放式转变为集约式工厂化生产，将不同构件的钢筋加工转变为工厂化模块式生产，形成模块式钢筋骨架同时解决不同工况下的钢筋连接问题，解决预制构件钢筋连接问题，同时对于特殊工况下如跨江河、海上施工作业长大跨径的索塔、高墩柱模块化钢筋骨架可以极大地减少作业安全隐患，减少作业人员恶劣作业环境作业时间。

综合本课题的研究可知，模块化钢筋成套骨架及连接技术可以极大地提高工程质量，减少作业安全隐患，改善施工作业环境，提高交通基础建设工业化水平，推进交通基础建设工业化乃至施工行业产业升级。从科技创新层面来看，桥梁工程中钢筋骨架整体安装新技术的探索与实施，积极响应了"加强新旧动能转换"的政策号召，为建筑施工行业的产业升级提供了新的发展思路。新技术大大地缩短了项目建设工期，使得投资提前为社会公众提供服务，提前实现项目规划的社会应用价值，为交通事业的发展增砖添瓦。此外，新技术的发明与落地应用，大大地降低了建筑施工行业从业人员的体力劳动强度，并使得建筑施工这样一个传统行业展现出了新的面貌，为传统行业进一步吸引人才、留住人才奠定坚实的现实物质基础。因此，"模块化钢筋成套骨架及连接技术研究"中新技术的研发与应用，具有非常积极的技术价值、行业价值以及社会价值。

# 参 考 文 献

[1]　陈明宪. 斜拉桥的发展与展望 [J]. 中外公路，2006 (04)：76-86.

[2]　罗华莹. 桥梁美学设计方法探索与研究 [D]. 成都：西南交通大学，2006.

[3]　张战胜，赵洪军，李景涛，等. 宁波地区后压浆桩的应用研究 [J]. 施工技术，2016，45 (S1)：
　　　139-142.

[4]　杨富山. 岩溶区桩基承载特性及施工技术研究 [D]. 兰州：兰州交通大学，2017.

[5]　刘伟. 岩溶区钻孔桩施工溶洞处理研究 [J]. 工程建设与设计，2019 (11)：223-225＋228.

[6]　张勇. 岩溶区冲孔灌注桩施工及其溶洞处理措施 [J]. 工程建设与设计，2018 (02)：197-199.

[7]　彭靖航. 公路桥梁岩溶区桩基施工技术与分析 [J]. 交通世界，2017 (22)：98-99.

[8]　陈翼. 岩溶地区桥梁桩基成孔处理方案研究 [D]. 武汉：湖北工业大学，2017.

[9]　万江英. 钻孔灌注桩施工方法的研究与应用 [D]. 南昌：南昌大学，2014.

[10]　朱彦鹏，刘辉，王秀丽，郑建军. 混凝土结构加固中植筋深度的试验研究 [J]. 兰州理工大学学
　　　报，2005 (05)：106-110.

[11]　田文才，裴继荣. 钻孔灌注桩施工技术在公路桥梁施工中的应用分析 [J]. 江西建材，2014
　　　(20)：135.

[12]　殷杰，尹占娥，许世远，等. 灾害风险理论与风险管理方法研究 [J]. 灾害学，2009，24 (02)：
　　　7-11＋15.

[13]　阮欣. 桥梁工程风险评估体系及关键问题研究 [D]. 上海：同济大学，2006.

[14]　杨艳萍. 风险投资的风险识别、评估与控制分析 [J]. 经济师，2003 (07)：34-35.

[15]　戴国亮，龚维明，刘欣良. 自平衡试桩法桩土荷载传递机理原位测试 [J]. 岩土力学，2003，24
　　　(6)：1065-1069.

[16]　刘念武，龚晓南，俞峰. 大直径钻孔灌注桩的竖向承载性能 [J]. 浙江大学学报（工学版），
　　　2015，49 (4)：763-768.

[17]　吴芸，郑强，宋炜卿. 建筑钢材加工配送与模块化施工研究 [J]. 2011，8：742-744.

[18]　谈宏堃. 钢筋模块化在桥梁工程中的系统化应用 [J]. 建筑施工，2016，38 (S1)：266-267.

[19]　岳琳，黄盛，邱赛文. 平塘特大桥超高墩塔钢筋模块化施工技术研究 [J]. 公路，2019，9：
　　　75-79.

[20]　席田，邹烽，周崇旭. 锥套锁紧式钢筋接头技术的应用 [J]. 结构施工，2020，42 (7)：
　　　1163-1165.

[21]　殷杰，尹占娥，许世远，等. 灾害风险理论与风险管理方法研究 [J]. 灾害学，2009，24 (02)：
　　　7-11＋15.

[22]　朱彦鹏，刘辉，王秀丽，等. 混凝土结构加固中植筋深度的试验研究 [J]. 兰州理工大学学报，
　　　2005 (05)：106-110.

[23]　杨艳萍. 风险投资的风险识别、评估与控制分析 [J]. 经济师，2003 (07)：34-35.

[24]　Whitman R V. Evaluating calculated risk in geotechnical engineering [J]. Journal of Geo-mechani-
　　　cal Engineering，1984，110 (2)：145-188.

[25]　Bell F. G.. Geological hazards，their assessmeng，avoidance and mitigation [M]. London：
　　　E&FNSoon，1999.

[26]　Arattano M. On the use of seismic detectors as monitoring and warning system for debris flow [J].

Natural Hazard，1999，20.

[27] Carrara A，Guzzetti F.，Cardinali M.，et al. Use of GIS technology in the prediction and monitoring of landslide hazard natural disaster [J]. Natural Hazard，1999，20.

[28] Finlay P J，Robin F.. Landslides：risk perception and acceptance [J]. Canadian Geotechnical Journal，1997，34（2）：168-169.

[29] Bedford T，Cooke R.. Probabilistic risk analysis：foundations and methods [M]. Beijing：World Publishing Corporation，2003.

[30] Adrain V G.，Risk engineering [M]. Switzerland：Kluwer Academic Publisher，2003.

[31] 张梁，张业成. 关于地质灾害涵义及其分类分级的探讨 [J]. 中国地质灾害与防治学报，1994（S1）：398-401.

[32] 向喜琼. 区域滑坡地质灾害危险性评价与风险管理 [J]. 地球与环境，2005（S1）：136-138.

[33] 胡明，林华玺. 预制桩基施工中的一些技术问题 [J]. 科技风，2008（03）：12-13.

[34] 张斌. 地铁施工项目风险管理研究 [D]. 济南：山东大学，2013.

[35] 战杰，王昊. 基于熵的模糊综合评价在工程风险评价中的应用 [J]. 河南工程学院学报（自然科学版），2009，21（1）：29-32.

[36] 陈丽. 浅谈道路工程中的路基路面施工技术 [J]. 商品与质量，2018，（48）：111.

[37] 董慧领，李晓娟. 工程变更的风险分析及索赔管理 [J]. 黄河水利职业技术学院学报，2010，22（1）：31-33.

[38] 王可意. 浅谈矿井建设中的现场施工管理 [J]. 科技风，2018（10）：65.

[39] 郭俊. 工程项目风险管理理论与方法研究 [D]. 武汉：武汉大学，2005.

[40] 龚明华，宋彤. 关于系统性风险识别方法的研究 [J]. 国际金融研究，2010（05）：90-96.

[41] 潘丽萍. 工程项目风险管理应用研究 [D]. 西安：西安建筑科技大学，2009.

[42] 李晓宇. 工程项目风险评价体系研究 [D]. 大连：大连理工大学，2003.

[43] 黄崇福. 风险分析基本方法探讨 [J]. 自然灾害学报，2011，20（05）：1-10.

[44] 赵明华，张锐，胡柏学，等. 岩溶区桩端下伏溶洞顶板稳定性分析研究 [J]. 公路交通科技，2009，26（09）：13-16+31.

[45] 徐进. 工程项目风险分析与管理研究 [D]. 西安：西安建筑科技大学，2007.

[46] 董芸秀，冯忠居，郝宇萌，等. 岩溶区桥梁桩基承载力试验与合理嵌岩深度 [J]. 交通运输工程学报，2018，18（06）：27-36.

[47] 李涛. 基于云模型的超大断面隧道施工期全过程安全风险评估系统及应用 [D]. 济南：山东大学，2017.

[48] 王莉娜. 济南黄河大桥工程风险管理方法研究 [D]. 济南：山东大学，2009.

[49] 何长明. 强夯置换在吹填土道路工程中的应用 [J]. 公路交通科技（应用技术版），2012，8（04）：108-110.

[50] 蒙晓红，方崇，罗捷. 桩基础选型的模糊优化方法 [J]. 广西大学学报（自然科学版），2005（03）：207-210.

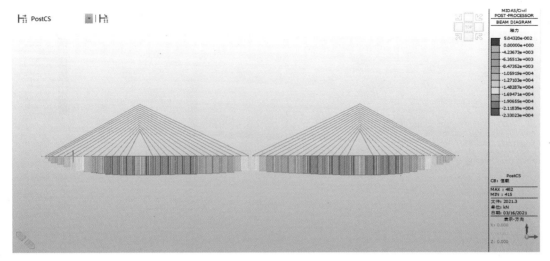

图 3.5　主梁恒载轴力图

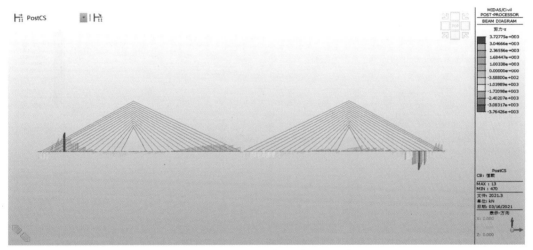

图 3.6　主梁恒载剪力图

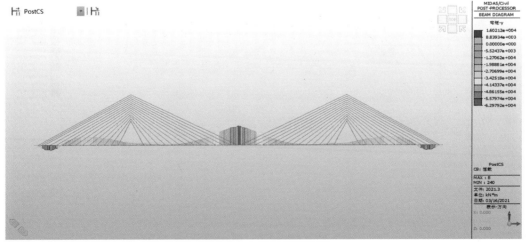

图 3.7　主梁恒载弯矩图

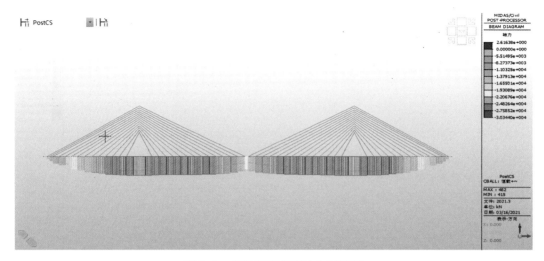

图 3.8 主梁移动荷载轴力包络图

图 3.9 主梁移动荷载剪力包络图

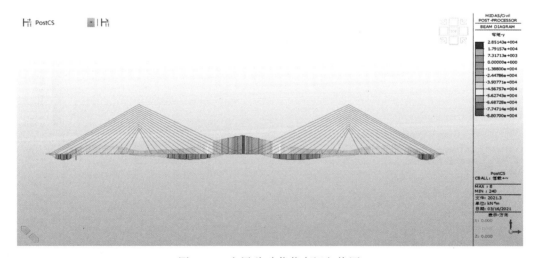

图 3.10 主梁移动荷载弯矩包络图

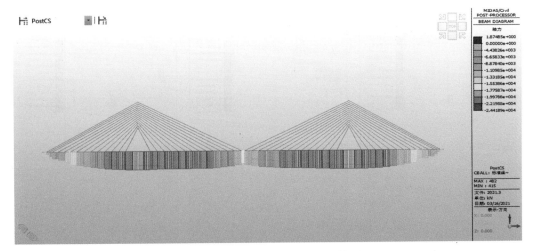

图 3.11　主梁标准组合轴力包络图

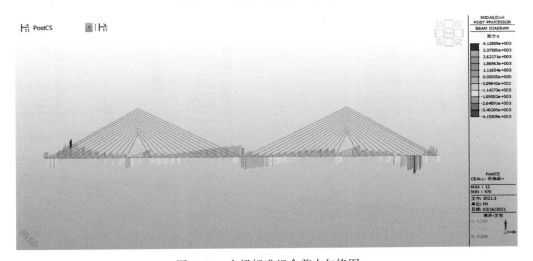

图 3.12　主梁标准组合剪力包络图

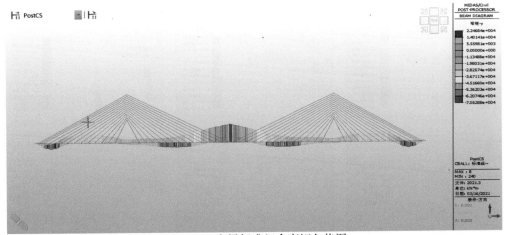

图 3.13　主梁标准组合弯矩包络图

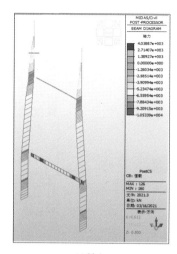
(a) 轴力

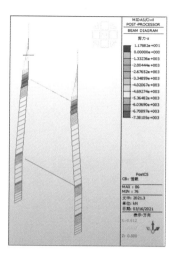
(b) 弯矩

(c) 剪力

图 3.14 恒载作用下塔柱内力图

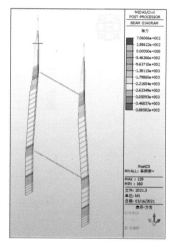
(a) 轴力

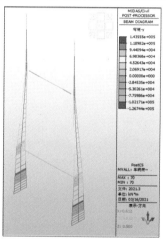
(b) 弯矩

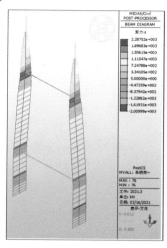
(c) 剪力

图 3.15 移动荷载作用下塔柱内力包络图

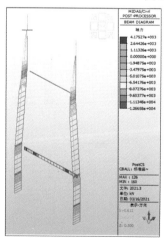
(a) 轴力

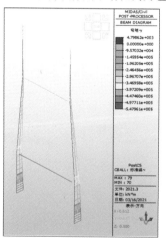
(b) 弯矩

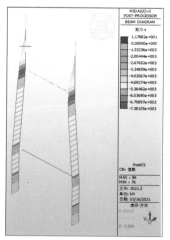
(c) 剪力

图 3.16 标准组合下塔柱内力包络图

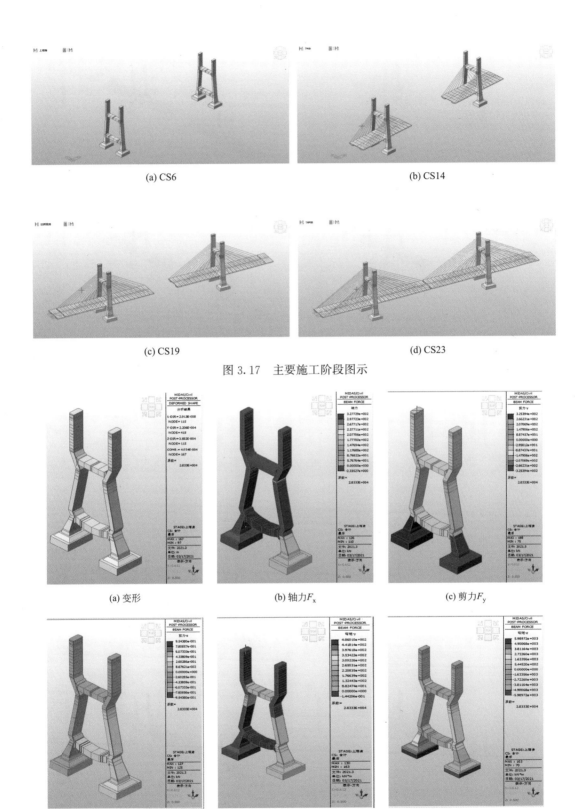

(a) CS6

(b) CS14

(c) CS19

(d) CS23

图 3.17　主要施工阶段图示

(a) 变形

(b) 轴力$F_x$

(c) 剪力$F_y$

(d) 轴力$F_z$

(e) 弯矩$M_y$

(f) 弯矩$M_z$

图 3.18　塔身完工阶段变形及内力图

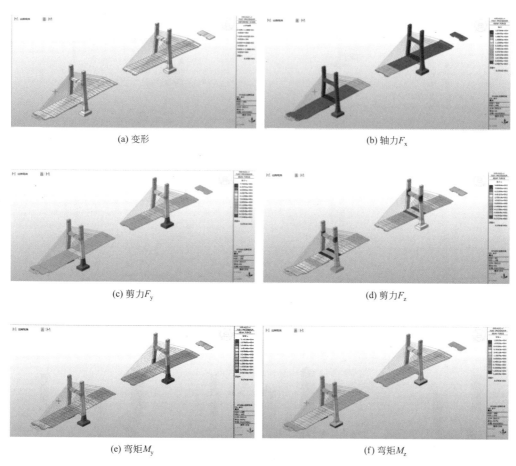

(a) 变形

(b) 轴力$F_x$

(c) 剪力$F_y$

(d) 剪力$F_z$

(e) 弯矩$M_y$

(f) 弯矩$M_z$

图 3.19　边跨现浇段变形及内力图

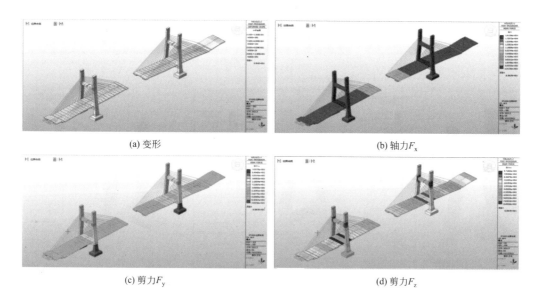

(a) 变形

(b) 轴力$F_x$

(c) 剪力$F_y$

(d) 剪力$F_z$

图 3.20　边跨合拢段变形及内力图（一）

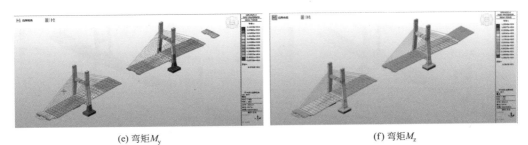

(e) 弯矩$M_y$ (f) 弯矩$M_z$

图 3.20 边跨合拢段变形及内力图（二）

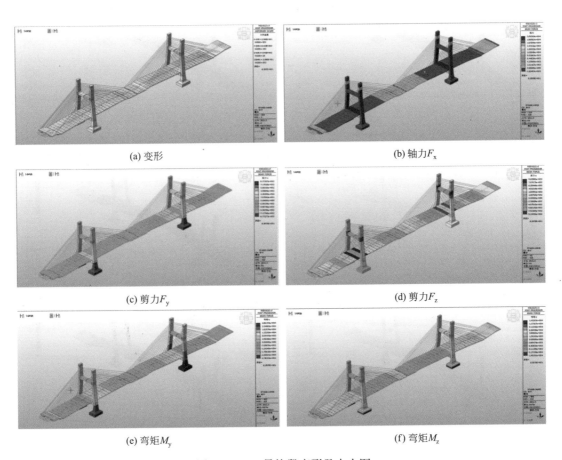

(a) 变形 (b) 轴力$F_x$

(c) 剪力$F_y$ (d) 剪力$F_z$

(e) 弯矩$M_y$ (f) 弯矩$M_z$

图 3.21 14 号块段变形及内力图

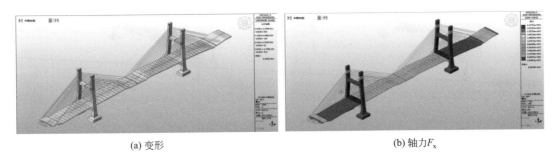

(a) 变形 (b) 轴力$F_x$

图 3.22 中跨合拢段变形及内力图（一）

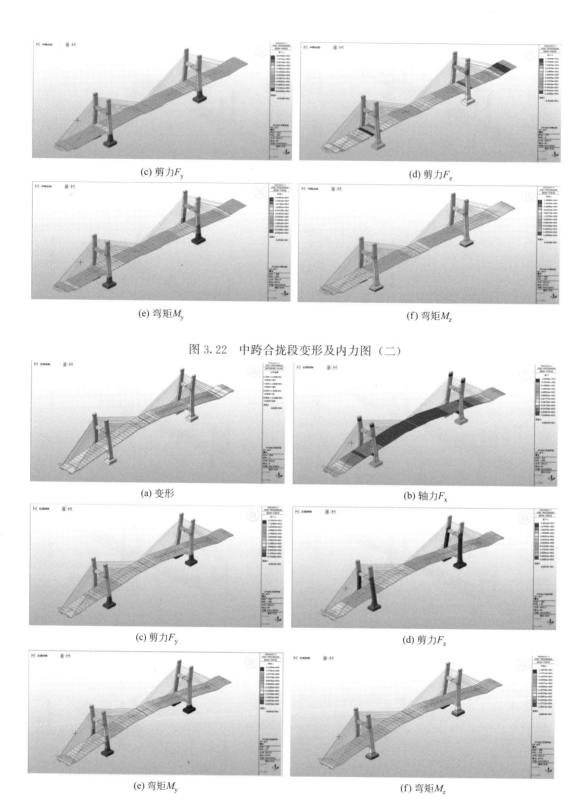

(c) 剪力$F_y$

(d) 剪力$F_z$

(e) 弯矩$M_y$

(f) 弯矩$M_z$

图 3.22　中跨合拢段变形及内力图（二）

(a) 变形

(b) 轴力$F_x$

(c) 剪力$F_y$

(d) 剪力$F_z$

(e) 弯矩$M_y$

(f) 弯矩$M_z$

图 3.23　支架拆除段变形及内力图

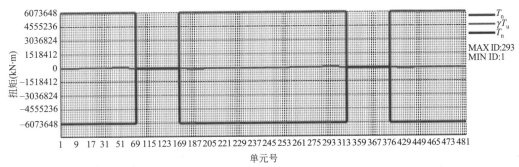

图 3.29 抗扭承载能力验算——$T$ 结果图形

$T_n$—桥梁抗扭承载力；$\gamma T_u$—考虑结构重要系数的抗扭作用效应值

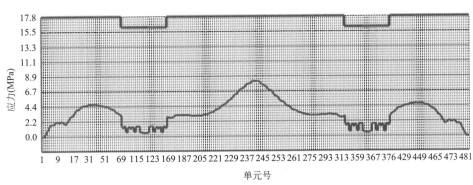

图 3.33 正截面混凝土法向压应力验算结果图形

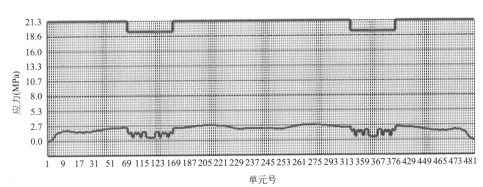

图 3.34 斜截面混凝土的主压应力验算结果图形

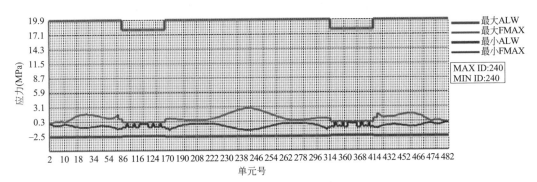

图 3.35 短暂状况构件应力验算结果图形

**243**

（a）主塔下横梁以下施工当前步骤位移云图

（b）主塔上横梁以上施工当前步骤位移云

（c）支架现浇施工当前步骤位移云图

（d）张拉1号斜拉索施工当前步骤位移云图

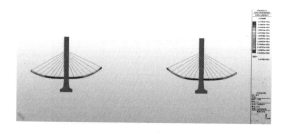

（e）主梁7号块施工当前步骤位移云图

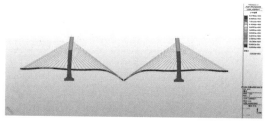

（f）中跨合龙前临时压重施工当前步骤位移云图

（g）中跨合龙施工当前步骤位移云图

（h）成桥1000d

附图6.1　各施工阶段当前步骤位移图

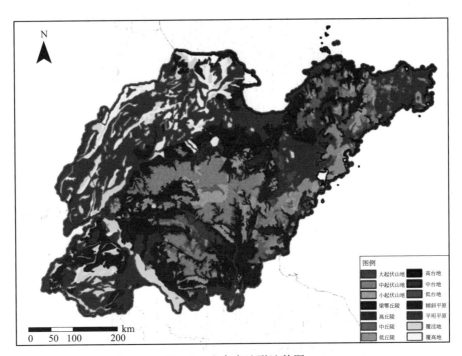

图 7.1　山东省地形地貌图

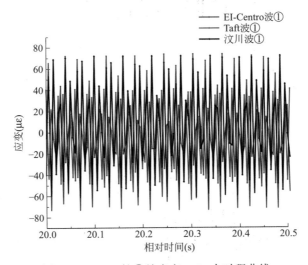

图 7.31　DZ-4 桩①处应变 0.5s 内时程曲线

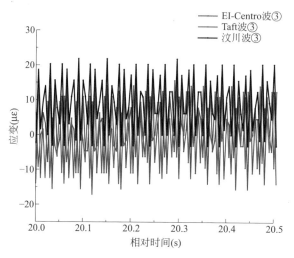

图 7.32　DZ-4 桩③处应变 0.5s 内时程曲线

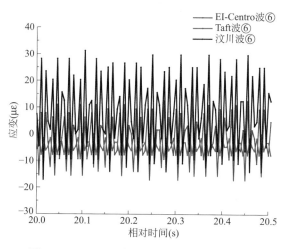

图 7.33　DZ-4 桩⑥处应变 0.5s 内时程曲线

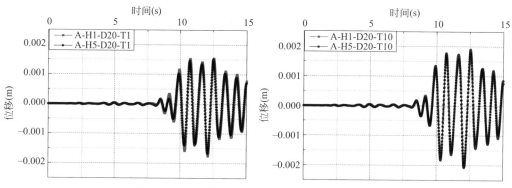

图 7.39　地震作用下桩基础顶部位移时程曲线

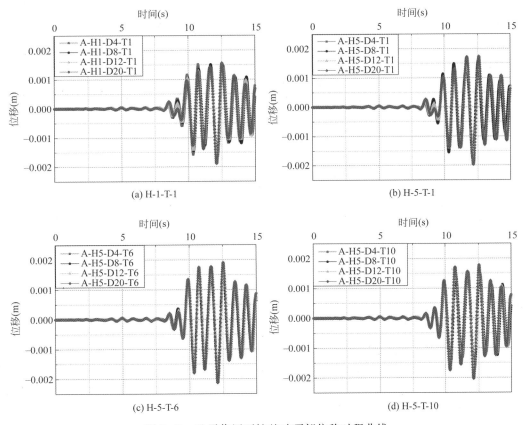

图 7.40　地震作用下桩基础顶部位移时程曲线

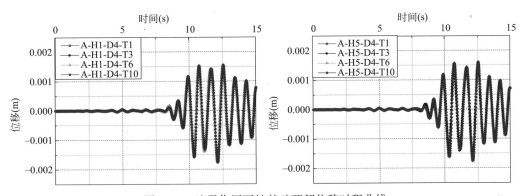

图 7.41　地震作用下桩基础顶部位移时程曲线